Deutschbuch

Handbuch für den Unterricht

7

Herausgegeben von
Heinrich Biermann und Bernd Schurf

Erarbeitet von Heinrich Biermann,
Gerd Brenner, Ulrich Campe,
Günther Einecke, Dietrich Erlach,
Karlheinz Fingerhut, Margret Fingerhut,
Cordula Grunow, Rolf Kauffeldt,
Hans-Jürgen Kolvenbach,
Markus Langner, Monika Lenkaitis,
Norbert Pabelick, Bernd Schurf
und
Andrea Wagener

D1703286

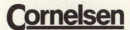
Cornelsen

INHALTSVERZEICHNIS

SPRECHEN UND SCHREIBEN

NACHDENKEN ÜBER SPRACHE

INHALTSVERZEICHNIS

NACHDENKEN ÜBER SPRACHE

UMGANG MIT TEXTEN

UMGANG MIT TEXTEN

LITERATURGESCHICHTE

PROJEKT

Übungsmaterialien und Klassenarbeitsvorschläge zum „Deutschbuch" finden Sie auch unter
http://www.cornelsen.de/co/deutsch/ deutschbuch

1 Zur Grundkonzeption des Lehrwerks

Das „Deutschbuch" ist ein **integriertes Lehrwerk**. Es trennt den Deutschunterricht nicht in Sprach- und Literaturunterricht mit den traditionellen Leitmedien Sprachbuch und Lesebuch, sondern geht von der Erfahrung vieler Lehrerinnen und Lehrer aus, dass die Binnengliederung des Fachunterrichts in die Teildisziplinen „Sprache" und „Literatur" weder von den Gegenständen her gerechtfertigt ist noch dem pädagogischen Grundsatz entspricht, dass alles erfolgreiche Sprachlernen sich aus komplexen und realitätsnahen Lernsituationen heraus entwickelt. Mündliche und schriftliche Mitteilungen, Gebrauchs- oder Sachtexte eröffnen die Möglichkeit, ihre sprachliche Verfasstheit zu thematisieren sowie die Bedingungen sprachlichen Handelns zu reflektieren. Literarische Texte sind solche, in denen sich ein Überschuss an Sprache geltend macht. Insofern sind sie besonders geeignete Objekte, um Sprachaufmerksamkeit zu erzeugen. Deshalb ist die Integration von Sprache und Literatur im Fach Deutsch ein didaktisches Konzept, zu dem es eigentlich keine Alternative gibt. Auch die meisten neueren Lehrpläne verlangen – selbst wenn sie das Fach gegenstands- und bereichsspezifisch gegliedert vorstellen – die Integration der Teilbereiche des Faches in der konkreten Planung von Lernprozessen.

Integration im „Deutschbuch" heißt **Integration von den Gegenstandsstrukturen her** und **Integration von den intendierten Lernprozessen her**.

Ausgangspunkte der fünfzehn Kapitel, in die jeder Jahrgangsband gegliedert ist, sind im Sinne eines erfahrungsbezogenen Unterrichts Problemstellungen und Themen, die sich an der Alltagsrealität der Schüler/innen orientieren. Sie erhalten ihre fachspezifische Ausprägung jeweils dadurch, dass die auslösenden Lebens- und Lernsituationen Sprech- und Schreibanlässe bieten, dass darin Sprache zum Problem wird oder literarische Texte Erfahrungen anderer Menschen zur Kenntnis bringen und zur Diskussion stellen.

Die konsequente Anknüpfung an die Lebenswelt der Schüler/innen und an gesellschaftliche Schlüsselprobleme verlangt, dass das Integrationsprinzip an manchen Stellen auch die lehrplangesetzten Fachgrenzen überschreitet. Dies gilt vor allem dann, wenn Unterricht handlungsorientiert (bis hin zum Projekt) angelegt werden soll und der zu erarbeitende oder zu erforschende Bereich nicht nur Sprache und Literatur umfasst. Hier schließt das fachimmanente Integrationsprinzip nahtlos an das fächerverbindende an. Das ist gerade im Deutschunterricht auch insofern gerechtfertigt, als in den Sachfächern ja häufig sprachlich und an Texten gearbeitet wird. Deswegen wird man im „Deutschbuch" Aufgabenstellungen finden, die auf Gegenstände, Textbeispiele oder Arbeitsergebnisse anderer Fächer zurückgreifen. Mit der Berücksichtigung der sprachlichen Dimension in den Sachfächern versucht das „Deutschbuch" einen Beitrag zur Überwindung der Aufsplitterung des schulischen Lernens und Arbeitens im künstlichen System der „Fächer" zu leisten. Dabei gewährleistet das Prinzip des exemplarischen Arbeitens eine angemessene Reduktion der Stofffülle.

Die drei Lernbereiche

In vielen Lehrplänen hat sich eine Gliederung des Faches in die drei Lernbereiche „Sprechen und Schreiben", „Reflexion über Sprache" und „Umgang mit Texten" als eine pragmatische Entscheidung durchgesetzt. Viele Fragen bleiben offen: Warum ist „Schreiben" zum Beispiel kein eigener Bereich? Wo werden „Medien" eingegliedert? Welchem Bereich soll die Orthografie zugeordnet werden? Trotz einiger Überschneidungen und Unschärfen dient die Untergliederung des Deutschunterrichts in Lernbereiche aber der Übersichtlichkeit und der gewünschten didaktisch-methodischen Schwerpunktsetzung im konkreten Unterricht. Aus diesen Erwägungen heraus berücksichtigt auch das „Deutschbuch" die **Einteilung des Faches in drei Lernbereiche** bei der Anordnung der einzelnen Kapitel.

Nach einem einleitenden Kapitel, das anhand einer besonders wichtigen, altersspezifischen Fragestellung in das Deutschprogramm des jeweiligen Jahrgangs einführt, sind immer vier thematisch orientierte Kapitel den drei Lernbereichen, die aus Schülerperspektive als Arbeitsbereiche fungieren, zugeordnet. Dadurch ist eine formale Gleichgewichtigkeit erreicht. Das wirkt sich vor allem positiv für den Arbeitsbereich „Sprechen und Schreiben" aus, der in der traditionellen Zweiteilung der Leitmedien des Deutschunterrichts in Sprach- und Lesebuch kaum eigenes Profil gewinnen konnte. Das „Deutschbuch" möchte zur didaktischen Lösung dieses Problems dadurch beitragen, dass es viermal Sprechen/Schreiben ins Zentrum rückt und von dort aus Brücken zu anderen fachspezifischen Tätigkeiten schlägt.

Die Entscheidung für eine angemessene Berücksichtigung der Leitprinzipien „Schüler- und Wissenschaftsorientierung" ist im „Deutschbuch" für jeden Einzelfall nach dem Grundsatz getroffen worden: „So viel Situations- und Erfahrungsanbindung wie möglich, so viel Fachsystematik wie unbedingt nötig."

Die Folge des durchgehend geforderten Prinzips „Lernen in Zusammenhängen" ist, dass das Lehrgangsprinzip im „Deutschbuch" nur noch dort Gültigkeit für die Organisation von Lernprozessen hat, wo fachlichem Klärungsbedarf anders nicht zu entsprechen ist. Einheiten des Rechtschreibunterrichts können sich zum Beispiel im Gefolge eines Schreibvorhabens oder aber im Anschluss an eine Sprachreflexion ergeben. Natürlich wird man auch die Grammatik als thematisierte Sprachreflexion wiederfinden. Aber es gibt immer Angebote, die Sprachreflexion mit anderen Bereichen des Deutschunterrichts thematisch zu verklammern. Schreib- und Lesesituationen, kommunikative Verwendungssituationen oder auch Sprachspiele ermöglichen Einsichten in Bauformen, Funktionen und Leistungen der Sprache.

Das Prinzip der Integration in den einzelnen Kapiteln

„Integration" bedeutet im „Deutschbuch" nicht das Hintereinanderschalten von Arbeitsteilen aus den drei Sektoren des Deutschunterrichts, sodass überall ein gewisses Fortschreiten zu verzeichnen ist, sondern das gemeinsame Entwickeln traditionell unterschiedlich zugeordneter fachspezifischer Tätigkeiten der Schüler/innen im Zusammenhang einer nachvollziehbaren Lernsituation. Aus dem Umgang mit literarischen Texten z. B. kann eine produktive Schreibaufgabe, eine analytische Operation, eine Rechtschreibübung oder eine Sprachbetrachtung erwachsen – je nach der konkreten Unterrichtskonstellation.

Die einzelnen Kapitel des „Deutschbuchs" sind nach dem Prinzip des **Dreischritts** aufgebaut:
– Im ersten Teilkapitel wird einer der drei Lernbereiche dominant gesetzt.
– Im zweiten Teilkapitel wird ein weiterer Lernbereich integriert.
– Das dritte Teilkapitel dient dem Anwenden, Üben und Vertiefen des zuvor Gelernten. Hier werden die integrativen Momente dadurch verstärkt, dass nicht mehr klassifikatorisch unterschieden wird, in welchen Bereich nun eine der vorgeschlagenen Tätigkeiten gehört.

Ein Farbsystem informiert über das jeweilige Zusammenspiel von dominanten und zugeordneten Lernbereichen.

Die vorgeschlagenen Tätigkeiten der Schüler/innen verknüpfen den dominanten Lernbereich mit dem ergänzenden oder erweiternden Bereich. Der „Ausflug" über die Grenzen der Lernbereiche hinaus erfolgt also nicht nur auf der Ebene der Materialien, sondern konkret auf der Ebene der einzelnen Tätigkeiten.

Der dritte Lernbereich wird in allen Teilkapiteln durch einzelne Aufgabenstellungen integriert, wo es die entworfene Situation erfordert. Zum Kapitel „Freizeit – Berichte und Reportagen schreiben" (S. 25 ff.) z. B. gehören nicht nur das Verfassen von Reportagen (dominanter Lernbereich „Sprechen und Schreiben"), sondern auch die Analyse expositorischer Texte (ergänzender Arbeitsbereich „Umgang mit Texten"), die Anwendung schriftsprachlicher Regeln beim Abfassen von Berichten und die Reflexion der Differenzen zwischen mündlichem und schriftlichem Sprachgebrauch. Zum Kapitel „Erzählungen aus alter und neuer Zeit" (S. 175 ff., dominanter Lernbereich „Umgang mit Texten") gehören sowohl die Reflexion der Verwendung von Erzähltempora und adverbialen Bestimmungen der Zeit (ergänzender Arbeitsbereich „Reflexion über Sprache") als auch das Schreiben von Schülertexten und deren Überarbeitung im Hinblick auf Stil, Orthografie und Layout-Gestaltung.

Derartige situationsbezogene Formen der Integration finden sich flexibel in allen Teilkapiteln des Lehrwerks, sie sind aber nicht mehr ausdrücklich, etwa durch das Farbsystem, markiert. Hier liefert der unterrichtliche Nachvollzug einer realen Lernsituation wie von selbst die Begründung der „Integration". Dies gilt insbesondere auch für den Arbeitsbereich „Nachdenken über Sprache/Rechtschreibung", der explizit und implizit in zahlreichen Aufgabenstellungen des „Deutschbuchs" angesprochen wird.

2 Weitere Besonderheiten des Konzepts

Einzelne Kapitel weichen von dem Dreischritt „dominanter Lernbereich", „integrierter Lernbereich" und „Anwenden/Üben" ab. Es sind die abschließenden Kapitel „Spannende Literaturgeschichte" und „Unterrichtsprojekt". Zusätzlich hat das Einführungskapitel eine besondere Ausrichtung.

Die Einführungskapitel

Die Eröffnungskapitel setzen einen **kommunikationsorientierten Schwerpunkt**, der vom Lebensumfeld der Schüler/innen, ihren unmittelbaren Erfahrungen und Deutungsmustern, ihren Interessen und Erwartungen ausgeht. Diese didaktische Akzentuierung spiegelt sich in den Kapitelüberschriften wieder: „Wir und unsere Schule" (Bd. 5), „Freundschaften" (Bd. 6), „Wer bin ich?" (Bd. 7), „Vorbilder" (Bd. 8), „Jugendkultur" (Bd. 9) und „Lebenspläne – Lebenswege" (Bd. 10).

Sich über eigene Situationen mündlich und schriftlich zu verständigen, sich selbst und die persönliche Lebenswelt besser kennen zu lernen, ist Voraussetzung für die Klärung der individuellen Lage im gesellschaftlichen Handlungsfeld. Die eigenen Lebenswelterfahrungen werden mit den Erfahrungen anderer kontrastiert, wobei aktuelle Fremderfahrungen und multikulturell vermittelte Andersartigkeit in den Blick rücken.

Die dezidierte **Schülerorientierung** der einleitenden Kapitel bildet einerseits das Fundament eines eigenverantwortlichen und handlungsorientierten Lernprozesses, andererseits werden hier bereits fachliche und methodische Kompetenzen entfaltet, die für den Arbeits- und Lernbereich „Sprechen und Schreiben" grundlegend sind.

Die Kapitel „Spannende Literaturgeschichte"

Das Versprechen, in jedem Jahrgangsband ein Kapitel der Literaturgeschichte altersgemäß aufzuschlagen, ist nur einzuhalten, wenn Prinzipien wissenschaftlicher Literaturgeschichtsschreibung unberücksichtigt bleiben. Die wichtigsten Abweichungen sind folgende: Die Kapitel beschränken sich nicht auf die Nationalliteratur, sondern beziehen auch kulturell bedeutsame Literatur anderer Sprachen ein.

Die Textauszüge sind so zu Textsequenzen zusammengestellt, dass zwischen ihnen **thematische Beziehungen** sichtbar werden. Diese sind nicht immer Ergebnis historischer Entwicklungen. Die so entstehenden Epochenbilder sind nicht vollständig, nicht einmal „ausgewogen". Es gibt jeweils eine Fokussierung auf epochentypische Problemstellungen. Erst im Durchgang durch mehrere Epochen zeichnet sich das Spektrum der in der Literatur immer wieder zur Diskussion gestellten Themen ab.

Die entscheidende Abweichung der didaktischen von der literarhistorischen Charakteristik vergangener literarischer Epochen ist aber das Prinzip der jeweils **direkten Verbindung zur Gegenwart**. Die thematischen Schwerpunkte richten sich nach den altersspezifischen Interessen der Schüler/innen. Im Kapitel „Kindheit und Jugend im 18. Jahrhundert" (S. 243 ff.) beispielsweise werden literarhistorische Darstellungen der Bereiche Familie, Schule und Geschlechterrollen mit gegenwärtigen Problemlagen thematisch verzahnt.

Lernen in Unterrichtsprojekten

Jeder Jahrgangsband wird mit einem Vorschlag für ein Projekt abgeschlossen. Diese Projekte haben jeweils einen fachspezifischen Ausgangspunkt; sie beschränken sich aber nicht auf das Fach Deutsch, sondern beziehen Aspekte anderer Fächer mit ein. Aus der Didaktik des Projektunterrichts stammen die beiden wichtigsten pädagogischen Prinzipien des handlungs- und erfahrungsorientierten Lernens und des selbst organisierten und selbsttätigen Arbeitens in Gruppen. Aus der Fachdidaktik stammen die Prinzipien der besonderen Berücksichtigung des sprachlichen Anteils an den Lernprozessen. Dabei können unterschiedliche Texte, Schreib-, Lese- und Sprachverwendungssituationen zur Verständigung der Teilnehmer und zur Organisation der Arbeit dienen.

Der Anteil „Deutsch" an den Projekten ist weder nach Lernbereichen zu unterteilen noch abzugrenzen gegenüber Fächern wie „Soziologie/Politik", „Kunst", „Geografie", „Geschichte" oder „Sport".

Die Projektkapitel sind so konstruiert, dass sie Absprachen zwischen den Fachlehrern/-lehrerinnen einer Klasse wünschbar und sinnvoll erscheinen lassen, dass sie aber auch vom Deutschlehrer/von der Deutschlehrerin allein durchgeführt werden können.

Fächerverbindendes Lernen

Nicht nur in den Projektkapiteln ist fächerverbindendes Arbeiten sinnvoll. Auch in den übrigen Kapiteln finden sich immer wieder projektartig angelegte Arbeitsschritte. Im Kapitel „Beschreiben und erklären: Japan" (S. 39 ff.) beispielsweise ergeben sich Möglichkeiten des fächerverbindenden Lernens insbesondere im Hinblick auf Kunst und Erdkunde. Die Schüler/innen werden mit der Geografie und der Kultur Japans vertraut gemacht. Es werden unterschiedliche Verfahren des Umgangs mit Bildern eingeübt, wie z. B. Bildbeschreibungen, Bild-Text-Zuordnungen und eigene Bildpräsentationen. Das abschließende Teilkapitel „Ein Besuch im Museum" (S. 57 ff.) ist sinnvollerweise projektartig angelegt. Es werden Museumsrundgänge geplant, Kostüme und Masken hergestellt sowie Spielszenen erprobt.

3 Didaktische Prinzipien in den drei Lernbereichen

Innerhalb der drei Lernbereiche haben sich in den letzten fünfzehn Jahren eine Reihe fachdidaktisch begründeter **methodischer Neuansätze** ergeben, die bereits in den Lehrplänen ihren Niederschlag gefunden haben und die auch in einem modernen Lehrwerk wie dem „Deutschbuch" Anwendung finden. Im Bereich „Sprechen und Schreiben" sind das die Integration des darstellenden Spiels in den Deutschunterricht und die Reform des Aufsatzunterrichts zur prozessorientierten Schreibdidaktik, im Bereich „Reflexion über Sprache" der integrative, funktionale und operative Grammatikunterricht und die neuen Wege im Rechtschreibunterricht. Im Bereich „Umgang mit Texten" sind es der erweiterte Textbegriff, speziell die Integration des Umgangs mit den elektronischen Medien und der produktive Ansatz im Literaturunterricht. Das bedeutet, dass im „Deutschbuch" dem kreativen Schreiben in all seinen Formen der angemessene Platz eingeräumt wird.

Sprechen und Schreiben

Die didaktisch-methodischen Innovationen im Bereich des „Sprechens" beziehen sich weniger auf den kommunikativen Grundansatz, der weiter ausgebaut wird, indem explizit Gesprächsregeln und bewusste Formen der Gesprächsführung angeboten und gelernt werden sollen, sondern auch auf die Wiederentdeckung von methodischen Möglichkeiten, die in den vergangenen Jahrzehnten vernachlässigt worden sind. Zu diesen gehört das gestaltende Sprechen, der freie Vortrag von literarischen Texten und das geübte Lesen mit verteilten Rollen.

Durch die systematische Berücksichtigung methodischer Möglichkeiten des **„Darstellenden Spiels"** bei den Aufgabenstellungen und bei den Vorschlägen zur Projektarbeit soll gewährleistet werden, dass die ästhetische Komponente in diesem Arbeitsbereich angemessen berücksichtigt wird.

Im Bereich „Schreiben" haben sich in der fachdidaktischen Diskussion erhebliche Veränderungen vollzogen. Nach der so genannten „kommunikativen Wende" in der Aufsatzdidaktik waren die traditionellen Aufsatzgattungen und deren Begründung als „Naturarten" der Schriftlichkeit stark in Zweifel gezogen worden. Die gattungstypologische Unterscheidung von „Erlebniserzählung", „Bericht" oder „Schilderung" muss heute keinen Schüler/keine Schülerin mehr quälen, ebenso wenig wie die zwischen „Erörterung" und „Besinnungsaufsatz". Die Angabe des Adressaten im Thema und die Einbettung der Schreibaufgabe in eine wiedererkennbare Situation gilt seitdem als zentrale Schreibsteuerung.

Um den **Prozesscharakter des Schreibens** zu betonen, spricht das „Deutschbuch" vom Erzählen, Berichten oder Erörtern als Tätigkeiten. Die Grenzen, die die entsprechenden Substantive in den Köpfen der Kinder aufrichten, sind weggefallen. Beim erörternden Schreiben – und darauf legt die Schreibdidaktik des „Deutschbuchs" besonderen Wert – ist der sorgfältige Aufbau einer Argumentation entscheidend: Was ist ein Argument? Was ist ein Belegbeispiel, eine Stützung des Arguments durch Berufung auf eine Autorität, auf allgemeine Erfahrung? usw.

Kreative Formen des Schreibens erhalten im „Deutschbuch" einen besonderen Stellenwert. Das Spektrum reicht vom freien, spontanen, textungebundenen Schreiben bis zum produktiven Schreiben im Anschluss an Textvorlagen.

Wichtig und neu hinzukommend zu allen Formen des „Aufsatzschreibens" ist das **funktionale Schreiben**. Es handelt sich um Arbeitstechniken der Schriftlichkeit, die nicht zu in sich geschlossenen Texten führen, wohl aber im Alltag zur Bewältigung von Lernsituationen große Bedeutung besitzt. Dazu gehören nicht nur die bekannten „Notizzettel" und

„Stichpunktsammlungen", sondern auch der schriftliche Entwurf von Argumentations-skizzen, die Mitschriften in Gesprächen und der Entwurf von Gliederungen für umfang-reichere Ausführungen.

Eine besondere Art des funktionalen Schreibens ist das Verbessern von Geschriebenem. Der Arbeitsschwerpunkt **„Textoptimierung"** (mit und ohne Einbezug von Schreibpro-grammen der PCs), besitzt ein großes Gewicht im gegenwärtigen Deutschunterricht. Er geht bis zu dem Vorschlag, Texte von Schülerinnen und Schülern erst nach der gezielt vorgenommenen Textverbesserung zu bewerten. Der Aufgabenschwerpunkt „Überarbei-ten von Schülertexten" wird im „Deutschbuch" an zahlreichen Stellen integriert. Dabei ist es Aufgabe der Lehrkraft und der Lerngruppe, im Sinne einer inneren Differenzierung und Individualisierung die jeweiligen Hinweise des Lehrbuchs, insbesondere auch zur Rechtschreibung, situativ angemessen zu nutzen.

Reflexion über Sprache

Im Bereich „Nachdenken über Sprache" ergeben sich wesentliche Innovationen. Be-sonders wichtig ist der Schritt vom systematischen Grammatikunterricht hin zum situa-tiven, funktionalen und integrativen. Es geht um die Abkehr vom Regel- und Auswen-diglernen hin zum **operativen Lernen**. Ausgangspunkt sind spontan gebildete subjektive („innere") Regeln, über die Schülerinnen und Schüler verfügen; Ziel ist die Schreibent-scheidung des erwachsenen und kompetenten Schriftbenutzers. Dementsprechend sind die dem Lernbereich „Nachdenken über Sprache" zugeordneten Kapitel des „Deutsch-buchs" nach dem integrativen und themenorientierten Prinzip organisiert.

Der traditionelle und nachgewiesenermaßen für die Beherrschung der Muttersprache völlig wirkungslose Grammatikunterricht arbeitete an Definitionen von Wortarten und Satzformen. Er veranlasste die Kinder, aus Beispielsätzen unter der Leitung des Lehrers „Regeln" abzuleiten und mit deren Hilfe die eigene Benutzung der Schriftsprache zu verbessern, Fehler zu erkennen und zu vermeiden. In den seltensten Fällen konnten dadurch sprachliche Defizite behoben werden; genauso wenig kam es zu einer hinrei-chenden Sicherheit in der Benutzung der grammatischen Terminologie.

Deswegen wird im „Deutschbuch" in Anlehnung an neuere didaktische Konzepte ein anderer Weg beschritten. Sprachliche Phänomene werden nicht mehr über Definitionen gelernt, sondern **funktional** eingeführt. Dabei sind sowohl die grammatischen Merkmale wichtig als auch deren semantische, syntaktische, stilistische oder kommunikative Funk-tion. Die Schüler/innen bauen auf diese Weise ein Sprachwissen auf, das ihnen hilft, Situationen zu bewältigen, die metasprachliche Kompetenzen erfordern. Dies bezieht sich z. B. auf die Analyse von Texten, das Thematisieren sprachlicher Alltagssituationen, das Bewältigen von Schreibaufgaben sowie auf die Beherrschung der Rechtschreibung. Demzufolge werden Aspekte der Sprachreflexion auch in die Kapitel der Bereiche „Spre-chen und Schreiben" sowie „Umgang mit Texten" integriert.

Damit ist zugleich für die **Integration des Rechtschreibunterrichts in die Sprachrefle-xion** das entscheidende Argument gefallen. Die deutsche Orthografie ist kein willkürliches Regelwerk mit vielen Ausnahmen, sondern eine auf wenigen und plausiblen Grundsätzen aufgebaute Abfolge von Entscheidungen. Die Prinzipien der phonemischen und der morphematischen Schreibung stehen im Zentrum. Ziel ist es, sprachreflektorische Lösungskompetenz zu vermitteln, Fehlersensibilität bei Schülerinnen und Schülern zu wecken und damit ihre Schreibkompetenz zu verbessern.

Rechtschreibung wird im „Deutschbuch" grundsätzlich aus konkreten Sprachverwen-dungssituationen heraus thematisiert. In den thematisch orientierten Rechtschreibkapi-teln erwachsen die Rechtschreibübungen aus Schreibsituationen, Schülertexten und

Lesesituationen. Über die Rechtschreibkapitel hinaus besteht in den übrigen Kapiteln des „Deutschbuchs" die Möglichkeit, Übungen zur Rechtschreibung angemessen einzubringen. Immer wieder bietet das „Deutschbuch" Anlässe, Fragen zur Rechtschreibung und Zeichensetzung integrativ aufzugreifen und zu sichern. Dabei wird ein besonderer Schwerpunkt auf unterschiedliche Verfahren der Überarbeitung von Schülertexten gelegt.

Umgang mit Texten

Eine wichtige Forderung der Lehrpläne beim „Umgang mit Texten" ist die Berücksichtigung der Tatsache, dass Texte Schülerinnen und Schülern nicht nur in schriftlicher Form begegnen, sondern auch als Kombination von Bildern und gesprochener Rede, z. B. im Fernsehen. Der hier auftretenden Schwierigkeit, dass Filmtexte nicht ausführlich dokumentiert werden können, begegnet das „Deutschbuch" dadurch, dass es in den Aufgabenstellungen häufig auf einzubeziehendes audiovisuelles Material hinweist. Die **Integration der Medien** und der nichtliterarischen Texte in den „Umgang mit Texten" ist u. a. in projektartigen Unterrichtsformen zu gewährleisten, für die in den einzelnen Teilkapiteln Vorschläge gemacht werden.

Eine zweite Forderung bezieht sich auf das **kreative und freie Schreiben** im Literaturunterricht. Gemeint sind unterschiedliche Formen des Wechsels der Schüler/innen aus der Rezipienten- in die Produzentenrolle. Das „Deutschbuch" entwickelt hier zahlreiche Vorschläge, bis hin zur Einbeziehung produktiver Aufgabenstellungen in Klassenarbeiten. Der Sinn dieses didaktischen Ansatzes ist es, den Schülerinnen und Schülern das Recht auf subjektive Formen des Verstehens zu verschaffen und ihnen nahe zu bringen, dass das fantasievolle Weiterdenken und das experimentierende Eingreifen in Gegenstände der Lektüre nicht deren Zerstörung bedeutet, sondern einen Weg zu besserem und tieferem Verstehen darstellen kann. Produktionsorientierte Arbeitsweisen beim Umgang mit Texten stellen eine wesentliche Ergänzung analytisch-hermeneutischer Methoden dar, die selbstverständlich ihre Berechtigung behalten.

4 Methodische Entscheidungen

Die methodischen Entscheidungen kommen in besonderer Weise in den Aufgabenstellungen und den dort impliziten Tendenzen zum Ausdruck. Leitend sind die Prinzipien des themenorientierten und induktiven Vorgehens. Darüber hinaus wird den Benutzern des „Deutschbuchs" vor allem die Mischung aus kreativen, handlungsorientierten und analytischen Aufgabenstellungen auffallen.

Selbstständiges Lernen/Aufgabenstellung

Eigenverantwortliches und handlungsorientiertes Arbeiten der Schüler/innen fördern die Effizienz des Lernprozesses und stärken die Selbstständigkeit. Diese Zielsetzung wurde bei der Formulierung der Aufgabenstellungen besonders berücksichtigt. Aufgabenstellungen haben im „Deutschbuch" oft einladenden Charakter, sie enthalten mehrere Vorschläge, von denen sinnvollerweise nur einer realisiert werden sollte. Darin liegt auch eine Aufforderung an die Schüler/innen, selbst mitzuentscheiden, welche Variante der vorgeschlagenen Tätigkeiten sie für sich aussuchen. Besonders bei Vorschlägen für Gruppenarbeit und in den projektartig angelegten Teilen des Unterrichts ist es wünschenswert, dass die Lerngruppe aushandelt und selbst organisiert, was jetzt von wem zu tun ist. Oftmals kann die Aufgabenstellung von der Lehrkraft je nach situativem Unterrichtskontext problemlos modifiziert werden.

Orientierungswissen

Eine wichtige Rolle für das selbstständige Lernen gerade der leistungsschwächeren Schüler/innen spielt das Orientierungswissen. Dort, wo in den Kapiteln das von den Schülerinnen und Schülern erarbeitete Wissen gesichert werden muss, weil es die Grundlage für das weitere Vorgehen bildet, wird es zur Orientierung zusammenfassend dargestellt. Auf diese Weise festigt sich auch die eingeführte Terminologie, sodass den Schülerinnen und Schülern die notwendigen Begriffe für ihre weiteren Lernaktivitäten zur Verfügung stehen. In keinem Fall beeinträchtigen die Orientierungshilfen das Prinzip des entdeckenden Lernens.

Entlastende Funktion kommt dem Anhang zu: Dort wird das Orientierungswissen im Überblick dargestellt, sodass die Schüler/innen es selbstständig nachschlagen können, wenn sie sich nicht im Kapitelzusammenhang bewegen.

Hinweise zur Arbeitsorganisation

Die Arbeitsorganisation bleibt in den Aufgabenstellungen weitgehend offen. Ob etwas als Gruppenarbeit oder Einzelaufgabe gelöst werden soll, ist zunächst einmal Angelegenheit des Lehrers/der Lehrerin und der Lerngruppe. Aber das Lehrbuch macht Vorschläge, die sinnvoll sein könnten und praxiserprobt sind.

Arbeitsschritte, Materialien und Aufgabenstellungen sind im „Deutschbuch" so organisiert, dass Lehrerinnen und Lehrer phasenweise eine stärker moderierende und prozessbegleitende Rolle einnehmen können. Diese Lehrmethoden erlauben den Schülerinnen und Schülern zunehmend ein selbsttätiges und mitverantwortliches Arbeiten, das ihre sozialen und kommunikativen Kompetenzen stärkt.

Die Kapitel des „Deutschbuchs" sind nicht darauf angelegt, vollständig erarbeitet zu werden. Je nach Lernsituation und vorgesehenem Zeitrahmen können einzelne Teilkapitel oder auch nur wenige Abschnitte in der gewünschten Schwerpunktsetzung sinnvoll behandelt werden.

Freiarbeit

Freiarbeit ist den Schülerinnen und Schülern vielfach aus der Grundschule vertraut. In der Sekundarstufe I wird diese Lernorganisation, bei der die Schüler/innen weitgehend selbst gesteuert arbeiten, meist phasenweise eingesetzt. Das „Deutschbuch" lässt sich in dreifacher Weise für solche Freiarbeitsphasen nutzen:

- Das **Schülerbuch** bietet an zahlreichen Stellen Möglichkeiten des Einsatzes von Freiarbeit im Rahmen des themengebundenen Unterrichtsvorhabens. Übungsbezogene Materialien, Hinweise für Projektschritte und vielfältige Impulse für Einzelarbeit finden sich schwerpunktmäßig jeweils im dritten Teilkapitel, z. B. eine Freizeitbroschüre erstellen (S. 37), Kalender mit Kalendergeschichten herstellen (S. 192), ein Theaterstück aufführen (S. 265 ff.)
- Das **Handbuch für den Unterricht** liefert zahlreiche Zusatzmaterialien, die zur Akzentuierung einzelner Aspekte oder auch zur Förderung besonders interessierter Schülerinnen genutzt werden können, z. B. alle „Themen für Klassenarbeiten" in diesem Handbuch.
- Das **Arbeitsheft** enthält ein besonders reichhaltiges Angebot an Freiarbeitsmaterialien. Da den Schülerinnen und Schülern zu sämtlichen Aufgaben die Lösungen in einem Beiheft vorliegen, ist hier die Chance des selbst gesteuerten Lernens im Sinne der Individualisierung und Differenzierung in besonderem Maße gegeben.

1 Wer bin ich?

Konzeption des Gesamtkapitels

Entwicklungsbedingt spielen bei Schülerinnen und Schülern der Jahrgangsstufe 7 Fragen der Selbst- und Fremdwahrnehmung eine zunehmend wichtigere Rolle. Der Anspruch auf Selbstständigkeit wächst, Freizeitaktivitäten gewinnen an Bedeutung und setzen damit ein Gegengewicht zur Schule. Nach Abschluss der Orientierungsstufe wachsen zugleich die schulischen Anforderungen, die dann häufig als Begrenzungen des Strebens nach Selbstständigkeit erlebt werden. Freundschaftsgruppen und Cliquen, aber gerade auch Jugendzeitschriften gewinnen gegenüber Elternhaus und Schule an Bedeutung bei den alltäglichen Selbstverständigungsprozessen. Geheimnisse, Sehnsüchte und Probleme finden hier nun verstärkt ihren Artikulationsraum.

Das vorliegende Kapitel bietet auf verschiedenen Zugangsebenen Möglichkeiten, diese Phase der Ich-Entwicklung im Unterricht behutsam zu thematisieren. Das erste Teilkapitel (**„Mein Alltags-Ich"**) enthält ein Dossier von unterschiedlichen Medien, das die Schülerinnen und Schüler dazu anregt, über ihr „Alltags-Ich" und das Beziehungsgeflecht, in dem es steht, zu reflektieren. Die am Erfahrungshorizont der Jugendlichen orientierten Arbeitsanregungen strukturieren in diesem ersten Teilkapitel den Lernbereich „Sprechen und Schreiben".

Das zweite Teilkapitel (**„Ein Romanheld auf dem Weg zu sich selbst"**) integriert den Lernbereich „Umgang mit Texten" in den thematischen Zusammenhang; es stellt einen längeren Auszug aus einem Jugendbuch vor. Anschaulich und spannend wird hier eine krisenhafte Lebensphase eines Jugendlichen geschildert. Der Auszug vermag aufgrund seines realistischen Erzählstils insbesondere der Anforderung der Literaturdidaktik zu entsprechen, Literatur als Mittel für die Entdeckung der eigenen Lebenswelt zu nutzen.

Das dritte, produktionsorientierte Teilkapitel (**„Selbstbeschreibungen: Sich in Texten spiegeln"**) schließlich lädt dazu ein, Selbstporträts zu verfassen. Die im Schülerbuch angebotenen Textbeispiele verstehen sich dabei durchaus als Muster – freilich nicht in dem Sinne, es genauso zu machen. Die Unterrichtspraxis zeigt vielmehr, dass solche Texte Hemmschwellen beim Schreiben abbauen helfen und auch leistungsschwächere Schülerinnen und Schüler anregen, ein Selbstporträt zu verfassen.

Literaturhinweise

Ingrid Göpfert: Schreiben über mich. In: Deutsch-Werkstatt – Handlungsbezogener Deutschunterricht in der Sek. I. Beispiele, Tipps, Anregungen. Hg. v. Horst Bartnitzky/ Ulrich Hecker. Essen 1991, S. 5, 169–182

Heike Kionke: „Anderssein" – Eine Unterrichtsreihe in Klasse 7. In: Der Deutschunterricht, Nr. 7–8/1997, S. 350–352

Hans-Martin Lübking: Kursbuch Konfirmation. Ein Arbeitsbuch für Konfirmandinnen und Konfirmanden. Düsseldorf 1995 (bietet gute Unterrichtsideen zum Thema)

1.1 Mein Alltags-Ich

S. 9   *Ernst Jandl:* my own song (mein eigenes lied)/*Johann Liegl:* – sein –

☐1/☐2   Die Schüler/innen werden beide Gedichte auf ihren eigenen Erfahrungshorizont beziehen und dies mit Hilfe von Konkretisierungen deutlich machen. Der didaktische Reiz der beiden Gedichte liegt in ihrem hohen Grad an Übertragbarkeit. Zustimmung, Widerspruch, Beispiele und Ergänzungen sind gleichermaßen zu erwarten.

Hinsichtlich des Jandl-Gedichts wird inhaltlich der **Aspekt Unabhängigkeit** herauszustellen und zu diskutieren sein. Dabei wird es im ersten, offenen Unterrichtsgespräch um die Fragen gehen: „Was heißt das: Ich will *ich* sein?", „Was für ein Wunsch drückt sich in dem Lied aus?" und „Wer könnte mit *ihr* gemeint sein?" Ein näherer Blick auf die Gedichtstruktur kann zeigen, dass sich der Anspruch auf Selbstbestimmtheit in einer mehrschichtigen, dreifachen Ablehnung zeigt: Das Ich will nicht so sein wie die anderen a) sind, b) sein wollen und c) ihn haben wollen. Entsprechend verhält es sich in der zweiten Strophe, nur umgekehrt, mit einem dreifachen positiven Bekenntnis. Eine besondere Beachtung sollten in diesem Zusammenhang dann auch die beiden kursiv gesetzten Wörter finden, deren Bedeutung sich am besten durch **lautes Lesen** erschließen lässt. Dies hilft auch, den formalen, syntaktischen Zusammenhang und den sprachspielerischen Charakter des Gedichts deutlicher werden zu lassen.

Beim Vergleich mit dem Gedicht – sein – von Johann Liegl sollte das **Moment der Verunsicherung** besprochen werden. Das Ich nimmt sich hier differenzierter, nicht so selbstverständlich wahr wie im Jandl-Gedicht.

Mögliche Impulse:
– Wie kommt es wohl, dass das Ich sich manchmal „gegen seinen Willen" benimmt? Kennt ihr ähnliche Situationen (oder habt ihr schon einmal ähnliche Situationen erlebt)?
– Welche Schlussfolgerungen zieht das Ich aus dieser Erfahrung?
– Welches der beiden lyrischen Subjekte macht sich wohl mehr Gedanken über die eigene Person? Woran wird das deutlich?
– An einer Stelle heißt es: „Ich glaub auch manchmal so zu sein wie man mich sieht." (Liegl, Z. 2 ff.) – Wie werdet ihr von anderen gesehen? Verfasst aus der Ich-Perspektive einer bekannten Person (Mutter, Vater, Schwester, Bruder, Nachbar etc.) eine entsprechende Beschreibung von euch.

☐3   a/b) Die Schüler/innen sollten dazu angehalten werden, möglichst alle empfohlenen Hinweise zu berücksichtigen, um anhand des distanzierenden, überlegt formulierten Planungsentwurfs sich des Zusammenspiels unterschiedlicher Bildelemente bei der Gestaltung eines typischen Persönlichkeitsprofils bewusster zu werden. Hervorgehoben werden könnte in diesem Zusammenhang auch, dass der innere Zustand bzw. Charakter eines Menschen sich nicht nur in Gestik und Mimik widerspiegelt, sondern auch in den „Rahmenbedingungen", die als „Verstärker" wirken können. Entsprechend kann das Erkennen solcher „Rahmenbedingungen" und das Bewerten ihrer Funktion am Beispiel der mitgebrachten Fotos geübt werden.

☐4   Wenngleich im Kontext dieses Arbeitsvorschlags der subjektbezogene, inhaltliche Zugriff der Schüler/innen sicherlich im Vordergrund steht, sollten bei der Vorstellung der Schülerprodukte Kriterien für inhaltlich und formal gelungene Gedichte in Erinnerung gerufen werden. In der Regel werden die Schüler/innen formal bestimmte **regelmäßige Reimformen** wählen (Kreuzreim, Paarreim, umarmender Reim), die an dieser Stelle, wenn es nötig erscheint, kurz wiederholt werden können. Erfahrungsgemäß werden sich eher beim Metrum und der Verwendung von Metaphern, Vergleichen, Alliteration, Anaphorik etc. Unsicherheiten zeigen.

5 In einer 7. Klasse wurden von den Schülerinnen und Schülern folgende Überschriften vorgeschlagen:

Verzogen *Von Fäden geleitet*
Der Hampelmann für alle *Bin ich ich oder ihr?*
Alle wollen was von mir *Handgesteuert*
Mein Leben, mein Weg oder *Andere haben mich in der Hand*
„Zieht nicht an mir!" *Hin- und hergerissen*

Die einfallsreichen Überschriften verraten in der Regel viel davon, auf welche Art und Weise die Schüler/innen die „Marionette" deuten und welchen Verständnisgrad ihr Bezug zum Thema schon erreicht hat. Deshalb sollten die Überschriften auch gesammelt vorgestellt und diskutiert werden. Zur besseren Vergegenwärtigung lassen sich die Überschriften auch auf einem großen farbigen Kartonbogen bzw. einer Wandzeitung sammeln und in der Klasse aufhängen.

6 Die Leerstellen könnten von den Schülerinnen und Schülern wie folgt ausgefüllt werden:

3. Hand: Mein Trainer
4. Hand: Meine Freundinnen/ Freunde
5. Hand: Musik/ Idole
6. Hand: Meine Schwester/ Mein Bruder

7 Der Aufgabe kommt insofern eine wichtige relativierende Funktion zu, als die vorangegangenen Arbeitsschritte eher die Tendenz ausweisen, die Situation des jugendlichen Ichs als eine abhängige, tendenziell unfreie und ständig von Geboten geprägte Lebenslage vorzustellen. So nehmen Jugendliche dieser Altersstufe ihre Ich-Situation auch verstärkt wahr. Allerdings sollte der zunächst legitimen, aber vorschnellen Abwertung aller Abhängigkeitsverhältnisse eine differenziertere Bestimmung folgen. (Unterschied etwa zwischen Einfluss der Werbung und dem der Eltern, Freunde etc.) Das Gespräch könnte zu dem Ergebnis führen, dass eine eigenständige Ich-Entwicklung und das gewünschte Ausprobieren eines selbstbestimmten Freiraums nicht im Widerspruch zu bestimmten, notwendigen Abhängigkeitsverhältnissen stehen müssen, sondern im Gegenteil von diesen auch gefördert werden können. In der Regel wird schon bei den Fäden, die die Schüler/innen auf keinen Fall abschneiden möchten, deutlich, dass sie bestimmte Abhängigkeiten durchaus einsehen und realistisch einschätzen.

Mein Zimmer – Zutritt verboten? S. 11

Reiner Kunze: Fünfzehn S. 11

1 Über die Phase der spontanen Schülerreaktionen hinaus ließe sich der Text in mehreren aufeinander folgenden kleinen Arbeitsschritten genauer erfassen:
1. Aus welcher Perspektive ist die Geschichte geschrieben?
2. Was nimmt der Vater wahr? (das unordentliche Zimmer, Alltagsgegenstände und andere Details, „die Welt" seiner Tochter etc.)

3. Wie deutet er das Verhalten seiner Tochter (s. Z. 15–25)? Aufgrund des Schwierigkeitsgrades dieser Sätze werden hier am ehesten Verständnishilfen angebracht sein, auch deshalb, weil in ihnen versteckt die liberale Einstellung des Vaters deutlich wird.

4. Mit welchen Mitteln versucht der Vater, seine Tochter zu einer Verhaltensänderung zu bewegen? Wie beurteilt ihr seinen Versuch? (Vater reagiert nicht mit disziplinarischen Maßnahmen oder Strenge, sondern mit einer zunächst geschickt erscheinenden, unterschwelligen Strategie, die er, da sie auf bestimmte Empfindlichkeiten der Tochter abzielt, für wirksamer hält.)

5. Warum scheitert der Versuch? (Originelle Wendung der Geschichte, unerwartete Lösung durch die Tochter, die so „ihre Lebensart" nicht zu ändern braucht und dennoch das Problem „gelöst" hat.)

6. Gesondert kann die sprachlich-stilistische Gestaltung der Geschichte untersucht werden. Auffällig sind die anschaulichen, ausdrucksstarken **Vollverben** und die **Bildlichkeit** bei der Beschreibung des Zustandes, in dem sich das Zimmer befindet. Gerade im Hinblick auf die häufig beklagten stilistischen Defizite bei Schülerinnen und Schülern und die entsprechende Forderung nach einem kontinuierlich zu gestaltenden Schreibprozess kann anhand des Textes vor Augen geführt werden, was eine gezielte Verwendung bestimmter Wörter zu leisten vermag. Folgende Übungsaufgabe ließe sich stellen: Mit welchen Verben, Attributen und Sprachbildern beschreibt der Vater bestimmte Gegenstände, Zustände bzw. seinen Eindruck davon? Sucht entsprechende Wortgruppen! Ein Beispiel kann vorgegeben werden, z. B. der Staub flockt, die anderen sollen ergänzt werden:

Begriff "Attribute" erklären

Nomen/Verb-Verbindungen	Nomen mit Attributen
– die Türfüllungen vibrieren	– übereinander gestülpte Bücher
– der Staub flockt, wallt	– in sich gekehrte Hosenbeine
– sich den Nichtigkeiten des Lebens ausliefern	– drei viertel gewendete Pullover
– inneres Gleichgewicht wiedergewinnen	– nachgedunkelte Lider
– die Ausläufer dieser Hügellandschaft erstrecken sich	– hervortretende Augäpfel
	– ein überlegener Eindruck
– …	– …

2 – 4 Die Antworten zu den Arbeitsanregungen 2 und 3 sollten nicht nur die bloße Meinung wiedergeben, sondern diese sollten auch begründet werden, etwa mit Bemerkungen wie: „In einem total unaufgeräumten Zimmer kann ich mich nicht auf die Hausaufgaben konzentrieren, außerdem würde ich mich ständig aufregen, wenn ich bestimmte Sachen in dem Durcheinander nicht sofort finde … – In so einem total aufgeräumten Zimmer kann ich mich nicht entspannen, da macht das Musikhören überhaupt keinen Spaß, solche Zimmer wirken so kühl und streng …" Im Anschluss an die Schüleräußerungen können diese in Gruppen-/Partnerarbeit auch „stichwortartig ausgebeutet" in ein Schaubild unter der Überschrift **„Vor- und Nachteile eines unaufgeräumten bzw. aufgeräumten Zimmers"** übertragen werden.

Persönlichkeitsmerkmale spiegeln sich natürlich in der Gestaltung eines Zimmers wieder, und dies wird an Beispielen der Schüler/innen leicht zu veranschaulichen sein. Beschreibungen wie die folgende können so etwas verdeutlichen:

Bärbel wirkt immer so ruhig, ausgeglichen, oft auch nachdenklich und träumerisch; das zeigt sich irgendwie auch in ihrem Zimmer; es ist aufgeräumt, ohne jedoch kalt zu wirken; ihre Andenken haben alle ihren Platz, an der Wand hängen romantische Poster (Sonnenuntergänge am Meer etc.), eine Menge Bücher stehen im Regal und für ihre Katze hat sie eine eigene Kuschelecke eingerichtet.

Dennoch sollten vorschnelle Klischeevorstellungen auch hier hinterfragt werden: Ein unordentliches Zimmer muss nicht unbedingt bedeuten, dass die Person auch unkonzentriert, zerfahren und unzuverlässig ist; und umgekehrt gilt, dass ein ordentliches, aufgeräumtes Zimmer nicht zwangsläufig Pünktlichkeit, gute Schulleistungen, Konzentrationsfähigkeit etc. heißen muss.

Schließlich sollte festgehalten werden, dass der private Raum/das eigene Zimmer möglichst wirklich als Freiraum erhalten bleibt, der den eigenen Vorlieben und Anschauungen gemäß gestaltet werden darf; ein Raum, in dem und mit dem man „sich selbst ausprobieren" kann. Vielleicht gestaltet eine Schülerin/ein Schüler den Entwurf ihres/seines Traumzimmers (Arbeitsanregung 4) mit der Alternative eines unaufgeräumten und eines aufgeräumten Zimmerteils, sodass es je nach Stimmungslage, aktuellen Vorlieben etc. genutzt werden kann.

Die Diskussion kann auch auf die Frage ausgeweitet werden, ob sich die Alternative zwischen aufgeräumten und unaufgeräumten Zimmern auch für das Klassenzimmer und andere „öffentliche Räume" stellt. Deutlich werden sollte dabei, dass öffentliche Räume, wo viele Menschen aufeinander treffen, ein Mindestmaß an Ordnung verlangen, um ihrem Zweck gerecht werden zu können – u. a. auch gerade deswegen, um jedem Einzelnen gleiche Arbeits-/Aufenthaltsbedingungen zu bieten, und dazu gehören z. B. Aspekte wie die Übersicht wahren und schnell etwas finden können, hygienische Verhältnisse (Müllproblem), saubere Tafel, aufgeräumte Turnhalle etc.

Gegenstände, an denen ich hänge S. 12

1 / 2 Ins Zentrum dieses offenen, weitgehend schülerzentrierten Unterrichtsangebotes sollten nach der Sammelphase die Geschichten rücken, die mit den herausgehobenen Erinnerungsstücken verbunden sind, sowie die daraus erwachsenen Funktionen. Die Geschichten können z. B. als vorbereitende Hausaufgabe schriftlich verfasst werden. Die Geschichten sollten möglichst darüber Auskunft geben, warum gerade dieser Gegenstand eine besondere Bedeutung gewonnen hat.

Möglicher Impuls: Wie kommt es, dass an sich leblose, häufig materiell nicht wertvolle Gegenstände zu einem Stück von einem selbst werden können?

Im Kontext des Unterrichtsgesprächs über die Funktionen von Erinnerungsstücken wird auf die wohl häufigste **Unterscheidung zwischen Glücksbringer/Talisman und Trostspender** hinzuweisen sein. Zugleich wird die dritte Gruppe der bloßen Erinnerungsstücke eine Rolle spielen, deren Funktion darin bestehen könnte, wichtige Momente bzw. Erfahrungen des verflogenen, flüchtigen Lebens festzuhalten. In der Jahrgangsstufe 7 kann durchaus schon in einem ersten Schritt mit den Schülerinnen und Schülern über die konstitutive Bedeutung der Vergangenheit für das jeweils gegenwärtige Lebensbewusstsein gesprochen werden. Zu diskutieren wäre dabei die Frage, inwieweit man durch bestimmte einschneidende Erfahrungen (Umzug, Ende einer engen Freundschaft, Verlust eines nahen Verwandten, Unfall, ein abenteuerliches Erlebnis, ein spannendes Buch etc.) in seiner Persönlichkeit (in seinen Ansichten, Verhaltensweisen etc.) nachhaltig beeinflusst werden kann.

3 Zu ergänzen wäre die Arbeitsanregung auch durch die Frage, ob ein Talisman/Glücksbringer seinen Wert verliert, wenn er sich einmal nicht bewährt. Voraussichtlich werden die

meisten Schüler/innen antworten, dass das in der Regel zunächst nicht der Fall sein wird, sondern erst, wenn ein Gegenstand auf Dauer kein Glück gebracht hat.

S. 13   BRAVO-Psycho-Test

☐1 a/b) Die Durchführung des Tests hat natürlich zunächst einmal motivierenden Charakter; zugleich wird sich zeigen, dass die Schüler/innen mit derlei Tests in der Regel gut vertraut sind, sich auch zu einzelnen Testfragen distanzierend-kritisch äußern. Durchaus unterschiedlich kann die Bewertung sein, obgleich die meisten Schüler/innen – vor allem in der Öffentlichkeit der Klasse – sich über solche Tests eher lustig machen. Ein Teil wird den Aussagewert solcher Tests in Frage stellen, ein anderer wird ihnen eine begrenzte Gültigkeit („da ist schon was dran") zuweisen.

Die Diskussion sollte, wenn es von den Schülerinnen und Schülern nicht schon selbst vorgebracht wird, auch auf die Frage hinführen, woran es liegt, dass solche Tests (gerade auch bei Erwachsenen) sich äußerster Beliebtheit erfreuen. Die möglichen Ergebnisse könnten in einem kleinen **Tafelbild** zusammengefasst werden:

> *Gründe für die Beliebtheit von Psycho-Tests:*
>
> – *die leise Hoffnung, doch mehr über sich zu erfahren: über seine Stärken und Schwächen und wie man auf andere wirkt,*
> - *um sich in der Öffentlichkeit sicherer zu verhalten*
> - *um mehr Erfolg beim Umgang mit anderen Menschen zu haben*
> - *um vielleicht konkrete Handlungsanweisungen zu bekommen*

Anzustreben ist zugleich eine Problematisierung:

> *Begrenzte Aussagefähigkeit von Psycho-Tests*
>
> – *Tests wollen breiten Leserkreis ansprechen*
> – *müssen deshalb sehr verallgemeinern bzw. vereinfachen*
> – *man erfährt deshalb häufig weniger über sich als über allgemeine/aktuelle Wunschvorstellungen und Einschätzungen von Verhaltensweisen*

Als lohnende abschließende Weiterführung des Themas bietet sich ein Vergleich zwischen Psycho-Test und Horoskop an. Vor allem die den Tests beigegebenen Auswertungen/Deutungen zeigen eine große Nähe zu Horoskoptexten.

☐2 a/b) Mögliche Themen:
- Bist du ein aktiver Typ?
- Kannst du treu sein?
- Wie wichtig ist für dich dein Outfit?

Da die Jugendzeitschriften regelmäßig Tests anbieten, werden die Schüler/innen mit Leichtigkeit aktuelle Themenvorschläge vorbringen. Die **Erstellung entsprechender Testfragen** sollte aber möglichst in **Gruppenarbeit** im Unterricht geschehen. Vorlagen können als Muster genutzt, sollten aber nicht einfach übernommen werden.

Mögliche Zusatzaufgaben:

1 Sucht euch aus den folgenden Beispielen Satzanfänge heraus, die euch am besten gefallen und zu denen euch am meisten einfällt. Entwickelt daraus einen kurzen Text.
– Ich würde gerne einmal … treffen …
– Ich bin glücklich, wenn …
– Ich frage mich manchmal, ob …
– Ich mag das Geräusch von …
– Ich mag den Duft von …
– Ich würde gerne lernen, wie …
– Ich werde nie vergessen …

2 Erarbeitet in Gruppen einen Personenfragebogen, mit dem man mehr in Erfahrung bringen kann als mit dem üblichen Steckbrief in Freundschaftsbüchern. Erprobt ihn in der Klasse, bei Freunden, Lehrern, Eltern.
Vielleicht stoßt ihr bei folgenden Beispielen aus dem „Fragenbuch für Kids" auf einige Anregungen:

Personenfragebogen

– Eines Tages hat dein Vater eine echt verrückte Idee und färbt sein Haar grün. Würdest du mit ihm in die Stadt einkaufen gehen, wenn er es wollte? Auch dann, wenn du wüsstest, gleich starren ihn alle Leute an und machen sich über ihn lustig?

5 – Stell dir vor, du kannst eine Reise in einer Zeitmaschine machen und jede beliebige Entfernung in die Vergangenheit oder Zukunft zurücklegen. Wohin möchtest du reisen?

– Wenn du für einen Tag unsichtbar sein könntest, was würdest du tun?

– Wann hast du die größten Schwierigkeiten bekommen, weil du gelogen hast?
10 Was wäre passiert, wenn du ganz einfach die Wahrheit gesagt hättest?

– Du bist sauer auf deine Eltern und willst es ihnen heimzahlen. Was tust du, um sie zu ärgern oder aus der Fassung zu bringen?

– Hättest du gern einen Zwillingsbruder oder eine Zwillingsschwester? Was wäre gut daran und was schlecht?

15 – Wenn du morgen als Erwachsener aufwachen würdest und selber Kinder hättest, was würdest du bei ihnen anders machen als deine Eltern bei dir?

– Stell dir vor, alle Leute hörten in deinem Alter auf zu wachsen. Das heißt, alle Erwachsenen sind weder größer noch stärker als du. Würdest du trotzdem weiterhin tun, was sie sagen? Wenn ja, warum?

20 – Magst du es, wenn jemand sagt, du wärst genau wie deine Mutter oder wie dein Vater? Versuchst du, deinen Eltern ähnlich zu sein oder möglichst nicht?

– Stell dir vor, du könntest nächste Woche in deiner Lieblingsfernsehsendung auftreten, wenn du jetzt ein Butterbrot mit Würmern ist? Würdest du es tun?

– Was wäre dir lieber: die Fähigkeit, mit Tieren zu sprechen, oder die Gabe, in die
25 Zukunft zu sehen?

– Welche Dinge, vor denen du früher Angst hattest, kümmern dich jetzt nicht mehr?

– Welche Landschaft, welches Wetter magst du am liebsten?

(aus: Gregory Stock: Das Fragenbuch für Kids. 260 Fragen über dich selbst.
Ravensburger Buchverlag, Ravensburg 1991)

1.2 Ein Romanheld auf dem Weg zu sich selbst

Der Roman bietet sich auch dazu an, als Ganzschrift gelesen zu werden. Gerade Schüler/innen der Jahrgangsstufe 7, die nicht mehr mit „Kinderliteratur" abgespeist werden wollen, spricht die spannende, individuelle wie soziale Probleme ansprechende Geschichte an; sie fühlen sich ernst genommen. Viel trägt dazu auch die realistische Erzählform bei, die auch in der vorliegenden Übersetzung aus dem englischen Original gut getroffen ist.

S. 14   1 / 2   Von den Schülerinnen und Schülern könnte u. a. hervorgehoben werden, dass der Gesichtsausdruck der Porträtskizze Folgendes verrät: nachdenklich, vielleicht ratlos, eher unglücklich, traurig, nicht entspannt, Blick ins Leere … Aufgrund der Vorinformationen könnte Buddy als jemand beschrieben werden, der nicht so leicht aufgibt, der nach Möglichkeiten sucht, mit der erkennbar schwierigen Situation fertig zu werden; eventuell wird auch schon darauf verwiesen, dass er aufgrund seiner Lebensumstände wohl daran gewöhnt ist bzw. darauf angewiesen ist, sich alleine helfen zu müssen.

S. 15   *Nigel Hinton:* **Buddy**

3 In hermeneutisch-methodischer Hinsicht kann der Ersteindruck des Themas/der Figur (s. S. 14, Aufgaben 1 und 2) fixiert werden, um nach Beendigung der Lektüre den Leseprozess in einem Vergleich zu reflektieren. Es werden dabei wohl mehr Übereinstimmungen als Abweichungen festgehalten werden können, die zugleich für eine differenziertere Charakterisierung genutzt werden können. Mögliche Eindrücke, die durch die Lektüre bestätigt bzw. zusätzlich gewonnen werden können:
– Er muss sich selber helfen.
– Er hat Energie, will sich nicht hängen lassen.
– Er sucht zunächst Hals über Kopf, dann planmäßig einen Ausweg.
– Er erscheint leichtsinnig, risikobereit.
– Er will Zeit gewinnen, um in Ruhe nachdenken zu können.
– Er gerät aber in eine ausweglos erscheinende Situation, weiß zum Schluss (des Textausschnitts) nicht mehr, wer er ist.

4 a/b) Folgende Textstellen sind für Buddys „Gedanken" besonders aufschlussreich: Z. 107 ff., 303 ff., 314 ff., 373–391, 439–459. Konzentriert wird **sein innerer Zustand**, eine **Art Entfremdung**, schließlich am Ende des Textausschnitts (Z. 464–492) geschildert.

5 Es kann den Schülerinnen und Schülern freigestellt werden, ob sie eher eine bestimmte Situation (nachts in der Bushaltestelle/im Haus des „Ungeheuers"/etc.) oder – dazu bietet sich vor allem eine Collage an – verschiedene Aspekte seiner Biografie wie seiner Flucht bildnerisch gestalten wollen. Ebenso sollten die Schüler/innen darauf hingewiesen werden, dass sie nicht nur „das sichtbare Erleben", die äußere Handlung, darstellen können, sondern auch versuchen sollten, seinen inneren Zustand, Gedanken und Gefühle, bildlich umzusetzen. Wie drückt man im Bild z. B. Gehetztheit, ungemütliches Wetter, Angst, im Kopf herumschwirrende Gedanken (z. B. Erinnerungen Buddys an einen Streit seiner Eltern, der Vater im Gefängnis, schöne Erinnerungen an seine Freunde …) aus? Welche Farben, Bildausschnitte, Motive etc. passen zu welchem Aspekt bzw. zu welcher Stimmung? Falls wider Erwarten eine Schülerin/ein Schüler eine konkrete, leicht umsetzbare Anregung braucht, kann man sie/ihn z. B. auf die Porträtskizze (S. 14) verweisen, die sie/er

so oder ähnlich überträgt (Zeitschriftenfoto von jugendlichem Kopf etc.) und mit passenden „Gedanken-" oder „Bildblasen" umgibt.

6 a–c) Bei diesen produktionsorientierten Aufgaben wird es darauf ankommen, dass die Schüler/innen nicht nur in der Form einer Art Inhaltsangabe den inneren Dialog oder den weiteren Werdegang Buddys knapp wiedergeben, sondern ihren Text erzählerisch möglichst anschaulich ausgestalten.
Zur Erinnerung:

Einige Tipps zur Erzähltechnik
- *Beschreibe nicht nur die äußere Handlung, sondern auch das, was die Personen (hier Buddy) sagen, denken und fühlen – egal, ob du aus der Ich-Perspektive oder in der Er-Erzählform schreibst.*
- *Überlege dir passende, ausdrucksstarke Vollverben, Attribute (z. B. Buddy geht nicht nur, er könnte schleichen, rennen, ziellos umherwandern, bei Rot über die Kreuzung flitzen, eilig um die Ecke biegen, auf dem Weg zur Haltestelle sich ständig umblicken etc.; überlege genauso passende Attribute, z. B. in einem Schaufensterspiegel nimmt er zum ersten Mal seit Tagen seine äußere Erscheinung wieder wahr, er sieht sein blasses Gesicht, seine ausgewaschenen, schmutzigen Jeans, seine am linken Ärmel aufgerissene Jacke, seine Haare, die seit Tagen ungewaschen waren, fielen ihm in die Stirn ...*
- *Es geht also darum, dass die Erzählfigur (hier Buddy) bzw. der Erzähler (das bist du) die jeweilige Situation mit allen Sinnen wahrnimmt (riechen, schmecken, hören, sehen, fühlen ...) und dies für den Leser nachvollziehbar wird.*

---

7 a) Die entsprechende Stelle im Roman lautet: „Er riss die Zeitung an sich, seine Blicke überflogen die Seite. Er hatte eine Nachricht über seine Mum erwartet, aber er fand ein Bild von sich selbst. Es war während seines ersten Oberschuljahres aufgenommen worden, als er noch langes Haar gehabt hatte. Es sah ihm überhaupt nicht mehr ähnlich. Neben dem Foto standen die Worte: ‚Stadtjunge vermisst'. Er las die erste Zeile, dann überflog er die kurzen Abschnitte: ‚Freitagabend ... bei Freunden aufgehalten ... Sonntag ... Suche ... Polizei ... Erkundigungen ...'"
Erläuterung der Stelle: Buddy hatte die Ausweglosigkeit seiner „Flucht" erkannt und wollte zu seiner Mutter zurückkehren, um zusammen mit ihr seinem Vater zu helfen. Er konnte sie aber zunächst nicht finden und dachte daher, ihr sei etwas zugestoßen; deshalb heißt es in der Stelle: „Er hatte eine Nachricht über seine Mum erwartet.". Der Roman geht im Übrigen insofern mit einer positiven Perspektive zu Ende, als Buddys Mutter sich wieder um ihren Sohn kümmert, der Vater schließlich nur zu einer begrenzten Freiheitsstrafe verurteilt wird und alle drei sich vornehmen, die vor ihnen liegende schwierige Zeit gemeinsam durchzustehen.

b)

Was muss bei einem Zeitungsbericht beachtet werden?
- *Finde eine passende Schlagzeile und einen passenden Untertitel.*
- *Ein Zeitungsbericht will nur sachlich informieren (anders die Reportage) und enthält sich einer persönlichen Stellungnahme.*
- *Für die Gestaltung des Anfangs kannst du dich an die bewährten W-Fragen erinnern: Informiere den Leser darüber, was wann wo wie warum weshalb wozu geschah. Das Wichtigste zuerst nennen, oft typografisch durch Fettdruck hervorgehoben, heißt in der Zeitungsfachsprache ‚Lead-Stil".*

> – *Ein Bericht wirkt glaubwürdiger, wenn er sich auf Quellen beruft. Siehe die Arbeitsanregung 7a in deinem Deutschbuch S. 21.*
> – *Wenn du ausdrücken möchtest, dass etwas nicht hundertprozentig sicher bzw. noch unklar ist, oder wenn du die Information aus zweiter oder dritter Hand bezogen hast, verwende die indirekte Rede, den Konjunktiv (es könnte sein) oder Wörter wie vermutlich, angeblich, erfahrungsgemäß, vielleicht ...*

1.3 Selbstbeschreibungen: Sich in Texten spiegeln

S. 23

1 / 3 Sicherlich werden die Schüler/innen Ergänzungswünsche äußern, bei Patrick z. B. könnten Fragen nach seinem äußeren Erscheinungsbild gestellt werden bzw. nach der Einseitigkeit (Musik, Schlagzeug) seiner Selbstdarstellung. Es sollte aber deutlich werden, dass gerade eine Selbstbeschreibung, soll sie einigermaßen authentisch sein, einen größtmöglichen Freiraum braucht; dabei gilt der Grundsatz: Weniger ist oft mehr. An einem oder mehreren Beispielen, die aber lebendig verfasst sein müssen, lässt sich oft mehr über eine Person erfahren als bei dem meist vergeblichen Versuch, eine möglichst vollständige, alle persönlichen Lebensaspekte berücksichtigende Lebensbeschreibung zu verfassen. Tipp an die Schüler/innen: Achtet bei eurer Selbstbeschreibung darauf, nicht in den Stil einer bloßen Aufzählung zu verfallen!

2 a) Im Stile einer „mind-map" kann diese Aufgabe sowohl in Einzelarbeit als auch in Partnerarbeit angegangen werden. Mögliches Ergebnis:

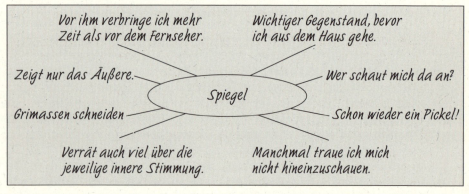

b) Ein möglicher Begründungszusammenhang: Wird das menschliche Vermögen zu schreiben als stets überlegte, distanzierende Form der Vergegenwärtigung bzw. Selbstbefragung genutzt, so kann eine Selbstbeschreibung durchaus eine Spiegelfunktion haben. Für das klärende Gespräch mit den Schülerinnen und Schülern kommt es wohl darauf an, noch einmal den wichtigen **Zusammenhang von äußerer und innerer Darstellung** hervorzuheben und festzuhalten, dass ein „literarischer Spiegel" mehr als nur die Fassade zeigen sollte, aber selten mehr als nur einen Ausschnitt der Persönlichkeit zu zeigen vermag.

Christine Nöstlinger: **Ein wildes, wütendes Kind – Ich über mich** S. 23

4 Im Gegensatz zu den Schülerarbeiten (Ausnahme eine kurze Stelle bei Leonie Ende des 1. Abschnittes) dominiert bei Christine Nöstlinger die Rückschau, was sicherlich mit der Erwachsenenperspektive, „der längeren Lebenszeit", zu tun hat. Aber diese rückschauende Perspektive hat die Funktion, ihren gegenwärtigen Lebensstil und seine Eigenarten zu erklären. Im Unterrichtsgespräch sollte in diesem Zusammenhang auch auf die Bedeutung der drei Zeitebenen (Vergangenheit, Gegenwart und Zukunft) im Kontext von Selbstbeschreibungen verwiesen werden (sehr deutlich bei Nöstlinger). Dabei wird die Zukunft häufig im Modus des Konjunktivs angesprochen, um das auszudrücken, was man sich noch wünscht. Gerade die Wünsche und Träume verraten ja viel von einer Persönlichkeit und gehören zu einer Selbstbeschreibung durchaus dazu.

5 Zur Ausgestaltung bietet sich z. B. die Stelle S. 23, Z. 24 ff. an: Die Schwester als Schulbeste – Wie sich die Autorin dabei fühlte, immer an ihr gemessen zu werden. Die Ausgestaltung kann in Form eines Tagebucheintrags oder eines Dialogs, z. B. mit den Eltern, erfolgen.

Lernerfolgskontrolle/Themen für Klassenarbeiten

1 Verfasse eine Personenbeschreibung zu Buddy.
Achte auf sein Verhalten, seine Gedanken, seine Handlungen, seinen äußeren wie inneren Zustand. Denke an seine Eigenschaften. Berücksichtige auch die Frage, inwiefern Buddy eine sympathische Romanfigur verkörpert.

2 An einer weiteren Stelle im Roman heißt es: „Er wusch Hände und Gesicht und betrachtete sich im Spiegel. Er war blass und das dunkle Haar über seiner Oberlippe schien dunkler als je zuvor. Seine Mum sagte immer, er habe schon als Baby einen Schnurrbart gehabt. Er fuhr sich mit der Hand über das kurz geschnittene Haar. Ihm gefiel, wie es sich anfühlte – spitzig und doch weich. Sein Vater dagegen konnte die Frisur nicht leiden und sagte, er sähe aus wie ein Sträfling." (Aus: Nigel Hinton: Buddy. dtv junior, München [3]1994, S. 22 f.) Stellt euch vor, Buddy hätte in diesem Moment zu seinem Spiegelbild gesprochen. Was könnte in seinem Kopf vor sich gehen? Schreibt einen inneren Monolog.

2 Freizeit –
Berichte und Reportagen schreiben

Konzeption des Gesamtkapitels

Die Gestaltung ihrer Freizeit ist ein wichtiges Thema für Jugendliche. Sie sammeln in diesem Bereich identitätsstiftende individuelle und gemeinschaftliche Erfahrungen, wählen oft Anforderungen und Bewährungen selbst, verwirklichen ihre eigenen Interessen. Allerdings bietet dieser Bereich auch die Möglichkeit, bestimmte Aktivitäten als Statussymbole zu missbrauchen oder sich ganz auf eine kommerzialisierte Gestaltung der Freizeit zu beschränken. Aus dieser Problematik ergeben sich vielfältige Gesprächsanlässe, so etwa bei der Suche nach Vergleichsgrößen der Freizeitgestaltung.

Das Thema Freizeit durchzieht alle drei Teilkapitel. Dominanter Lernbereich ist dabei „Sprechen und Schreiben", im zweiten Teilkapitel wird der Lernbereich „Umgang mit Texten" integriert, das dritte Teilkapitel bietet vor allem Möglichkeiten der Übung und führt in einer Gemeinschaftsproduktion zu einer Broschüre mit regionalen Freizeitempfehlungen.

Methodisch geht es im ersten Teilkapitel (**„Von der Freizeit berichten"**) um die Weitergabe von Informationen. Berichten wird hier als eine relativ weit gefächerte Operation der Informationsweitergabe verstanden. In der Regel geben Schülerinnen und Schüler dieser Altersstufe ihre Informationen noch subjektiv getönt weiter, berichtet wird von besonderen, interesseweckenden, oft auch den Sprecher in ein positives Licht setzenden Ereignissen. Eine Standardsituation wäre etwa das Pausenhofgespräch. Dieser Form des Berichtens wird nun einerseits der objektivere – streng sachliche – schriftliche Text entgegengesetzt, andererseits werden die Unterschiede zwischen mündlichem und schriftlichem Berichten thematisiert. Zielsetzung sollte die Fähigkeit sein, situationsangemessene Formen (definiert über Zwecke und Adressaten) der Informationsweitergabe unterscheiden und anwenden zu können.

Das zweite Teilkapitel (**„Freizeitreportagen untersuchen"**) umfasst drei Reportagen, die z. T. ungewöhnliche Freizeitaktivitäten vorstellen. Die Schülerinnen und Schüler sollen die Struktur der Reportage analytisch erarbeiten, einen Bewertungsbogen aus der Leserperspektive erstellen und eigene Versuche dieser Textsorte produzieren.

Im dritten Teilkapitel (**„Freizeitempfehlungen entwerfen"**) bildet den Ausgangspunkt eine Diskussion über die Ergebnisse einer bundesweiten Umfrage zum Freizeitverhalten Jugendlicher. Zentraler Übungsteil ist jedoch die Erstellung einer regionalen Freizeitbroschüre für Jugendliche. In Form von schriftlichen Berichten oder Reportagen für Gleichaltrige sollen die Schülerinnen und Schüler die Möglichkeiten der Freizeitgestaltung in ihrer Region darstellen. Der Prozesscharakter des Schreibens wird dabei durch die Besprechung der Entwürfe in einer „Redaktionskonferenz" und durch ihre Überarbeitung einsichtig gemacht.

Literaturhinweise

Jugend '97. Shell-Studie. Leske und Budrich, Leverkusen 1997

Harald Frommer: Erzählen. Eine Didaktik für die Sekundarstufe I und II. Cornelsen Scriptor, Frankfurt/M. 1992

Texte/Gegenstände   Intentionen

2.1 Von der Freizeit berichten

S. 25   Der Bildeinstieg kann als **Impuls** genutzt werden, um Gespräche über das eigene Freizeitverhalten am Wochenende anzuregen. Dieser Einstieg sollte noch sehr stark am Inhalt der Schülerbeiträge interessiert sein und ihre Form offen gestalten lassen.

1 – 3   Diese Aufgaben bieten vielfältige Variations- bzw. Kombinationsmöglichkeiten und müssen nicht in aller Breite ausgeschöpft werden. Im Vordergrund sollte die **Erzählfreude** der Schüler/innen stehen, die in dieser Jahrgangsstufe in der Regel abzuebben beginnt. Wirkt die Situation des privaten Erzählens vor der gesamten Klasse zu künstlich, kann auf die Kleingruppe zurückgegriffen werden; die signifikantesten Ergebnisse für typische bzw. außergewöhnliche Erlebnisse könnten dann dem Plenum vorgestellt werden.

S. 26   Der Reitunfall

Anhand einer Bilderfolge über einen Reitunfall ungewöhnlicher Art werden in den folgenden Aufgaben mittels typischer Textsorten und Gesprächssituationen die **Elemente sachlichen bzw. persönlichen Berichtens** erarbeitet und die Unterscheidung zwischen mündlicher und schriftlicher Darstellungsweise bewusst gemacht.

1

nur im Text:	*nur in der Bildergeschichte:*
Name und Ort des Reitstalls	*Ermahnung durch die Schwester*
Alter des Jungen	*missmutiges Aufsetzen des Helmes*
Verwandtschaftsverhältnis	*Ermahnung des Arztes*
Grund für den Fall des Topfes	*das Geschehen als mahnendes Beispiel*
Eingreifen der Schwester	

2   Diese Aufgabe dient der grammatischen Stilanalyse sachlich berichtender Texte bzw. der Bestimmung ihrer Situation (die durch die Adressaten und den Zweck definiert wird).

    a) Satzreihen: Dabei löste sich … am Kopf. Christian S. sackte … am Zügel.
       Satzgefüge: Der Junge … gegossen wurden.
       Erster und letzter Satz: Hauptsätze
       Adjektive: 13-jährige, verrottete
       Tempus: Präteritum
       Damit ist der Stil als äußerst sachlich, ohne Umschweife und Ausschmückungen jeglicher Art zu bezeichnen. Das Berichtstempus Präteritum bleibt festzuhalten, da es in den folgenden Aufgaben als vorwiegend im Schriftlichen verwendetes aufgegriffen wird.

    b) Die Knappheit der Information und die Beschränkung auf das zum Verständnis Notwendige weisen auf eine Adressatengruppe hin, die schnell und präzise informiert werden will. Das Verschweigen des Familiennamens kennen die Schüler/innen aus Nachrichtentexten. Hier wird auch dieser Text anzusiedeln sein.

       Als Ergänzung wäre zu überlegen, was sich am Text ändern müsste, wenn man den Adressaten änderte (Polizei- oder Versicherungsbericht).

3 Bei diesem Rollenspiel sind die Beobachter so wichtig wie die Spieler. Die Aufteilung erleichtert es, die Vielzahl des zu Beobachtenden parallel aufzunehmen. Vor der Verteilung sollte eine Klärung der Beobachterrollen stattfinden, die Produktion eines **Beobachtungsbogens** bietet dazu Gelegenheit. Der Vergleichsrahmen der dritten Beobachtergruppe könnte durchaus der sachliche Bericht sein. Es ist auch möglich, das Rollenspiel von mehreren Spielergruppen – die sich möglichst nicht sehen sollten – nacheinander spielen zu lassen; bei dieser Erweiterung können die Beobachter bei ihrer Aufgabenstellung bleiben (Übungsfaktor) oder sie wechseln (wechselnde Perspektive auf ein Geschehen). Die Spielergruppe sollte ermuntert werden, durch entsprechendes Reagieren den/die berichtende/n Schüler/in zu unterstützen. Die Ergebnisse werden am besten in schriftlicher Form für alle sichtbar gemacht (Tafel, OHP-Folie).

4 a) Der Brief an Anja leitet die neue Vergleichsgröße ein: den privaten Brief, in dem von einem persönlich erlebten Ereignis berichtet wird. Der abgedruckte Briefbeginn enthält als Grundtempus das Präteritum, allerdings erscheint in diesem kurzen Abschnitt noch häufiger das Präsens in seinen unterschiedlichen Ausdrucksmöglichkeiten: als Präsens historicum („Da sehe ich wie, …"), als Anzeichen eines (Schein-)Dialoges („Du kannst dir vorstellen, …") und als Ausdruck für wiederkehrende und übergreifend gültige Inhalte („Herr Becker ermahnt uns immer wieder …").

Beim Weiterschreiben sollte auf das Grundtempus geachtet werden, auch die durch das Plusquamperfekt ausgedrückte Vorzeitigkeit sollte ins Bewusstsein gerückt werden.

b) Zu erwarten wäre etwa:

	Wie ist der Satzbau gestaltet?	Welche Tempora werden vor allem benutzt?	Wie wird das Interesse geweckt?	Wie reagieren Hörer/Leser?
Gespräch	– z. T. unvollständige Sätze • Einschübe • Satzreihen • Scheinnebensätze (…, weil, ich ging dorthin)	vorwiegend Perfekt und Präsens	– durch Gesten – durch Mimik – durch die veränderte Lautstärke – durch Einleitefloskeln	– jeweils abhängig von der Leistung des Sprechers – im Gespräch Ausdruck des Erstaunens, des Unglaubens, des Zweifels – Nachfragen, Äußern von Kritik am Handelnden, am Erzählenden
Brief	– komplex, Satzgefüge und Satzreihen – in der Regel grammatisch vollständige Sätze	meistens Präteritum, Plusquamperfekt, Präsens in verschiedener Bedeutung	– Einleitesätze – Spannungsaufbau durch Andeutungen eines möglichen schlimmen Endes o. Ä.	– keine direkte Reaktion möglich – Leser kann sie nur ahnen

c) Anhand der Ergebnisse sollten nun Parallelen und Differenzen benannt werden können. Das schriftliche Berichten kann unter beiden erprobten Formen erscheinen, der Brief könnte insgesamt als Bindeglied zwischen mündlichem, privat getöntem Bericht und einer schriftlich-sachlichen knappen Darstellung gesehen werden. Siehe hierzu das Orientierungswissen unter Punkt 1.1.

5 In der Auswertung dieser Aufgabe geht es speziell um die Gegenüberstellung zwischen persönlichem und distanziertem Berichten. Eine Überprüfung der sachlichen Darstellung ist mit Hilfe der vorher angeführten „W-Fragen" möglich, ebenso könnte das Kriterium lauten: Ist etwas Überflüssiges vorhanden? Lässt sich etwas streichen?
Für den privaten Text ausschlaggebend sollte das Interesse sein, das er im Hörer/Leser weckt; darüber hinaus darf natürlich auch ein solcher Bericht nichts Wichtiges beiseite lassen.

S. 28 | Die Statistik sagt …

Die folgenden Texte und Diagramme richten den Blick weg vom berichtenswerten Einzelereignis hin zum „normalen" Alltäglichen. Das auf den ersten Blick nicht Berichtenswerte – wer möchte sich schon mit Interesse eine Darstellung des Tagesablaufs seines Gesprächspartners anhören? – erhält allerdings Gewicht, wenn es der Erkenntnis von Tendenzen und Trends bzw. der Überprüfung von (Vor-)Urteilen über diese dient. Diese kognitiven Schritte lassen sich mit Schülerinnen und Schülern leicht in einem Versuch nachstellen. Nachdem er/sie eine interesseweckende Einleitung vorgeschoben hat, erzählt der Lehrer/die Lehrerin von seinem/ihren völlig alltäglichen Ablauf des Morgens bis zum Erzählzeitpunkt – wie detailliert, hängt von der Geduld der Zuhörer ab, die sehr schnell ihre Langeweile und Enttäuschung kundtun werden. Der Lehrer/die Lehrerin kann nun behaupten, dass alle – oder alle Lehrer/innen – in der gleichen Weise den Morgen verbringen wie er/sie selbst. Diese Behauptung wird kaum akzeptiert werden, sodass unter dem Motto „Jetzt wollen wir es aber genau wissen!" die Schüler/innen selbst unter einem bestimmten Erkenntnisinteresse ihre Vormittage bzw. die der anderen Lehrer/innen untersuchen.

1 Das konkrete Gedicht ist wie folgt zu betrachten:
alltagalltagalltagalltagalltagalltagalltagalltagalltagalltagalltagalltagalltagalltagalltagalltagalltagallt agalltagalltagalltagalltagalltagalltagalltagalltagalltagalltagalltagalltagalltagalltagalltagalltagalltag alltagalltagalltagalltag**besonderesereignis**alltagalltagalltagalltagalltagalltagalltagalltagalltagall tagalltagalltagalltagalltagalltagalltagalltagalltagalltagalltagalltagalltagalltagalltagalltagalltagalltagall tagalltagalltagalltagalltagalltagalltagalltagalltagalltagalltagalltagalltagalltagalltagalltagalltagalltagall

2 Das Erstellen eines Gedichts zum Thema „Alltag" kann von bekannten Gedichten ausgehen, die Form übernehmen und den Inhalt entsprechend umformen. Dieses Vorgehen bietet sich an, wenn das Metrum und möglicherweise das Reimschema im Vordergrund stehen. In der Regel fällt es Schülerinnen und Schülern leichter, eine Vorgabe zu kopieren, als selbst ein eigenes Metrum zu schaffen. Es ist aber auch möglich, von einem gedanklichen Gerüst aus seine Form zu suchen. Als Anregung denkbar wäre die Vorstellung der Monotonie, die durch etwas Außergewöhnliches unterbrochen würde. Allerdings kann der Alltag auch positiv gesehen werden: als Sicherheit bzw. als Terrain, auf dem man sich auskennt.
Das Gedicht sollte nicht nur Mittel zum Zweck sein; dennoch hat es hier auch die unter-

stützende Funktion, die Schüler/innen über ihr Verständnis des Alltäglichen reflektieren zu lassen.

3 Zu diskutieren wären möglicherweise:
– Mittagessen und Abendessen zu offenbar festgelegten Zeiten
– das Fußballtraining
– die Hausaufgaben
– das Schlafen
In der Diskussion über diese Zeiten wird die Bedeutungsbreite des Wortes „Freizeit" deutlich: Nicht in der Schule bzw. der Erwerbsarbeitsstelle verbrachte Zeit oder Zeit, die ohne jegliche Verpflichtung zur freien Verfügung steht.

4 Diese Aufgabe verfolgt in erster Linie die Absicht, die Schüler/innen selbst Material für eine klasseninterne Untersuchung des Freizeitverhaltens erstellen zu lassen. Die Motivation, etwas über das eigene Verhalten im Verhältnis zu dem der Klassenkamerad(inn)en zu erfahren, ist erfahrungsgemäß größer als die, sich auf eine Buchvorlage einzulassen. Bei entsprechender Motivation kann die Aufgabe auch auf eine Woche gedehnt werden; sie kann dann bereits im Vorlauf zu Beginn der Sequenz gestellt werden.
Die in Aufgabe 3 diskutierte „Definition" des Begriffes „Freizeit" kann vorher festgelegt sein. Reizvoll ist allerdings auch eine Überprüfung im Nachhinein, da die Unterschiede im Verständnis bei einer größeren Anzahl von Problemfällen noch klarer hervortreten.

5 Das Säulendiagramm betont den Vergleich der Größen untereinander, das Tortendiagramm (auch Kreisdiagramm) legt den Schwerpunkt stärker auf das Verhältnis des Teils zum Ganzen.

6 Hier sind zwei Betrachtungsweisen möglich, je nach der geleisteten Vorarbeit:
– der Vergleich mit der persönlichen Gestaltung der Freizeit
– der Vergleich mit der klasseninternen Gestaltung der Freizeit
Einige Daten zum vorliegenden Diagramm: Schule in Düsseldorf, 29 Schülerinnen und Schüler, 16 weiblich, 13 männlich.

7 a) Siehe Aufgabe 4.

b) Die Aufgabe zielt ab auf die Umsetzung der Diagramminhalte in einen zusammenhängenden sachlichen Text. Es sollte vorher geklärt sein, an welchen Adressaten und zu welchem Zweck dieser Text verfasst wird (s. S. 27). Eventuell kann eine Stellungnahme des Schreibers oder einer Gruppe die dargestellte Übersicht ergänzen.
Sollte ein persönlicher Text entstehen, muss der wertende Anteil wahrscheinlich recht hoch sein, da er vermutlich der Auslöser für das Verfassen ist (Erstaunen über das Ergebnis).

8 Hier ist eine **Zusammenarbeit mit** den Fächern **Politik oder Erdkunde** möglich. Die Aufgabe zielt ab auf die Einordnung der erarbeiteten Methode. Es ist natürlich auch möglich, von aktuellen Statistiken in Zeitungen auszugehen und die dahinter stehenden Fragestellungen zu erarbeiten. Denkbar wäre etwa:
– **Verkehr:** Feststellen der Hauptverkehrszeiten (Rushhour) zur Planung der Buseinsätze oder der Ampelschaltungen; Feststellen der gängigen Verkehrsmittel in die Innenstadt zur Bereitstellung entsprechenden Parkraums; Anzahl der Waggons an einem Zug (hängt von der durchschnittlichen Menge der Reisenden auf dieser Strecke ab); …

- **Energiewirtschaft:** Feststellen der Zeiten, in denen die ganze Familie zu Hause ist und daher vermehrt Strom abgenommen wird und bereitgestellt werden muss …
- **Abfallbeseitigung:** Kenntnis der durchschnittlichen Abfallmenge einer bestimmten Wohngegend, um den Einsatz der Müllfahrzeuge richtig zu organisieren, ebenso zur Bestimmung der Größe einer Verbrennungsanlage oder Deponie; Kenntnisse über die Zusammensetzung des Mülls (Welche Art von Verpackungen wird von vielen regelmäßig gekauft und findet sich im Müll wieder?), um gezielt Werbung zur Vermeidung problematischer Müllanteile betreiben zu können …
- **Werbung:** Ganz allgemein ist die Werbung auf Konsumentenanalysen angewiesen – je genauer eine „Zielgruppe" mit ihren täglichen Gewohnheiten bekannt ist, desto genauer lässt sie sich gezielt „bewerben". – Zu erkennen ist das an der sich verändernden Art der Werbeeinspielungen zu verschiedenen Tageszeitungen (Stärkungsmittel, Waschmittel, Spielzeug, Bier, …).

2.2 Freizeitreportagen untersuchen

An drei Reportagen, die ungewöhnliche Freizeitaktivitäten deutscher Jugendlicher beschreiben, sollen die Schülerinnen und Schüler Aufbau und Technik von Reportagen erarbeiten. Die Auseinandersetzung mit den Texten sollte mit offenen, inhaltsbezogenen Diskussionen beginnen. So ist der folgende analytische Blick auf die Wirkung bestimmter Schreibstile vorbereitet und die Problematik, zu der auch eigene Texte verfasst werden sollen, erkannt. Das Erstellen eines „Beobachtungsbogens" als Analysehilfe kann variabel vorgezogen werden, die Bearbeitung der drei Reportagen setzt allerdings jeweils etwas andere Schwerpunkte, sodass eine erweiterte Übersicht erst am Ende des Teilkapitels erreicht ist.

- „Stell dich der Angst": Teile einer Reportage, Zitate
- „Weltrekord: 81 Kilometer Dauerrutschen": Aufbau, Tempora
- „Die Spaß-Maschine": Großform, Wertungen, Illustrationen

An allen drei Texten lässt sich ebenfalls die typische Textform der Zeitung („Lead-Stil") aufzeigen.

| S. 30 | **Stell dich der Angst** |

Reportage über „House-Running". An einem Seil festgezurrt, das vom Dach eines Gebäudes langsam nachgelassen wird, laufen die Teilnehmer mit dem Gesicht nach unten in die Tiefe.

[1] Veranstaltungen dieser Art nehmen beständig zu, sodass durchaus davon ausgegangen werden kann, dass einzelne Schüler/innen Kontakt zu älteren Bekannten mit einschlägigen Erfahrungen (z. B. auch Bungee-Jumping) haben. In der Diskussion wäre sicher eine Betrachtung des „Kitzels" oder „Kicks", den eine solche Aktion hervorruft, lohnenswert. Ebenso dürfte die Problemstellung, ob es eine Frage des Mutes oder der Vernunft ist, nicht zu laufen, rege Diskussionen auslösen.

[2]

	Darstellung		Wertung
Einzelbeispiel	Hintergründe		Kommentar/Zitate
Z. 5–28, 56–60	Z. 29–53		indirekt durch Zitation gegenteiliger Bewertungen:
			Z. 53–56

Wichtiger als eine exakte Abgrenzung nach Zeilen (wegen des Kommentars, der Akteure zitiert, für Schüler/innen eventuell schwierig) erscheint die formale Unterscheidung zwischen Darstellung und Bewertung/Kommentar einerseits und zwischen Erlebnisbericht (hier: „Einzelbeispiel") und Hintergrundinformation andererseits.

[3] Es handelt sich in der überwiegenden Mehrzahl um Aussprüche und Fachbegriffe der Veranstalter, die einerseits die Authentizität der Atmosphäre bestimmen, andererseits als Distanzierungssignale wirken.
– „Jetzt kommt **der** Achim" (Z. 18), „**die** Susanne" (Z. 23), „pille palle" (Z. 55) – umgangssprachlich, ungezwungene, jugendlich wirkende Atmosphäre
– „face your fear", „stell dich der Angst" (Z. 20 ff.), „Mega-thrill" (Z. 25), „House Running" (Z. 33, 50), „Bungee" (Z. 50), „I did it" (Z. 60) – „fachbegrifflich", englisch, modern, …
– „Die Verweigerungsrate bei uns ist wesentlich niedriger als beim Bungeespringen" (Z. 25 ff.), „kreativer Kommunikation durch spektakuläre Events" (Z. 53 f.) – Scheinsachlichkeit; einerseits Vokabular der Statistik, andererseits inhaltsleere Modernismen; hier scheint eine Distanzierungsabsicht des Jounalisten greifbar.

[4] a/b) Die Aufgabe greift auf Aussagen der Aufgabe 1 zurück, wendet sie allerdings stärker in die subjektive Empfindung der Situation. Die Aufgabenteile lassen sich gruppenweise verteilen; interessant wäre eine Bearbeitung jeweils der Rolle, die den Schülerinnen und Schülern eher fremd ist.

Weltrekord: 81 Kilometer Dauerrutschen S. 31

[1] Gedacht ist an eine offene Diskussion, die gleichzeitig der Verständnisüberprüfung dienen kann. Die als möglicherweise sinnlos angesehene Leistung des Dauerrutschens kann einerseits mit Mannschaftssportarten verglichen werden (Warum ist es sinnvoller, 90 Minuten 22 Personen einem Ball nachlaufen zu lassen?…), andererseits kann sie auch unter sozialen Gesichtspunkten bewertet werden (Patenschaft für ein Kindergartenzentrum in Kroatien).

[2] a) Zeitsprünge des Autors:
- Z. 9/10: Start/Erfolg des Versuchs
- Z. 19/20: Feier des Erfolgs/Idee des Versuchs
- Z. 25/26: kein Sprung, sondern Kontinuität, Zeitraffung
- Z. 30/31: Hintergrundinformation, hier auch Überleitung in die unmittelbare Zeit des Rekordversuchs
- Z. 48: Rekordversuch – Situationseindrücke
- Z. 55/56: Ausblick, Folgen des Versuchs

b) Man kann diese Aufgabe mit Hilfe einer Folienkopie am OHP für alle sichtbar direkt in der Klasse durchführen lassen.
Es ergibt sich folgendes Schema:

> *Entstehung der Idee (eventuell Bedingungen des Guiness-Rekords)*
> *Training im Februar*
> *Testrutschen im April*
> *Start – Nachmittag und Nacht – erfolgreicher Abschluss*
> *Folgen*

In der Regel wird der Text mit (nachvollziehbaren) zeitlichen Brüchen als der spannendere empfunden, zumindest als der abwechslungsreichere. Man kann hier allerdings auch (in einer Hausaufgabe) experimentieren lassen, wie weit die Brüche gehen können, ab welcher Stufe der Diskontinuität der Text unverständlich wirkt (z. B.: Folgen, Idee, Nacht, Start, Vorbereitung, …).

3 a/b) In dieser Reportage Präteritum, klassischer rückblickender Bericht, in der vorhergehenden Reportage Präsens als aktualisierendes Tempus. Die Wirkung der Tempora kann durch die Umformprobe recht eindeutig von Schülerinnen und Schülern bestimmt werden. Die Schwerpunktsetzungen der Texte (Vorstellen einer neuen „Freizeitbeschäftigung" unter eher genereller Perspektive – Darstellen eines einmaligen, berichtenswerten Ereignisses) legen diese Tempuswahl nahe.

S. 32   Die Spaß-Maschine

Umfangreiche Reportage über das „Phantasialand" in Brühl, Ausblick auf den Markt der Freizeitparks in Deutschland

1 Diese Aufgabe dient in erster Linie der Überprüfung des Verständnisses. Genannt werden sollten:

> – *Abschnitt 1:*   *die Ausmaße des Parks, seine „Attraktionen", sein Mitarbeiterstamm*
> – *Abschnitt 2:*   *Andrang am Eingang, Gruppen aus europäischen Ländern, sicheres Verhalten der Kinder als „kleine … Manager des Familienausflugs" (Z. 81 f.), Verpflegungsmöglichkeiten, Wartezeiten, Anstrengung und Hetze der Besucher*
> – *Abschnitt 3:*   *das Dornröschenschloss in Puppenhausformat im Kontrast zur „Galaxy" Show*
> – *Abschnitte 4–6: gehen nicht auf Erfahrungen des Besuchers im Freizeitpark ein*

2 a) Mögliche Überschriften:

> – *Abschnitt 1: Attraktionen des Parks*
> – *Abschnitt 2: Ein anstrengender Besuch*
> – *Abschnitt 3: Das Dornröschenerlebnis*
> – *Abschnitt 4: Die Entstehung des „Phantasialands"*
> – *Abschnitt 5: Situation der Freizeitparks in Deutschland*
> – *Abschnitt 6: Abschließende Bewertung*

b) Der Wechsel des Schauplatzes und der Perspektive (vom Erlebnisbericht zur Hintergrundinformation) wird durch einen Tempuswechsel markiert.

3 Die Wertungen des Autors sind zum großen Teil nur angedeutet. Hier könnten genannt werden:
– Abschnitt 1: „Und sonst?" (Z. 29, 57) – Ausdruck der unerfüllten Erwartung trotz umfangreicher Aufzählung
– Abschnitt 2: „Falls es darüber hinaus …" (Z. 58 f.) – ironische Umschreibung der offenbaren Sinnlosigkeit; „Warteschlangen, Warteschlangen, Warteschlangen: Das also war das Phantasialand. Eine Vergnügungsfabrik. Ein begehbares Spielzeug" (Z. 91 ff.) – die Wortwahl stellt die Mechanisierung und Vereinheitlichung des „Vergnügens" in den Vordergrund; ebenso die folgende Aufzählung der einzelnen „Attraktionen" in Kombination mit der jeweiligen Wartezeit (Z. 104 ff.), die in einer ironischen Frage gipfelt (Z. 120 ff.). Unmittelbar anschließend wird die Wirkung auf den Betrachter unverblümt ausgedrückt: „Gepresstheit …, Anstrengung dem hektisch-straffen Durchlauf so etwas wie … Heiterkeit abzugewinnen" (Z. 127 ff.).
– Abschnitt 3: Auffällig ist in diesem Abschnitt die Beschreibung des „Dornröschen"-Märchenhauses, die zwar ebenfalls eine distanzierende bis abwertende Wortwahl benutzt („Lautsprechermusik tutete los", Z. 154 f., „onkelhafteste Märchenplatten-Manier", „den träufelnden Professor-Flimmerich-Ton", Z. 160 ff.), allerdings eher an eine nostalgische Schwärmerei erinnert. Hier sind vor allem die Diminutive (und ähnliche Ausdrücke) zu beachten, s. Z. 145, 147, 166, 184, 188.
– Abschnitt 6: Der Gegensatz von Redensart („Spaß muss sein", Z. 317) und der Beobachtung des Gezwungenen mündet in drei rhetorische Fragen (Z. 325 f.); eine klare Abqualifizierung wird dabei vermieden, dem Leser wird ein Freiraum der eigenen Bewertung (scheinbar?) eröffnet.

4 Die Aufzählungen lassen durch die Trennung mit Punkten einen stakkatohaften Eindruck entstehen, der angemessener Ausdruck einer ebensolchen Wahrnehmung sein kann.

5 Diese Aufgabe muss nicht erst an dieser Stelle stehen, sie kann auch durchaus weit vorgezogen werden, wenn sie in erster Linie das Verständnis des Textes überprüft. Die Frage zielt auf **Leerstellen**, die bei der Lektüre durch die Schülerinnen und Schüler offen geblieben sind, sei es das Erscheinungsbild der Erfinder oder das Aussehen des früheren Märchenparks. Außerdem wären Fotos als „Belege" der These vom „anstrengenden Freizeitpark" sicher reizvoll.
Generell sollte eine Begründung der Bildauswahl gegeben werden.
Eine **Variante** besteht in der Festlegung einer bestimmten, nicht zu großen Anzahl von Bildern, die insgesamt die Reportage illustrieren sollen. In Partner- oder Kleingruppenarbeit könnte dafür ein Vorschlag entwickelt werden, der mit anderen Vorschlägen in Konkurrenz tritt. Die Begründungen in dieser spielerischen Diskussion werden vor allem Hinweise auf die Schwerpunkte der Aussage, wie die Schülerinnen und Schüler sie sehen, geben.

6 a) Diese Aufgabe dient als mündliche Vorübung zu Aufgabe 6 b.

b) Die Aufforderung, eine eigene Reportage zu schreiben, sollte an einen Umfang bzw. eine Zeitvorgabe gekoppelt werden, die einerseits keine Überforderung darstellt, andererseits aber deutlich über eine normale Hausaufgabe hinausgeht. Auch hierbei ist eine Partner- oder Kleingruppenarbeit durchaus denkbar, allerdings sollten nicht mehrere Einrichtungen beschrieben werden, sondern mehrere Eindrücke zu einer Einrichtung zusammengefasst werden. Dabei ist auf die Gefahr einer zu großen Ausgewogenheit zu achten, die jedem Negativurteil die Gegenrede folgen lässt.

Die Aufteilung in einen beschreibenden und einen bewertenden Teil ist als Hilfsangebot gedacht. Da aber die vorliegenden Texte nicht konsequent so aufgebaut sind, können durchaus andere Ansätze gefunden werden. Allerdings sollte kein rein bewertender Text produziert werden; die Leser/innen müssen die Möglichkeit haben nachzuvollziehen, wie der Autor bzw. die Autorin zur Bewertung gelangt.

S. 36 Eine Reportage verfassen

Ein **Bewertungsbogen** für eine gelungene Reportage wird erstellt und auf dieser Grundlage eine **eigene Reportage** über ein selbstgewähltes Thema verfasst.

Der Bewertungsbogen sollte von den Schülerinnen und Schülern selbst erstellt werden, er stellt die Überprüfung der bisherigen Ziele dar.

Anregungen für Fragen an die Texte könnten verschiedenen Komplexitätsgrad haben.

– Kann der Leser das Beschriebene miterleben? (Wird lebendig beschrieben? Gelingt es, an einigen Stellen Spannung oder Überraschung zu erzeugen? …)

– Erfährt der Leser etwas über die Hintergründe? (Werden genug Informationen gegeben? Hängen sie logisch zusammen? …)

– Ist der Kommentar nachvollziehbar? (Erscheint die Information ausgewogen? Wirkt der Autor voreingenommen? …)

– Ist die Reportage abwechslungsreich gestaltet? (Benutzt der Autor Zitate zur Absicherung zentraler Aussagen? Setzt er Zeitformen und Zeitsprünge ein? …)

– Ist die Reportage klar verständlich? (Sind Satzbau und Wortwahl leserfreundlich? Stimmt die Rechtschreibung? …)

Die Erarbeitung und Diskussion des Beobachtungsbogen sollte zeitlich nicht zu eng gefasst werden. Je genauer er durchdacht ist, desto klarer werden die Schüler/innen die gewählten Kriterien bei der Abfassung ihrer eigenen Texte beachten können.

2   a/b) Es empfiehlt sich, innerhalb der Klasse mögliche Themen zu sammeln, um schwächeren Schülerinnen und Schülern Anregungen zu geben bzw. Dopplungen zu vermeiden. Günstig sind Kleingruppen von vier Schülerinnen und Schülern, die jeweils zu zweit eine Reportage verfassen, die dann in einer Schreibkonferenz (Verbesserungsvorschläge anhand des Beobachtungsbogens) überarbeitet wird. Erfahrungsgemäß tun sich die Schüler/innen mit dieser Phase besonders schwer, sie sollte daher deutlich als notwendig und sinnvoll eingeführt sein.

c) Die Präsentation gehört zur Aufgabe, sie sollte insgesamt abwechslungsreich sein: Bild und Text, gestalteter Vortrag (sinnvoll betonendes Vorlesen), Radioreportage, Video, … Es ist natürlich darauf zu achten, dass im Laufe der Erarbeitung der Reportage die Form der Präsentation mitbedacht wird.

2.3 Freizeitempfehlungen entwerfen

Das dritte Teilkapitel vereint das Thema des ersten mit der Textsorte des zweiten Teilkapitels zu Übungszwecken. Ziel ist die Erstellung einer eigenen Freizeitbroschüre, die nicht nur die Klasse als Adressaten hat, sondern durchaus einen größeren gleichaltrigen Personenkreis.

Thomas Wolgast: Jugendliche in der Freizeit „voll gestresst" | S. 37

Der Artikel ist in erster Linie als **Impuls** zu einer Diskussion über das eigene Freizeitverhalten gedacht – je nach Intensität der Bearbeitung von Teilkapitel 1 kann er übergangen werden.

1 / 2   Der Blick auf eigene Erfahrungen im Vergleich zu den statistisch ermittelten des Artikels sollte die Lebenswelt der Schüler/innen in die Diskussion hineinholen. Die Wertung, die der Autor ausdrückt, könnte thematisiert und kritisiert werden, Gegenbeispiele könnten gesucht und in ihrer Aussagekraft untersucht werden.

Eine Freizeitbroschüre für Jugendliche erstellen | S. 37

Die Gesamtaufgabe hat **Projektcharakter** und sollte so angegangen werden. Ideal wäre ein authentischer Adressatenkreis (entweder schulintern oder gemeindebezogen), sodass die Arbeit ihren reinen Übungscharakter verliert.

Die Reportagenerstellung kann auf die eigenen Freizeitstatistiken und auf die Techniken der Reportage (s. Beobachtungsbogen in Teilkapitel 2) zurückgreifen. Wichtig ist auch in diesem Teilkapitel der Schritt 4, der eine Kritik und Überarbeitung der Texte vorsieht.

Möglicher Zusatztext:

Die Reportage „Feuer frei zum Abschuss der Krieger" thematisiert die Spielweise in so genannten „Laserdromen" und stellt die Kritik an ihnen dar.

Der Text liegt in zwei Versionen vor: Die erste hat die einzelnen Absätze willkürlich vermischt, die zweite ist die Originalreportage. Das Rekonstruieren des Originals wird verschiedene Versionen zum Ergebnis haben, die miteinander und mit der Originalversion verglichen und ausgewertet werden können. Dabei sollte in einer Begründung der Absatzkombination auf die Logik und auf textsyntaktische Merkmale wie Verweise („Tja, das alles …; Aha, so geht das …") und Wiederaufnahme einzelner Stichwörter („… das gibt's dann zum Abschied als Ausdruck. Ein Abschied für immer …") zurückgegriffen werden.

1   Du bist Redakteur/in einer Tageszeitung und hast eine Reportage über Laserdrome von einem Korrespondenten zugefaxt bekommen. Leider hat ein Computervirus dabei die Absätze völlig durcheinandergewirbelt. Rekonstruiere die Reportage und begründe deine Entscheidungen.

Die Tür geht auf, Nebel, Schummerlicht. Mit uns geht ein Pärchen auf die Pirsch. Karin (24) aus Cottbus, Martin (26) aus Dorsten. Er kennt das Spiel. „Im Urlaub in Italien, da unten gibt's das ja schon öfter." Stimmt. Fast überall in Europa, auch gerade in den Niederlanden, sind diese merkwürdigen Vergnügungspaläste längst etabliert.

Karin sagt gar nichts und eröffnet das Feuer.

Das ist jetzt wieder gegenwärtig und aus irgendeinem Grunde benehmen sich auch alle recht schnell wie die Blagen und alle kichern. Wie bei einer Schneeballschlacht. Ja, genau, das ist es, eine elektronische Schneeballschlacht.

Kurze Erklärung: So ein „Laserdrom" besteht aus einem 400 Quadratmeter großen Saal. Darin wird gespielt. Zunächst jedoch wird der Sternenkrieger in einem Vorraum mit dem Gerät vertraut gemacht. Eine schwarze Weste mit allerlei blinkenden Birnchen wird übergezogen, ein Kabel führt zur Laser-Pistole.

Da eine konkrete gesetzliche Regelung fehlt, geht die Stadt jetzt mit Ordnungverfügung vor. Das heißt, sie geht von einem „Verstoß gegen öffentliche Sicherheit und Ordnung" aus.

Der Geschäftsführer des Laserdroms sieht das erwartungsgemäß anders: „Dann müssten Westernstädte doch auch geschlossen, Ritterspiele verboten werden. Und was ist mit Fechten, Karate? Dürften solche Sportarten dann noch betrieben werden? Also für mich ist das ein harmloses Spiel." Da immerhin trifft er sich mit Bajon. Der sagt: „Für mich ist das auch ein Spiel. Für Erwachsene, die eigentlich noch Kinder sind."

Zwar gilt der Eintritt erst ab 18 Jahre, Hajo Bajon, Ordnungsdezernent, fasst die Argumente der großen Mehrheit des Stadtrates zusammen: „Wir gehen mit allen Mitteln dagegen vor. Wir wollen auch Formen der Gewaltverherrlichung, auch des simulierten Tötens, nicht hinnehmen. Jeder regt sich auf über im Fernsehen gezeigte Gewalt und wir machen das hier zu einer Freizeitgestaltung? Nein! Es müssen Zeichen gesetzt werden."

Aha. So geht das. Fünf, sechs Laserblitze kann man abschießen hintereinander, dann kurze Pause. Wieder Feuer. Wird ein Mitspieler getroffen – an vier speziellen Kontakten an Pistole, am Rücken und auf der Brust – dann ist es für einen Moment Sendepause, kein Saft, kein Schuss. Und der Computer führt Buch.

…, das alles war nicht an einem Tag in ferner Zukunft, nicht Millionen von Lichtjahren entfernt, …, das war letzte Woche in Recklinghausen. „Laserdrom" heißt diese gigantische Spielwiese für …ße Kinder, die aber nun ihrerseits mächtig unter Feuer geraten ist. Die Stadt will schließen.

Das Fensterchen darauf verrät, wie viel Schuss man noch im Köcher hat, wie oft man schon getroffen wurde. Ein paar Anweisungen in Sachen Sicherheit werden vorgebetet: nicht rennen, nicht knieen, schon gar nicht hinlegen, kein Körperkontakt.

Am Anfang ist die Hemmung. Klar ist das ein Spielzeug. Aber da ist eine Barriere. Besonders auf jemanden anzulegen, den man gar nicht kennt. Doch dann kommt doch der Zeitreiseeffekt. Nicht in die Zukunft, in die Vergangenheit, dreißig Jahre zurück, hinter der Garage auf die Nachbarjungs gewartet, links die Erbsenpistole, rechts das Blasrohr.

Der private Sternenkrieg ist exorbitant teuer (7,50 Euro pro Person) und der Rücksturz zur Erde kommt raketenschnell. Schon nach einem Viertelstündchen schiebt der müde Krieger seinen Laser ins Halfter, alle Daten werden verarbeitet, wer wen wie oft traf, das gibt's dann zum Abschied als Ausdruck.

Feuer frei zum Abschuss der Krieger

…serdrom, Spielwiese für große Kinder, gerät
…t selbst mächtig unter Beschuss

Ein Abschied für immer, wenn's nach dem Willen der Stadt Recklinghausen geht. Das im September geöffnete Drom soll schließen. Noch streiten die Gerichte, haben bisher kein einhelliges Urteil finden können.

Von NRZ-Redakteur MATTHIAS MARUHN
RECKLINGHAUSEN. Armer Yedi-Ritter. Er hat keine Chance. Das Flackerlicht bricht sich im wabernden Nebel und bescheint gespenstisch das breite Kreuz des ahnungslosen Toren. Ich krümme den Abzugsfinger und schicke ihm den roten Laser hinterher. Ein Strahl, ein zweiter, der dritte sitzt im Ziel. Sein Energiezentrum erlischt, der Yedi-Ritter dreht sich um und sagt mit einer Stimme, die mich an meinen Kollegen Michael erinnert: „Scheiße, getroffen."

Nun, wer weiß, ich hab' auch andere Sorgen. Der Yedi-Ritter hat wieder volle Energie.

Feuer frei zum Abschuss der Krieger

Laserdrom, Spielwiese für große Kinder, gerät jetzt selbst mächtig unter Beschuss

Von NRZ-Redakteur MATTHIAS MARUHN

RECKLINGHAUSEN. Armer Yedi-Ritter. Er hat keine Chance. Das Flackerlicht bricht sich im wabernden Nebel und bescheint gespenstisch das breite Kreuz des ahnungslosen Toren. Ich krümme den Abzugsfinger und schicke ihm den roten Laser hinterher. Ein Strahl, ein zweiter, der dritte sitzt im Ziel. Sein Energiezentrum erlischt, der Yedi-Ritter dreht sich um und sagt mit einer Stimme, die mich an meinen Kollegen Michael erinnert: „Scheiße, getroffen."

Tja, das alles war nicht an einem Tag in ferner Zukunft, nicht Millionen von Lichtjahren entfernt, nix, das war letzte Woche in Recklinghausen. „Laserdrom" heißt diese gigantische Spielwiese für große Kinder, die aber nun ihrerseits mächtig unter Feuer geraten ist. Die Stadt will schließen.

Kurze Erklärung: So ein „Laserdrom" besteht aus einem 400 Quadratmeter großen Saal. Darin wird gespielt. Zunächst jedoch wird der Sternenkrieger in einem Vorraum mit dem Gerät vertraut gemacht. Eine schwarze Weste mit allerlei blinkenden Birnchen wird übergezogen, ein Kabel führt zur Laser-Pistole.

Das Fensterchen darauf verrät, wie viel Schuss man noch im Köcher hat, wie oft man schon getroffen wurde. Ein paar Anweisungen in Sachen Sicherheit werden vorgebetet: nicht rennen, nicht knien, schon gar nicht hinlegen, kein Körperkontakt.

Die Tür geht auf, Nebel, Schummerlicht. Mit uns geht ein Pärchen auf die Pirsch. Karin (24) aus Cottbus, Martin (26) aus Dorsten. Er kennt das Spiel. „Im Urlaub in Italien, da unten gibt's das ja schon öfter." Stimmt. Fast überall in Europa, auch gerade in den Niederlanden, sind diese merkwürdigen Vergnügungspaläste längst etabliert.

Karin sagt gar nichts und eröffnet das Feuer.

Aha. So geht das. Fünf, sechs Laserblitze kann man abschießen hintereinander, dann kurze Pause. Wieder Feuer. Wird ein Mitspieler getroffen – an vier speziellen Kontakten an Pistole, am Rücken und auf der Brust – dann ist für einen Moment Sendepause, kein Saft, kein Schuss. Und der Computer führt Buch.

Am Anfang ist die Hemmung. Klar ist das ein Spielzeug. Aber da ist eine Barriere. Besonders auf jemanden anzulegen, den man gar nicht kennt. Doch dann kommt doch der Zeitreiseeffekt. Nicht in die Zukunft, in die Vergangenheit, dreißig Jahre zurück, hinter der Garage auf die Nachbarjungs gewartet, links die Erbsenpistole, rechts das Blasrohr.

Das ist jetzt wieder gegenwärtig und aus irgendeinem Grunde benehmen sich auch alle recht schnell wie die Blagen und alle kichern. Wie bei einer Schneeballschlacht. Ja, genau, das ist es, eine elektronische Schneeballschlacht.

Der private Sternenkrieg ist exorbitant teuer (7,50 Euro pro Person) und der Rücksturz zur Erde kommt raketenschnell. Schon nach einem Viertelstündchen schiebt der müde Krieger seinen Laser ins Halfter, alle Daten werden verarbeitet, wer wen wie oft traf, das gibt's dann zum Abschied als Ausdruck.

Ein Abschied für immer, wenn's nach dem Willen der Stadt Recklinghausen geht. Das im September geöffnete Drom soll schließen. Noch streiten die Gerichte, haben bisher kein einhelliges Urteil finden können.

Zwar gilt der Eintritt erst ab 18 Jahre,

Hajo Bajon, Ordnungsdezernent, fasst die Argumente der großen Mehrheit des Stadtrates zusammen: „Wir gehen mit allen Mitteln dagegen vor. Wir wollen auch Formen der Gewaltverherrlichung, auch des simulierten Tötens, nicht hinnehmen. Jeder regt sich auf über im Fernsehen gezeigte Gewalt und wir machen das hier zu einer Freizeitgestaltung? Nein! Es müssen Zeichen gesetzt werden."

Da eine konkrete gesetzliche Regelung fehlt, geht die Stadt jetzt mit einer Ordnungverfügung vor. Das heißt, sie geht von einem „Verstoß gegen die öffentliche Sicherheit und Ordnung" aus.

Der Geschäftsführer des Laserdroms sieht das erwartungsgemäß anders: „Dann müssten Westernstädte doch auch geschlossen, Ritterspiele verboten werden. Und was ist mit Fechten, Karate? Dürften solche Sportarten dann noch betrieben werden? Also für mich ist das ein harmloses Spiel." Da immerhin trifft er sich mit Bajon. Der sagt: „Für mich ist das auch ein Spiel. Für Erwachsene, die eigentlich noch Kinder sind."

Nun, wer weiß, ich hab' auch andere Sorgen. Der Yedi-Ritter hat wieder volle Energie.

(aus: Neue Rhein-Zeitung, 3.2.1995)

Übungsmaterial im „Deutschbuch 7 Arbeitsheft"

• Knapp und sachlich berichten: S. 6–7
• Ausführlich aus persönlicher Sicht berichten: S. 7

Lernerfolgskontrolle/Themen für Klassenarbeiten

Ein waghalsiges Unternehmen

Ein Schlittenwettrennen zweier 13-Jähriger führte gestern, am 12.1.1998, fast zu einer Katastrophe. Die beiden Jungen, die miteinander um die Anerkennung der „Zuschauer" – zum großen Teil Klassenkameraden – kämpften, stachelten sich gegenseitig zu immer waghalsigeren Unternehmungen an. Schließlich starteten sie gleichzeitig von einem sehr steilen Hang in Richtung auf das Ufer des seit einigen Tagen zugefrorenen Sees. Unten angekommen gelang es nur einem, seinen Schlitten rechtzeitig zum Halten zu bringen, wohingegen der andere weit auf den See hinausschoss und ins Eis einbrach. Der Schlitten versank und der Junge konnte sich nur mit Mühe am Rand des Eislochs festhalten. Er verdankt sein Leben der Geistesgegenwart seines Kontrahenten, der – seinen Schlitten voraus – sich auf allen Vieren dem Loch näherte und ihm mit Mühe heraushalf. Der Junge wurde sofort mit einer Unterkühlung ins Krankenhaus gebracht, ansonsten ist er wohlauf.

1 Wandle den knappen Bericht in einen Brief an einen selbst gewählten Adressaten um.
Du kannst wählen, aus welcher Position du berichten willst (einer der Jungen, Zuschauer).

3 Beschreiben und erklären: Japan

Konzeption des Gesamtkapitels

Schülerinnen und Schüler der Jahrgangsstufe 7 haben erfahrungsgemäß großes Interesse an exotischen Themen (z. B. Ritter, Indianer, Reisen). Anhand verschiedener Beispiele aus dem japanischen Kulturbereich sollen sich die Schülerinnen und Schüler Möglichkeiten des Beschreibens und Erklärens erarbeiten.

Welcher Schüler, welche Schülerin kennt nicht Produkte aus Japan, die zu unserem Alltag gehören? Mit Autos, Kameras und Walkman gehen wir selbstverständlich um, aber das Land und seine Kultur kennen wir kaum.

Das Exotische kann dabei nicht nur selbst ein motivierendes Objekt der Beschreibung sein, sondern auch einen Anreiz bieten, Personen, Bilder, Gegenstände und Vorgänge des eigenen Kulturbereichs wie für fremde Ohren zu beschreiben und zu erklären. Denn gerade die Perspektive aus der Distanz ermöglicht es, Alltägliches genau zu beobachten (z. B. Kleidung, Esskultur, Sport, Hobby).

Möglichkeiten des fächerübergreifenden Unterrichts bieten sich besonders in den Fächern Kunst, Erdkunde, Geschichte und Sport.

Das erste Teilkapitel (**„Japanisches aus der Nähe betrachtet"**) setzt den Schwerpunkt im Lernbereich „Sprechen und Schreiben". Es führt ein breites Spektrum japanischer Kulturgegenstände vor, spricht aber auch die konkrete Lebenswelt der Schülerinnen und Schüler an. In der Spannung von Fremdheit und Vertrautheit werden differenzierte Beobachtung und Sprachkompetenz vor allem in der Textproduktion gefordert. Vom thematischen Schwerpunkt Japan aus werden Prozesse des Beschreibens und Erklärens am Beispiel von Personen, Bildern, Gegenständen und Vorgängen entfaltet.

Das hauptsächlich an der Textproduktion orientierte erste Teilkapitel wird um ein zweites, textanalytisches ergänzt (**„Erzählungen und Gedichte aus Japan"**). Der Lernbereich „Umgang mit Texten" wird sinnvoll integriert, wenn die Schüler/innen anhand japanischer Literatur die poetische Funktion und stilistischen Mittel beschreibender Passagen kennen lernen.

Das dritte Teilkapitel (**„Ein Besuch im Museum"**) dient der Anwendung und Festigung des Erlernten, indem es sich insbesondere an die Handlungskompetenz der Schülerinnen und Schüler richtet. Ein fiktiver Museumsbesuch bietet den Anlass, museale Einrichtungen des eigenen Umfeldes zu erkunden: Informationen werden eingeholt, Ausstellungsstücke werden beschrieben, die Institution wird erklärt. Ein fächerübergreifendes Projekt zum „Maskenspiel" verbindet den fremden Kulturhorizont mit dem eigenen.

Literaturhinweise

Beschreiben: Orte, Wege, Räume. Praxis Deutsch, Nr. 61/1983

Ele Fuchs (Hg.): Reiseschmöker Japan. Frank & Frei, Bonn 1990

Basil Hall Chamberlain: ABC der japanischen Kultur. Ein historisches Wörterbuch. Manesse, Zürich ²1991

Gabriele Fahr-Becker (Hg.): Japanische Farbholzschnitte. Benedikt Taschen, Köln 1993

Texte/Gegenstände	Intentionen
	– das Land Japan kennen lernen: seine Geografie, die Menschen und Kulturgegenstände (Dichtung, bildende Kunst, Kunsthandwerk, Sport) beschreiben und erklären
	– die Genauigkeit der Beobachtung als Voraussetzung einer detaillierten und anschaulichen Beschreibung schulen (treffende Adjektive und Verben verwenden)
	– Personenbeschreibungen unterscheiden: in Abhängigkeit vom Kontext (Zweck und Adressat) sowie aus der Sicht des Beschreibenden einen Text beurteilen – Funktionsweisen eines komplexen Gegenstandes verständlich, detailgenau und vollständig erklären
	– Bilder nicht nur im formalen und inhaltlichen Aufbau, sondern auch subjektiv-fantasievoll beschreiben
	– durch den fremden Blick auf Handlungen japanischer Kultur Vorgänge in ihrer Reihenfolge genau erfassen und erklären
	– beschreibende und erklärende Passagen in japanischen Prosatexten auffinden und analysieren – sich mit der Gedichtform des Haiku rezeptiv und produktiv auseinandersetzen – Bilder beschreiben und zu Texten in Beziehung setzen – Natur, insbesondere das Meer, als zentralen Gegenstand japanischer Literatur kennen lernen
	– am Beispiel eines ostasiatischen Museums eine komplexe Einrichtung beschreiben und erklären – anhand von historischen Ausstellungsstücken japanischer Kultur erworbene Kenntnisse und Fertigkeiten beim Beschreiben und Erklären von Personen, Bildern, Gegenständen und Vorgängen anwenden – einen Museumsbesuch für die Klasse planen – Kostüme und Gipsmasken herstellen – ein Maskenspiel aufführen

3.1 Japanisches aus der Nähe betrachtet

S. 39   *Michel Vigoureux/Damien Chavant:* **Japan heute**

[1] a) das Land des Sonnenaufgangs – 3 000 – mit 125 Millionen Einwohnern – nördlichsten – Klima – kühl – Hauptinsel – Bogen – Insel – Tokio – Schikoku – Pazifischen Ozean – Schifffahrtsrouten – im Süden – Südkorea – Palmen – Kiuschu – Opfer – japanischen – Eurasischen Platte – Vulkanausbrüche

S. 40   **Auf die Beobachtung kommt's an: Personen beschreiben**

[1] a–c) Wenn man Personen beschreibt, sind die **Merkmale** hervorzuheben, die diese gemeinte Person von anderen unterscheidet. Die Schüler/innen sollten darauf achten, abfällige Bemerkungen zu vermeiden und eine sinnvolle Reihenfolge der Stichpunkte einzuhalten.

[2] a) Mögliche Ergänzungen:

Gesichtsform:	*rundlich, oval, kantig*
Augen:	*eng beieinander, vorstehend, mandelförmig, dunkel, streng, weit geöffnet, leicht schielend, strahlend*
Augenbrauen:	*buschig, geschwungen*
Nase:	*spitz, gewaltig, winzig, knollig*
Mund(-winkel):	*breit, schmal, verbissen, lächelnd, herabgezogen*
Haare:	*gelockt, glatt, gefärbt, schulterlang, rötlich*
Kopfhaltung:	*geneigt, erhoben*
besondere Merkmale:	*Narbe, Brille, Muttermal, Sommersprossen*
Kleidung:	*elegant, gepflegt, schlampig, ordentlich*
Figur:	*untersetzt, mollig, schlank, athletisch, hager*

b) Mögliche Verbesserungen:

Die Augen sind blau. – Die Augen strahlen blau.
Der Mantel ist lässig. – Der Mantel hängt lässig über der Schulter.
Sie hat schulterlange Haare. – Die Haare reichen ihr bis auf die Schultern.
Sie hat eine Kappe auf. – Sie trägt eine Kappe.
Sie hat rote Haare. – Ihre Haare leuchten rot.

[3] a) Bei der Beschreibung des alten Mannes sollen die Schüler/innen ihre bisherigen Fertigkeiten (s. Aufgabe 2 a) vertiefen, indem sie besonders auf eine anschauliche Wortwahl (treffende Verben und Adjektive) achten.

b) Über die momentane Verfassung hinaus (Stimmung) erfährt man auch etwas über den Lebenswandel: starke körperliche und seelische Belastungen, intensive Witterungseinflüsse, evt. Zufriedenheit, Verbitterung

[4] Es sollte deutlich gemacht werden, dass sich manche beschreibenden Textsorten mehr auf äußere Merkmale, andere stärker auf Eigenschaften, Verhaltensweisen oder Interessen beziehen. Außerdem müssen die Schüler/innen den Adressatenbezug berücksichtigen.

Fahndung, Steckbrief, Kaufhausdurchsage, Vermisstenanzeige:

Schwerpunkt: äußere Erscheinung (Kleidung, Haarfarbe, Größe, Alter), besondere Kennzeichen, letzter Aufenthaltsort – Schreibstil: sachlich, nüchtern

Heiratsanzeige:

Hervorheben positiver Merkmale, äußere Erscheinung, Geschlecht, Alter, Eigenschaften, Interessen, Hobbys, Vorlieben, Abneigungen, Wünsche, Lebensziele – Schreibstil: knapp, treffend, individuell

Erinnerung, Gespräch über eine geliebte Person:

Besonderes der äußeren Erscheinung und Eigentümlichkeiten in Bezug auf Verhalten und Eigenschaften; Schwerpunkt: Charakter, Verhalten, Beispiele

Schriftliche Beurteilung:

erbrachte Leistungen, Eigenschaften, soziales Verhalten, Kompetenzen

Starporträt in einer Zeitung:

Lebensdaten, künstlerische Leistungen, Privatleben, Vorlieben, Hobbys

Information für einen Brieffreund:

Aussehen, Kleidung, Schwerpunkt: Interessen, Hobbys, Lieblingsbücher, Reiseziele, Schulerfahrungen, Familienleben, Haustiere, Freundschaften

Oba Minako: Die Schwestern S. 41

Oba Minako, geb. 11.11.1930 in Tokio, Tochter eines Marinearztes; erlebte den „Atompilz" über Hiroshima aus 25 Kilometern Entfernung mit, danach Hilfsdienst in der zerstörten Stadt; studierte englische Literatur und ging ab 1959 mit ihrem Mann für elf Jahre nach Alaska; studierte an US-Universitäten; erhielt für ihre Romane verschiedene Preise.

Mögliches Tafelbild/OHP-Folie:

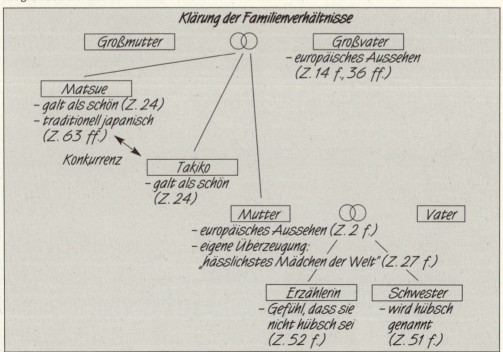

43

5 a) Die Mutter der Erzählerin fühlt sich aufgrund ihres europäischen Aussehens in der Familie als Außenseiterin. Sie weiß diese Situation aber als Möglichkeit zu nutzen, ihre Individualität auszudrücken. Als Jüngste kann sie sich durch moderne Kleidung und Frisur, orientiert am westeuropäischen Stil, von den Schwestern unterscheiden. Die beiden älteren Schwestern, Takiko und Matsue, konkurrieren miteinander in Bezug auf ihre Wirkung (besonders auf Männer) auf traditionelle japanische Weise.
Takiko eifert der älteren Schwester nach und versucht sich durch eine andere Farbwahl abzugrenzen. Sie legt mehr Wert auf die Ausstrahlung ihres Gesichts.

b) Wäre die Mutter in Europa aufgewachsen, hätte sie vielleicht als hübsch gegolten. Die Schüler/innen sollten bedenken, wodurch Geschmack gebildet wird (Generationenunterschied, Landeskultur, familiäre Einflüsse, Modetrends).

c) Das Verständnis des komplexen Textes kann durch die eigenen Erfahrungen der Schüler/innen vertieft werden.

6 Die Schüler/innen sollen sich bewusst machen, dass Mode schnelllebig und zeitbedingt ist. Diskutiert werden kann, ob das Tragen der sog. unmodernen Kleidung auch immer mit einem Verlust von Schönheit einhergeht.

| S. 43 | **Zur Sache bitte: Gegenstände beschreiben – Funktionen erklären** |

| S. 43 | *Tanikawa Shuntaro:* **Unmögliche Annäherung** |

1 b) Erklärungen, wozu das Glas dient bzw. dienen kann: s. Z. 5–8 und 12–24.

c) Beschreibungen, wie das Glas aussieht: s. Z. 1–5, 10 f.

2 Die Schüler/innen müssen darauf achten, die primäre Funktion des Gegenstandes zu benennen und das Aussehen auf ungewöhnliche Art zu beschreiben. Durch die Reihenfolge der gegebenen Informationen sollte Spannung aufgebaut werden.

3 Diese Aufgabe ist eine Übung zur Beschreibung eines Gegenstandes. Hier geht es eher um das Aussehen als um die Funktion. Der beschriebene Gegenstand muss klar erkennbar von anderen zu unterscheiden sein (z. B. Schultasche, Mäppchen, Kleidungsstück).

| S. 44 | **Der Fotoapparat** |

4 a) Angaben über das Äußere, besondere Kennzeichen:
  – dunkelblaue Minolta
  – mit einem Teleobjektiv ausgestattet
  – Abziehbild von Daisy Duck
  – schwarz-blau gestreifter Trageriemen
  – dunkelblaue Fototasche aus Kunststoff
  – Innenseite: Name in japanischen Schriftzeichen

b) Fotoapparat, Kameragehäuse, Kameraöffnung, Belichtungsmesser, Blendenöffnung, Belichtungszeit, Filmtransporthebel, Sichtfenster, Bildzählwerk, Fototasche

c) Ein Großteil des Textes (Z. 8–42) besteht aus allgemeinen Erklärungen über die Funktionsweise eines Fotoapparates (vgl. Gebrauchsanweisung).

5 a) Gebrauchsanweisungen für technische Geräte sind meist folgendermaßen aufgebaut:
   1. Beschreibung der Bedienungselemente anhand eines Schaubildes
   2. Inhaltsverzeichnis
   3. Sicherheitshinweise
   4. Inbetriebnahme/Installation
   5. Benutzung/Einstellung
   6. Pflege und Aufbewahrung
   7. Störungen und ihre Behebung
   8. Anhang (z. B. technische Daten)
   Häufig treten Verständnisprobleme im Bereich der technischen Zusammenhänge und aufgrund der Verwendung von Fachausdrücken auf.

   b) Hier sollten sich die Schüler/innen bewusst machen, wann sie nur das Äußere beschreiben und wann die Funktion relevant wird. Mitunter ist dies nicht sauber zu trennen, denn das Äußere kann auch Funktionalität besitzen, z. B. Jacken mit Signalfarben. Außerdem kann auch die Größe eines Gegenstandes einen Nutzwert haben (vgl. tragbare Musikgeräte wie Walkman, Reisebügeleisen, zusammenklappbare Sitzmöbel, Notebook).

Ins Bild gesetzt: Bilder beschreiben   S. 45

Utagawa Hiroshige: Plötzlicher Schauer über Shono   S. 45

1 a) Die Schüler/innen haben zunächst die Gelegenheit, ihren subjektiven Anteil zu sichern. In der Aufforderung, unterschiedliche sinnliche Eindrücke festzuhalten, erleben die Schüler/innen das Gemälde als komplexes Gebilde, von dem ganze Geschichten ausgehen (Every picture tells a story).

   b) Die Beschreibung der auffälligen Darstellungsmittel, Farben und Komposition, ist funktional gebunden an die Wirkung des Bildes. Stimmungen und Bewegungen sollen festgehalten werden. Es gibt mehrere Bewegungsrichtungen, z. B. der dunkle Keil mit Spitze zur linken Bildmitte hin unterstreicht die Wind- und Regenrichtung (ablesbar an den nach links geneigten Baumwipfeln) sowie die Bewegung der drei nach oben laufenden Personen. Diagonale Linien erzeugen Bewegungen. Die Farben sehen kühl, „ausgewaschen" aus. Ein heller Keil mit der Spitze nach rechts unten (Hügel) und die zwei gegen den Wind ankämpfenden Figuren unterstreichen die gegenläufigen Bewegungen.
   Die Stimmung, die das Bild vermittelt, kann sowohl zu Beginn der Bildbetrachtung stehen als auch diese abschließen.

2 Möglicher Text:
Auf dem Landschaftsbild des japanischen Künstlers Utagawa Hiroshige werden flüchtende Menschen im Sturm dargestellt. Der 25,5 x 38,2 cm messende Holzschnitt wurde 1834 angefertigt. Im Vordergrund verläuft vom linken mittleren Bildrand nach rechts unten ein bläulich grüner Hang. Der Blick wird auf fünf hellgelb gekleidete Personen gelenkt, die vor einem Regenschauer flüchten. Drei laufen geduckt nach links bergauf. Zwei von ihnen tragen eine Sänfte, aus der ein Arm lugt. Die beiden Figuren rechts laufen tief nach vorne gebeugt den Hang hinab. Einer von ihnen schützt sich mit einem Schirm. Die Menschen sind spärlich bekleidet. Ihre Hüte und Umhänge sind aus hellgelbem Stroh. Sie ducken sich darin vor Wind und Schauer. Am oberen Bildrand bildet ein tiefschwarzer Streifen die dunkle Regenwolke, aus der graue Streifen schräg von rechts oben nach links unten quer über das ganze Bild verlaufen. Die Sträucher rechts

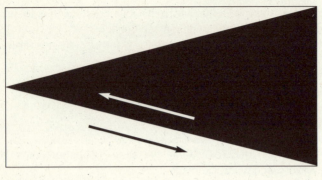

vorne, die mit dünnen schwarzen Linien gezeichnet sind, neigen sich ebenfalls nach links. Rechts am Mittelgrund sind die Dächer einiger Häuser zu erkennen. Ihre Wipfel liegen hinter einem dichten Regenschleier. Auch die Dächer der niedrigen Häuser sind einheitlich grau.

Kompositionsskizze

S. 46   *Yanagisawa Kien:* Landschaft

③ b) Ostasiatische Landschaftsbilder (Hängerollen) lassen sich nicht mit einem Blick als Gesamtbild erfassen. Die Raumschichten liegen nicht hinter-, sondern übereinander, die Dinge verlieren in der Tiefe (oben im Bild) nur unwesentlich an Schärfe/Detailgenauigkeit und an Größe, sodass der erste Eindruck der eines verworrenen, irritierenden Gebildes ist. Der Blick wird nicht offensichtlich gelenkt, sondern springt von Detail zu Detail. Die Schüler/innen schlagen als Zugänge zum Bild möglicherweise vor:
– von unten nach oben (den Weg gehen)
– von Detail zu Detail (Menschen, Häuser, Brücken)
– über die Schriftzeichen nach unten
Die erste Möglichkeit bietet sich an, das Bildformat fordert eher zu vertikaler als zu horizontaler Sehrichtung auf. Die Rückenfigur auf der Brücke am rechten unteren Bildrand nimmt diesen Weg.

④ Durch den großen Spielraum, den Bild (monochrome Tuschmalerei) und Aufgabenstellung der Fantasie lassen, vollziehen die Schüler/innen Aspekte der eigentlichen Funktion ostasiatischer Hängerollbilder nach: Sie laden ein, meditativ in sie einzutauchen, in Einklang mit der Natur durch die Ideallandschaft zu wandern, um schließlich Zugang zum Paradies zu erlangen (Kloster in oberster Bildzone).

S. 47   Wie geht das vor sich? – Vorgänge beschreiben

① a–c) Hier muss der Lehrer/die Lehrerin Kopien anfertigen, da die Aufgabe sonst nicht gelöst werden kann.

Fragen	*Antworten*
1. Aus welchen Kampftechniken ist Judo entstanden?	*Der Stand der Samurai entwickelte nicht nur verschiedene Kampftechniken mit Schwertern, Pfeil und Bogen, sondern auch unbewaffnete Verteidigungsmethoden: Schlag-, Hieb-, Stoß-, Wurf- und Hebeltechniken.*

2. Wer gründete die erste Judoschule?

In Abwandlung dieser alten Samurai-künste gründete Jigoro Kano im Jahre 1880 in Tokio eine Schule, in der er eine neue Art von Kampfsport lehrte: das Ju-Do.

3. Aus welchen Kampftechniken besteht Judo?

Kano bringt seinen Schülern Würfe, Halte-, Würge- und Hebelgriffe bei; Schläge, Tritte und Stöße sind verboten.

4. Was muss ein Judoka können um den Zweikampf zu gewinnen?

Im Zweikampf versucht jeder, seinen Gegner aus dem Gleichgewicht zu bringen und mit einem der vielen raffinierten Griffe auf den Boden zu werfen. Dies verlangt Selbstbeherrschung und blitzschnelles Reagieren, da Angriff und Verteidigung rasch wechseln.

5. Wie sieht die Kampfstätte aus?

Die Kampfstätte ist nicht größer als 10 x 10 m und wird mit festen, jedoch federnden Reisstrohmatten (Tatami) ausgelegt.

6. Welche Kleidung tragen die Kämpfer?

Die Kämpfer (Judoka) tragen reißfeste Kleidung in weißer Farbe, bestehend aus Jacke (Kimono), dreiviertellanger Hose (Subon) und Gürtel (Obi), dessen Farbe den Rang des Kämpfers kennzeichnet.

7. Wann wurde Judo eine olympische Sportart?

Nach der endgültigen Aufnahme ins olympische Programm im Jahre 1972 hat sich Judo schnell verbreitet und ist auch eine Sportart für Mädchen und Frauen geworden.

8. Welche Sprache wird bei Wettkämpfen auch in Europa gesprochen?

Die Wettkampfsprache ist auch bei uns japanisch.

9. Wer leitet den Wettkampf?

Der Wettkampf — Dauer etwa drei Minuten — wird von einem Mattenrichter und zwei Außenrichtern geleitet.

10. Wonach sind die Wettkämpfer eingeteilt?

Die Wettkämpfer sind in Alters- und Gewichtsklassen eingeteilt.

11. Wie beginnt der Kampf?

Vor Kampfbeginn erfolgt die Begrüßung des Mattenrichters durch Verbeugen (Rei). Dann berühren sich die Gegner mit einem vorgeschriebenen Griff an den Jacken (Kumi-Kata).

12. Wann ist der Kampf beendet?

Der Kampf ist nach Ablauf der Kampfzeit beendet oder wenn ein Kämpfer einen Ippon (10 Punkte) erzielt.

2 Hierbei handelt es sich um eine Übung, eine an sich recht einfach wirkende Körperhaltung zu beschreiben. (Ausrichtung der Hände und Füße, Winkel der Arme und Beine, Grad der Kopfneigung, Rundung des Rückens, Blickrichtung).

4 a/b) Die Rolle vorwärts, wie sie die Schüler/innen aus ihrem Sportunterricht kennen, ist eine eher „leichte" Übung, in der nach vorne über den Nacken und den gekrümmten Rücken abgerollt wird. Die Unterschiede zur Judorolle sind offensichtlich.

6 a) Die Schüler/innen beschreiben und erklären Sportarten wie Fußball, Basketball, Tennis, Reiten oder Rudern. Herausgearbeitet werden soll das Besondere der jeweiligen Sportart. Einzelne Regeln, z. B. die Abseitsregel beim Fußball, gilt es detailliert und verständlich zu erklären.

S. 49 *Adolf Muschg:* Sumo

7 a) – Fehlende Fachbegriffe
– unsachliche Bezeichnungen: „Schiedsrichterzwerglein" (Z. 7); „Fleischriesen" (Z. 9)
– Unkenntnis: „merkwürdige Bewegung" (Z. 32 f.); „unbekanntes Signal" (Z. 15 f.)
– unsystematische Anordnung
– reine Beschreibung
– fehlende Erklärungen

b) Sumo ist ein 2000 Jahre alter japanischer Nationalsport, an dem ausschließlich Männer teilnehmen. Jährlich finden sechs große Turniere in Sumo-Stadien statt, z. B. in Tokio, die auch im Fernsehen übertragen werden.
Die Sumotori sind Schwergewichtsringer mit einem durchschnittlichen Körpergewicht von 138 kg. Der Kampf beruht auf einfachen Regeln: Zwei Männer kämpfen innerhalb eines Rings. Der Schiedsrichter gibt das Zeichen zum Angriff mit einem Fächer. Verloren hat derjenige, der zuerst den Ring verlässt oder aber den Boden innerhalb des Ringes mit einem anderen Körperteil als den Fußsohlen berührt. Um dieses Ziel zu erreichen, gibt es etwa 48 Griff-, Schub- und Stoßtechniken. Dabei geht es um Schnelligkeit und Beweglichkeit. Der Kampf ist sehr kurz, er dauert oft nur 30 Sekunden. Die Vorbereitungen sind allerdings länger als der Kampf selbst: Das Salzstreuen im Ring hat einen religiösen Hintergrund und das Stampfen mit den Füßen soll Dämonen verscheuchen. Nach Beendigung des Kampfes überreicht der Schiedsrichter dem Sieger auf einem Fächer Sponsorengelder in einem Briefumschlag.
Alle Sumo-Kämpfer tragen langes Haar, das zu einem Knoten zusammengesteckt ist. Es dient nicht nur als Schmuck, sondern bietet auch Schutz vor Verletzungen, wenn der Ringer im Kampf gegen den Kopf des Gegners prallt oder zu Boden geht.
Die Ringer sind beim Kampf nur mit einem Gürtel (Mawashi) bekleidet, der etwa 9 cm lang und 60–70 cm breit ist. Er wird längsseits vierfach gefaltet und mehrfach um Taille und Leistengegend gewickelt. Vor dem Mawashi hängt zur Zierde ein Sagari, ein kurzer Gürtel mit Seidenfransen.

9 a/b) Unter Umständen kann hier auch eine Videoaufnahme eines Sumo-Kampfes einbezogen werden.

Japanisch essen   S. 51

10 a) *Essen mit Messer und Gabel*

Du nimmst die Gabel in die linke, das Messer in die rechte Hand. Beide Essgeräte werden im oberen Drittel des Griffes umfasst. Der Zeigefinger liegt oben auf dem Griff auf, mit ihm kannst du jeweils den Druck auf das Gerät verändern. Die Gabelzinken, deren innere Seite zu dir zeigen, stichst du zunächst in das Fleisch hinein, mit dem Messer schneidest du hinter dem Gabelrücken ein Fleischstück ab, während du mit der Gabel das Fleischstück festhältst. Dann führst du die Gabel mit dem aufgespießten Fleisch zum Mund (nicht umgekehrt!). Das Messer kannst du in der rechten Hand auf dem Teller liegen lassen.

Wenn du die Beilagen isst, liegt die Gabel ähnlich wie ein Essstäbchen in deiner Hand. Die Spitze der Gabel ruht auf dem Teller. Mit einer Seite der Messerschneide kannst du z. B. Gemüse bequem auf das untere Ende der Gabel schieben. Du solltest es vermeiden, dass das Messer über den Boden des Tellers schabt und ein quietschendes Geräusch verursacht.

Achte darauf, dass du beim Essen gerade sitzt und die Unterarme leicht auf der Tischkante aufliegen. Auf keinen Fall darfst du die Ellenbogen aufstützen.

Wenn dein Teller leer ist und du nichts mehr nachnehmen möchtest, legst du Messer und Gabel parallel auf den Teller. Die Gabelzinken zeigen dabei nach oben.

b) Tisch und Teller

Als Erasmus von Rotterdam 1530 sein berühmtes [...] Anstandsbuch „De civilitate morum puerilium" herausbrachte, gab es noch keine Teller im heutigen
5 Sinn und auch die Gabel war als Essgerät noch nicht erfunden; man benutzte bestenfalls in der Küche gabelartige Geräte zum Aufspießen des Fleisches bei der Zubereitung. Da die Suppen da-
10 mals so gut wie unbekannt waren, hätte man [...] für tiefe Teller [...] keine Verwendung gehabt. Flüssige Speisen – Breie, Brühen und scharf gewürzte Soßen – fischte man mit einem Stück
15 Brot oder mit einem holzgeschnitzten Löffel aus der gemeinschaftlichen Schüssel. Das Fleisch wurde in große Stücke zerteilt; jeder legte seinen Anteil auf eine Brotscheibe oder Holzplatte,
20 schnitt sich mit dem mitgebrachten Messer mundgerechte Stücke ab und schob sie mit den Fingern in den Mund, wenn er es nicht vorzog, die Brocken mit dem Messer aufzuspießen. Die Fin-
25 germethode galt nach Erasmus allerdings als schicklicher, und zwar gehörte es sich, das Fleisch mit drei Fingern zu erfassen. Unfein war es dagegen, mit den Fingern in die Brühe zu fahren und die „Handgabel" hinterher auch noch 30 abzulecken. Für die Säuberung der Finger waren Tischtuch und Servietten zuständig. Und außerdem legte Erasmus seinen Lesern ans Herz, keinesfalls bei Tisch den Hut aufzubehalten, beim 35 Trinken nicht wie ein Pferd zu schlürfen [...] und die gemeinsame Schüssel nicht so herumzudrehen, dass sich die besten Brocken leichter erreichen ließen. Löffel, Messer und Trinkgefäße – zuerst 40 aus Büffelhorn, später aus Metall und Glas – waren die ersten Tafelgeräte der Geschichte. Später erst wurde der Teller eingeführt und die Gabel setzte sich nicht vor Anfang des 16. Jahrhunderts 45 in Mitteleuropa durch. Zwar hatten italienische „Neuerer" schon im 16. Jahrhundert zierliche Gabeln aus Gold oder Silber benutzt, aber das Volk wollte von dieser Modelaune nichts wissen, und 50 auch die Kirche war dagegen. Schließlich hatten Christus und die Apostel auch nur mit den Fingern gegessen.

(aus: Roland Gööck: Das neue große Kochbuch.
Bertelsmann Ratgeberverlag, Gütersloh 1970, S. 523)

11 a) **Überschrift:** Name, Verwendung des Gerichts
Tabelle: Zutaten, Mengenangaben
Text: stichwortartige Anweisungen, Reihenfolge der Zubereitung

b) **Verben:** schneiden, mischen, kochen, rösten, mahlen, wickeln, drücken, absaugen, geben, umrühren, waschen, bestreuen, rollen, abschneiden, abschütteln, stecken
adverbiale Bestimmungen: in dünne Streifen, darin Seetang kochen, in ein trockenes Tuch, in kleine Würfel/in Würfelchen, mit Salz, auf dem Kochbrett, auf einem Bambusspieß

Möglicher Zusatztext:

Iwan Gontscharow: Neujahr

Iwan Gontscharow (1812–1891, russischer Romanschriftsteller) nahm 1852–1855 als literarischer Sekretär des Admirals Putjatin an einer Fahrt der Fregatte Pallas teil. Die Delegation sollte im Auftrag der russischen Regierung versuchen, Handelsbeziehungen mit Japan anzuknüpfen.

Die Diener hatten inzwischen vor jeden Gast ein rot lackiertes Bänkchen gestellt, etwa von der Größe der Fußbänkchen für unsere Damen. Der Diener trat heran,
5 hob das Bänkchen schnell und gemessen als Zeichen der Ehrerbietung in Kopfhöhe, ließ sich auf die Knie nieder und stellte es mit derselben behenden, gleichmäßigen Bewegung leise vor den Gast.
10 Sechsmal kamen die Diener und stellten sechs dieser Bänkchen vor uns hin. Aber keiner von uns rührte etwas an. Auf allen Bänkchen standen lackierte Holzschalen von der Größe und Form unserer
15 Teetassen, aber ohne Henkel. Jedes Schälchen war mit einem hölzernen Schüsselchen zugedeckt. Es gab auch gewöhnliche blaue Porzellantassen, die Speisen enthielten, und kleinere mit
20 Soja. Zu alledem wurden zwei Stäbchen gereicht.
,Nun, das bedeutet hungrig bleiben', dachte ich, während ich die beiden glatten, weißen, völlig stumpfen Stäbchen
25 betrachtete, mit denen man weder feste noch weiche Speisen fassen konnte. Wie und womit sollte man essen? Mein

Nachbar Unkowskij dachte offenbar dasselbe. Vielleicht trieb ihn der Hunger, jedenfalls nahm er die beiden Stäbchen in die Hände und schaute sie bekümmert an. Die Bevollmächtigten lachten und entschlossen sich, endlich mit dem Mahl zu beginnen. In diesem Augenblick kamen die Diener und brachten jedem von uns einen silbernen Löffel und eine Gabel auf einem Tablett. […]
Wir untersuchten inzwischen eine Schale nach der anderen und wechselten hin und wieder ein paar Worte miteinander.
„Probieren Sie, wie gut der Krebssalat in der blauen Schale schmeckt!", sagte Possjet halblaut zu mir. „Die Krebse sind mit Fisch oder Kaviar bestreut; auch Kräuter sind dabei und noch etwas."
„Ich habe sie schon aufgegessen", antwortete ich. „Haben sie schon den rohen Fisch versucht?"
„Nein, wo ist er?"
„Die langen Streifen da …"
„Ach, ist das wirklich roher – Fisch? Und ich habe schon die Hälfte gegessen!", sagte er und verzog das Gesicht.
In einer anderen Schale war eine Brühe mit Fisch, in der Art unserer Krautsuppe. Ich deckte die fünfte – oder war es schon die sechste? – Schale auf: In ihr schwamm ein Stückchen Fisch in Bouillon, rein und hell wie heißes Wasser. Ich meinte, es sei Fischsuppe, und aß vier Löffel davon, aber sie schmeckte mir nicht. Es war tatsächlich heißes Wasser und weiter nichts.

Mein Nachbar bemühte sich, mit den
65 Stäbchen zu essen, und brachte – wie wir
alle – die Japaner mehr als einmal zum
Lächeln. Wiederholt bedeckten sie den
Mund mit dem Ärmel, als sie merkten,
wie misstrauisch und unschlüssig wir die
70 Speisen betrachteten und wie vorsichtig
wir sie kosteten. [...]
Hinter allen Bänkchen stand vor jedem
Gast ein besonderer Untersatz. Darauf
lag ein gebratener Fisch mit hochgeboge-
75 nem Schwanz und Kopf. Schon längst
hätte ich ihn näher an mich herange-

zogen und wollte eben die Hand danach
ausstrecken, als der zweite Bevollmäch-
tigte meine Bewegung bemerkte.
„Diesen Fisch reicht man bei uns fast zu 80
jeder Mahlzeit", sagte er, „aber man ver-
zehrt ihn niemals bei Tisch, sondern
schickt ihn den Gästen zusammen mit
Konfekt nach Hause."
Da stand nun ein ordentliches Gericht 85
vor einem, und das durfte man nicht essen! Ach, gehen Sie mir mit allen diesen
Emblemen und Symbolen!

(nach: Ele Fuchs [Hg.]: Reiseschmöker Japan. Frank & Frei, Bonn 1990. S. 249 ff.)

1 Beschreibe die Schwierigkeiten, vor die der Gast gestellt wird, als er das erste Mal ein japanisches Gericht essen muss.

3.2 Erzählungen und Gedichte aus Japan

Koizumi Yakumo (Lafcadio Hearn): Hamaguchi   S. 52

Lafcadio Hearn (1850–1904), „der einzige Europäer vielleicht, der dieses Land [Japan] ganz gekannt und ganz geliebt hat. Nicht mit der Liebe des Ästheten und nicht mit der Lie-be des Forschers, sondern mit einer stärkeren, einer umfassenderen, einer selteneren Lie-be: mit der Liebe, die das innere Leben des geliebten Landes miterlebt", schrieb Hugo von Hofmannsthal 1904, als er die Nachricht vom Tode Hearns erhielt. Lafcadio Hearn hatte seit 1890 in Japan gelebt und gearbeitet; er war mit einer Japanerin verheiratet. Unter sei-nem japanischen Namen Koizumi Yakumo steht Hearn heute in den japanischen Schul-büchern, die Schüler/innen lesen ihn allerdings, ohne zu wissen, dass er Ausländer war. Sein Haus in Matsue ist heute ein Museum. (Nach: Ele Fuchs [Hg.]: Reiseschmöker Japan. Frank & Frei, Bonn 1990. S. 300)

1 a) Angesehener alter Mann, ehemaliger Bürgermeister von allgemeiner Beliebtheit; Spitz-
   name: Ojiisan (Großvater); offizieller Name: Choja (Schultheiß); steht Landleuten mit Rat
   und Tat zu Seite; erfahrener Reisbauer; fühlt sich verantwortlich für die Gemeinde (S. 52,
   Z. 9–19)

  b) Hier kann noch einmal auf den Sachtext am Anfang des Kapitels aufmerksam gemacht
   werden: Japan als Land im Wasser. Hamaguchi bemerkt eine Erschütterung vor Son-
   nenuntergang, die anders ist als mehrere hundert frühere Erschütterungen, die er in seinem langen Leben miterlebt hat. (S. 52, Z. 48 ff.)
   Er beobachtet eine ungewöhnliche Erscheinung auf dem offenen Meer (Z. 61 ff.): Ver-
   finsterung des Meeres; Bewegung vom Land weg: „ungeheure Ebbe".

c) Bezug: S. 52, Z. 79 ff., S. 53, Z. 103 ff., Z. 126 ff.

Aufgrund von traditionellem Erzählgut kann sich Hamaguchi die Naturbeobachtung erklären. Die „Ebbe" ist nur ein vorübergehender Zustand, das Meer kommt Sekunden später mit einer riesigen Flutwelle zurück und wird das Dorf überschwemmen. Für lange Erklärungen hat er keine Zeit (S. 53, Z. 102 f.), er muss handeln.

Um die 400 Dorfbewohner, die an den Strand gelaufen sind, zu retten, zündet Hamaguchi auf dem Berg seine Reisgarben an. Da die Dorfbewohner nun den Brand löschen wollen, rennen sie auf schnellstem Weg auf den Berg. Ohne es zu wissen, sind sie dadurch der Gefahr durch das Wasser entronnen.

| S. 54 | *Yukio Mishima:* **Die Wellen** / *Katsushika Hokusai:* **Die Welle** |

Yukio Mishima (1925–1970, Selbstmord durch Harakiri), Sohn eines Ministerialbeamten, lebte nach einer auf das Jurastudium folgenden kurzzeitigen Anstellung im Finanzministerium ab Herbst 1948 als freier Schriftsteller. Mit seinen Romanen, Novellen, No-Stücken, in denen sich japanische Tradition mit Einflüssen europäischer psychologischer Darstellungskunst verbindet, wurde er einer der bedeutendsten Nachkriegsautoren.

2 **Vergleiche:** wie zwei unhöflich zur Seite aufgeschlagene Fächer, wie von gleißenden Eiszapfen

anthropomorphisierende Metaphorik: kläglicher Tod, sanftes, gnädiges Scheitern, Gefühlsverwirrung, glitschige Bäuche, Klagen, Flüstern, glatter weißer Rücken, Zähneknirschen

Pferde-Metaphorik: riesige weiße Renner, kleine weiße Traber, kräftige Pferdeleiber der Linienkavallerie, wühlende weiße Hufe

Adjektive: trocken, frisch, unermesslich, kläglich, sanft, gnädig, feucht, glatt, leicht, olivfarben, glitschig, laut, riesig, kräftig, scharf, brodelnd, gleißend, weit, offen, kraftvoll, schwach, jadefarben, fest, erregt

3 a) Hier wird an das Beschreiben von Bildern (Teilkapitel 1) angeknüpft. Die Schüler/innen sollten zunächst ihre subjektiven Eindrücke zum Bild festhalten. Als Anregung dazu könnten sie aufgefordert werden, sich in die Situation eines der Menschen in einem der Boote zu versetzen.

b) Die „Welle" passt eher zum Text von Koizumi Yakumo. Ihre verschlingende Gewalt wirkt so einmalig wie die vernichtende Kraft des Meeres in der Erzählung über Hamaguchi.

Möglicher Zusatztext:

Katsushika Hokusai: **Der Fuji und das Meer**

Die Möwen tanzen
Im Kinderreigen,
Um den erzürnten Gott
Des Meeres scherzend …
Von Neuem erregt

Steigt die Wucht
Bis an den Himmelsrand
Aus der Ferne erfreut
Sich der Berg lächelnd
Des heiteren Sommerspiels

(aus: Katsushika Hokusai: Fujijama – Der ewige Berg Japans. Insel, Leipzig 1937, S. 20 f.)

1 Beschreibe die Wirkung, die in diesem Einstrophengedicht vom Meer ausgeht.

Das japanische Haiku | S. 55

4 b) In der japanischen Haiku-Tradition tauchen folgende Motive immer wieder auf: jahreszeitlich bedingte Lebenssituationen (Wintereinsamkeit, Frühlingsmelancholie, Todesahnung im Herbst) und damit verbunden bestimmte atmosphärische Erscheinungen (Schneetreiben, Herbststurm), außerdem Pflanzen (Kamelie, Chrysantheme, Kirschbaum) sowie Tiere (Frosch, Kranich, Libelle).

c) Domei: Frühling (1.)
Issa: Sommer (4.)
Issa: Herbst (2.)
Shiki: Winter (3.)

5 Jedes Haiku umfasst drei Verse mit strenger Silbenzahl:
1. Vers: 5 Silben
2. Vers: 7 Silben
3. Vers: 5 Silben

6 a/b) Die Haikus könnten nach Jahreszeiten/-motiven geordnet in einem Buch gesammelt werden, das die Schüler/innen auch illustrieren.

Torii Kiyomitsu: Spiele im Zimmer | S. 56

8 a) In der Spielbeschreibung könnten z. B. genannt werden:
– die Anzahl der Mitspieler
– Art und Weise, wie die Karten ausgelegt werden
– die Abfolge, in der die Karten aufgedeckt werden sollen
– die Ermittlung des Gewinners
– Beginn und Ende des Spiels
– Material (Anzahl und Beschaffenheit der Karten)

b) Hier eignen sich Karteikarten.

3.3 Ein Besuch im Museum

Bei dem im Schülerbuch (S. 57) abgebildeten Grundriss handelt es sich um den Grundriss des ostasiatischen Museums in Köln, das im Jahre 1977 nach den Plänen des japanischen Architekten Mayekawa Kunio (1905–1985; Schüler von Le Corbusier) errichtet wurde. Der einleitende Text im Schülerbuch kann in der Erklärung des Grundrisses verwendet werden, um die Funktionen des Museums zu erläutern. In den beschreibenden Anteilen sollten die Schüler/innen ggf. auf den in mehrere flache rechteckige Blöcke und Quader gegliederten Bau aufmerksam gemacht werden.

S. 57 Museum für ostasiatische Kunst Köln

Möglicher Zusatztext:

Emil Selenka: Unter einem japanischen Dach

Die pfahlbauähnliche Bauart des japanischen Hauses ist durch die häufigen Erdbeben bedingt. Das niedrige Haus, das aus Holz und Papier besteht, widersteht den Erdstößen besser und gefährdet beim Einsturz seine Bewohner weniger als Steingebäude. Die Gunst des Inselklimas fördert zudem die luftige Anlage. An Sommertagen werden die beweglichen, mit Papier beklebten Fensterrahmen zur Seite geschoben, sodass das ganze Haus nach zwei, oft sogar nach drei Seiten offen ist. Nachts dagegen und bei schlechtem Wetter werden die beweglichen Fensterrahmen geschlossen … Nachts gleicht das japanische Haus deswegen einer geschlossenen Schachtel. Ist ein Obergeschoss vorhanden, dann zeigt dies die gleiche Beschaffenheit. Eine schmale steile Treppe verbindet die Stockwerke. Die Innenräume erhalten ein angenehmes, diffuses Licht durch die mit Papier beklebten Holzgattertüren. Das gewöhnlich rechteckige Haus ruht nicht in, sondern auf dem Erdboden. Seine Tragpfeiler stehen auf Steinblöcken. Diese luftige Bauart erscheint dem Europäer ungenügend. Aber der Japaner hat durch tausendjährige Gewöhnung seinen Körper außerordentlich abgehärtet.

Das ganze Innere des Hauses ist mit sauberen, sechs Zentimeter dicken Flechtmatten ausgelegt, welche im ganzen Land die gleiche Größe haben: ein Meter breit, zwei Meter lang, sodass man den Flächeninhalt der Zimmer nach der Zahl der erforderlichen Matten bezeichnet. Dieses Einheitsmaß bestimmt wiederum die Breite der Schiebetüren und der Schiebrahmenfenster. Daher kann man überall die zum Hausbau erforderlichen Holzteile fertig kaufen. Wenige Tage nach einer Feuersbrunst, die in den größeren Städten in einer Nacht oft hunderte von Häusern einäschert, sieht man schon wieder fertige Gebäude.

Niemals darf eine Sandale oder gar der Lederschuh eines Ausländers die schimmernde Sauberkeit dieser Fußbodenmatten betreten, denn sie dienen den Hausbewohnern zugleich als Sitz, als Tisch und als Bett.

In solch ein echt japanisches Haus, dessen Inneres noch nicht durch europäische Einrichtung entstellt ist, sind wir heute von einem Malerkollegen zum Tee eingeladen … Das Mädchen, das uns die Haustür öffnet, läuft uns auf klappernden Getas (Holzsandalen) voraus zu dem rings von einem Garten umgebenen Häuschen und führt uns in das Empfangszimmer von acht Matten … Von der Veranda nahen leise Schritte. Ein Fensterrahmen wird zurückgeschoben und der Freund begrüßt uns aufs herzlichste … Schauen wir uns in dem Zimmer um! In der festen Außenwand ist die um eine Stufe erhöhte Hausnische eingelassen, das Tokonome (wörtlich Schlafstätte, da hier ursprünglich dem Gast das Lager bereitet wurde). Jetzt schmückt eine kostbare Bronzevase mit einigen nach bestimmten Schönheitsregeln gebogenen grünen und blühenden Zweigen diesen Raum nebst einem auf Seide gemalten Rollbild, dem Kakemono. Den oberen Abschluss der Nische bildet das Götterregal: ein flacher Wandkasten mit goldbemalter Schiebetür, das Kamidana. Es birgt den Hausaltar, vor welchem der Japaner durch Händeklatschen und Gebet seine Ehrerbietung bezeugt. Auch die Gedenktäfelchen für die Ahnen finden dort Aufstellung.

Unserem Wunsche, auch die anderen Räumlichkeiten des Hauses in Augenschein zu nehmen, willfahrt der Freund gern. Ein Fenster wird aufgeschoben. Wir treten auf die Veranda hinaus und sehen vor uns einen Ziergarten. Er liegt stets dem Wohnzimmer gegenüber und ahmt im Kleinen eine natürliche Landschaft nach, wie schon seine Bezeichnung andeutet. Sansui, was „Berg und Wasser" heißt … Solche Liliputgärten rufen, vom Zimmer aus gesehen, den Eindruck einer Landschaft hervor vermöge ihrer perspektivisch und kunstvoll angeordneten Teile.

Von der Veranda aus führt uns der Gastgeber noch in ein halbes Dutzend Zimmer. Sie gleichen wie ein Ei dem anderen: Nirgends ein Möbelstück, nirgends ein Zeichen, dass sie bewohnt werden! Jeder Raum kann als Schlaf,- Ess-, Kinder- oder Arbeitszimmer verwendet werden und

ohne Mühe könnte man durch Entfernen der papierenen Zwischenwände mehrere oder gar alle Räume zu einem Saal verschmelzen, was denn auch im Sommer oder bei Familienfesten geschieht.

„Da sieht man, wie vieles es doch gibt, was ich nicht nötig habe!" So könnte man mit Sokrates beim Anblick dieser Räume ausrufen, wenn man an unsere oftmals mit unnützen und unbequemen Möbel vollgepfropften und außerdem noch mit Staub fangenden Kuriositäten, Vorhängen und Teppichen überladenen Zimmer denkt.

(aus: Kurt Lütgen: Japan aus erster Hand. Arena, Würzburg 1978, S. 43 f.)

1 Fertige eine Skizze des Hauses an.

Ausstellungsstücke   S. 58

3 a) Die Rüstung eines Samurai besteht aus vielen Einzelteilen. Im Gegensatz zur europäischen Ritterrüstung gewährt sie zugleich Schutz und freie Beweglichkeit für den zu Fuß kämpfenden Samurai.

Zur Rüstung gehören Helm und Panzer. Der Helm (Kabuto) mit seiner weit ausladenden Krempe und dem auffallenden Zierrat ist schwarz lackiert und metallbeschlagen. Der breite Nackenschutz (Shikoro) wölbt sich um die eigentliche Kopfbedeckung und öffnet sich an der vorderen Seite zum Gesicht hin. Dort ist die Krempe seitlich umgeschlagen. Über der Stirn erheben sich eine aufgesetzte Form aus imposanten „Hackenformen" (Kuwagata) und eine runde Scheibe (Maedate). Die leuchtenden Farben und kunstvollen Verzierungen aus bedrucktem Leder, farbigen Seiden, Metallen und Wappen betonen einerseits den besonderen Rang des Samurai, imponieren andererseits dem Feind und ängstigen ihn.

Der 64,4 cm hohe Panzer besteht aus Brust- und Rückenteil, einem kurzen geteilten Rock sowie seitlich angebrachten großen beweglichen Flügeln (Oscode) zum Schutz der Schultern.

An den 46,2 cm langen Schulterflügeln sind zwei Scheiben in Gingkoblatt-Form angebracht, die die Achseln schützen.

Die einzelnen Eisenplatten sind an Schienen befestigt. Aus acht solcher Platten besteht der Oberschenkelschutz (Kasuzuri). Die Rumpfrüstung (Do) wird rechts mit Ringen und Seidenschnüren geschlossen. Dieser Wams besteht wie die anderen Teile aus waagerecht aneinander gereihten dünnen Eisenplättchen, die durch farbige Seidenschnüre zusammengeknüpft sind.

4 Gelockte Haare, Vollbart, große, lange Nase, große Ohren, merkwürdig geformte Ohrläppchen, eng stehende Augen, dämonisch

„Der unbekannte Künstler hat die fremdartige ‚Langnase' besonders in den Vordergrund gestellt. Wichtig war ihm auch die für japanische Augen ungewohnte Haarpracht: Japaner trugen weder Bärte noch haben sie gelocktes Haar. Perrys Augen dagegen sind japanisiert." (The Hybrid Culture. What happened when East and West met. Cosmo, Tokio 1984, S. 70)

S. 59 Masken

5 a) Die **Bato-Maske** wirkt auf den Betrachter furchterregend. Die leuchtend rote, fast recht-eckige Gesichtsform wird von einer mächtigen hohen Stirn mit weit nach hinten weisenden Wülsten geprägt. Einige wenige, aus brauner Schnur verfertigte Kopfhaare hängen in langen Strähnen herab und fliegen beim Tanzen um den Kopf. Die breiten wie ein „V" zulaufenden Augenbrauen berühren die Wurzel der übergroßen, kräftigen und stark nach unten gebogenen Nase. Nach unten blickende Metallaugen, deren äußere Winkel nach oben weisen, stehen eng aneinander.

Die Augenbrauen berühren beinahe die Nasenwurzel. Diese ist so lang, dass sie über den etwas geöffneten Mund, dessen Winkel ebenfalls nach unten gebogen sind, reicht. Einige Oberkieferzähne werden sichtbar. Das breite Kinn ist vorgeschoben.

b) Die **No-Maske**:
- Haare: glatt, strähnig aufgemalt, mit Mittelscheitel, hohe Stirn, Augenbrauen unmittelbar unter dem Haaransatz
- Gesicht: oval, langgezogen, glatte Oberfläche
- Nase: unten breiter, flach
- Augen: schmal, ruhiger Ausdruck, schauen den Betrachter an, keine Ohren
- Mund: leicht geöffnet, lächelnd, lieblicher, sanfter Ausdruck
- Zähne: schwarz gefärbt
- Kinn: spitz zulaufend

Übungsmaterial im „Deutschbuch 7 Arbeitsheft"

- Personenbeschreibung: S. 8
- Bildbeschreibung: S. 9
- Gegenstandsbeschreibung: S. 10
- Vorgangsbeschreibung: S. 11

Lernerfolgskontrolle/Themen für Klassenarbeiten

Vorschlag 1: Bilder beschreiben/Bildvorlage als Schreibanlass

Utagawa Kunimasa: **Der Schauspieler Ichikawa Ebizo in einer Aufführung von 1796**

1 a) Beschreibe detailliert das Bild von Utagawa Kunimasa.

b) Erfinde eine dramatische Situation, in der du dir diesen Gesichtsausdruck vorstellen könntest.

1 Informationen zum Bild: Farbholzschnitt, 39 x 26 cm. London, British Museum

Die farbige Vorlage des Bildes ist enthalten in der Sammelmappe „Meisterwerke der Kunst", hg. v. Landesinstitut für Erziehung und Unterricht, Folge 34, Stuttgart 1986. In den meisten Schulen ist diese im Schülersatz vorhanden (Fachschaft Kunst), Es eignet sich auch eine Schwarz-weiß-Kopie, um Wesentliches beschreiben zu können.

Ein fremdartiges, faszinierendes Bild!
Im Profil ein grimassierendes, maskenhaftes Gesicht mit ausgeprägter Haken-nase. Das Auge aufgerissen, die Pupille ganz in den linken Augenwinkel gerückt, die Augenbraue hoch angesetzt, der Mund verzerrt. Eine Bemalung aus geschwungenen, teils spitz zulaufenden Streifen betont und steigert Gesichtsformen und Mimik. Scharf abgesetzt eine kunstvolle Frisur, darüber, von einem Band gehalten, eine komplizierte Kopfbedeckung. 10
Am Kinn liegt eine Hand, die den Griff eines Fächers umklammert. Die große Dreiecksform mit den drei abgewin- 15

kelten Streifen kann als Teil eines Gewandes gesehen werden, welches Hand, Gesicht, Frisur und Kopfbedeckung anschneidet. Der Kopf wirkt dadurch wie
20 geduckt.

Die übrigen Formen lassen sich nicht mehr eindeutig zuordnen und deuten. Es könnte sich dabei noch um eine Rüstung handeln und um Stoff mit einem Muster
25 aus stilisierten Vögeln.

Alles ist angelegt auf Wirkung, Überraschung, Dramatik, und das Auge setzt dabei den entscheidenden Akzent. Das wird erzielt durch Verdichtung, Übertrei-
30 bung, Verzerrung, durch kühnes An- und Überschneiden der Bildgegenstände, Hell-Dunkel-, Farb- und Formkontraste. Es gibt kein Licht im Sinne einer Beleuchtung, keinen Schatten, keine Kör-
35 perhaftigkeit durch Farbtonabstufung und keine klar bestimmte Tiefenräumlichkeit. Formen werden durch schwarze Konturen abgegrenzt oder Fläche stößt an Fläche. Das ergibt, bei aller Aus-
40 druckskraft, eine Gestaltung von hohem dekorativem Reiz!

Ein gewagter Bildaufbau, eine packende „Inszenierung", die einen dramatischen Höhepunkt erfasst.

Und doch entbehren Mimik, Gestik, 45 Schminkmaske und die gesamte Ausstattung nicht einer gewissen Theatralik. Das Bild, kurz vor 1800 in Japan entstanden, ist ein Theaterbild und zeigt das Porträt eines Schauspielers während einer Auf- 50 führung. Sein Name lässt sich nach den drei abgewinkelten Streifen erschließen, Teil dreier ineinander liegender Quadrate, die sein Familienwappen sind: Ichikawa Ebizo. 55

Die beiden oberen Schriftzeichen sind die Signatur des Künstlers: Utagawa Kunimasa. Das dritte bedeutet so viel wie „zeichnete". Das runde Zeichen ist das Freigabesiegel der Zensurbehörde, da- 60 runter der Name des Verlegers.

Von Kunimasa ist sehr wenig bekannt. Er hat etwa zwischen 1794 und 1810 künstlerisch gearbeitet und ist berühmt für seine „Großen Köpfe", alles Schauspieler- 65 porträts. Er soll sehr jung, mit 37 Jahren, gestorben sein.

Vorschlag 2: Ein Textausschnitt als Schreibanlass – Übung: Attribute und Adverbien

Franz Doflein: Taifun

Eines Morgens fällt das Barometer rapid; von Südosten erheben sich graue Wolkenmassen und ein warmer Wind treibt die Wellen immer höher den Strand hinauf. In
5 wenigen Stunden ist die ganze Ferne verhüllt, wie eine Wand kommt der Dunst vom Ozean herüber, immer näher. Und höher und höher erheben sich die Wogen; die ganze Fläche der Bucht überzieht ein sma-
10 ragdnes Grün, durch welches die Schaumkronen der Wellen wie angriffsmutige Scharen heranstürzen. Sie stürmen den Strand hinauf und zerstäuben in Tropfen, die vom Wind weit ins Land hineingetrie-
15 ben werden. Wo vorher Felsen sichtbar waren, brodeln jetzt ungeheure Schaummassen; weiße, gespenstige Säulen von Gischt erheben sich in der grauen Dämme-

rung. Von allen Seiten flüchten die Fischerkähne in die schützenden Buchten. Noch regt sich im Fjord von Aburatsubo die Oberfläche des Wassers kaum. Aber immer stärker, immer mächtiger braust der Sturm heran; jetzt wälzen sich die großartigen Wellenberge über die schützenden Klippen am Eingang des Fjords hinweg. Wir müssen unsere Boote retten und in den Hintergrund der engen Bucht schaffen, wo selbst der stärkste Wind über die umgebenden Hügel hinwegsaust, ohne die Wellen zu erregen. Dorthin flüchtet sich schließlich auch der Fischdampfer aus dem allzu offenen Hafen von Misaki.

Immer gewaltiger wird der Sturm; ich steige auf die nahen Hügel, in den Wald hinauf. Da beugen sich die alten Bäume vor der

Urgewalt; sie ächzen und stöhnen und knarren. Krachend fallen ihre Äste herunter, Blätter und Zweige wirbeln durch die Luft und der Schaum des Meeres sprüht über Wald und Feld. Ein ungeheurer Aufruhr erfüllt den Raum: Das Meer brüllt an den hohen Felsen herauf, soweit ich blicken kann, ist alles von den flimmernden Tropfen erfüllt, sodass vom grünen Meerwasser kaum mehr ein Schein hindurchdringt. Und doch kann man nicht kleinlaut werden, wenn einen die Majestät des Sturmes also erfasst: Es geht wie ein Jauchzen in der Höhe einher, Kraft, Tatendrang und Jugendlust jubelt im spielenden Kampf der Elemente.

Das ist der Taifun, der vom Süden heranrast und hier vom Lande Abschied nimmt, ehe er auf den pfadlosen Ozean ostwärts stürmt. Jetzt kommt von ferne der Regen über die Wogenkämme herangefegt; sein Brausen mischt sich dem großen Chore bei und die Wolken schütten ihr Wasser über uns aus.

Den ganzen Tag und die ganze Nacht tobte der Taifun weiter. Die kleinen Häuser wankten und knarrten vor seiner Gewalt, prasselnd ergoss sich der Regen auf die Dächer, es blies durch alle Fugen und es war kaum möglich, ein Licht brennend zu erhalten. Nachts, als ich wohleingehüllt dalag, sodass der durchs Zimmer fegende Wind nur mein Gesicht streifen konnte, meinte ich, die Wogen immer näher gegen das Haus herankommen zu hören. Während die Flut stieg, konnten sie immer mehr wachsen und schließlich die niedere kleine Halbinsel überfluten. Aber ich durfte ruhig schlafen; bevor Tsuchida mit der flackernden Laterne zu seinem Haus zurückkehrte, hatte er mir gesagt: Solange

der Wind von Süden kommt, passiert nichts. Allerdings, wenn er nach Norden herumgeht – da hat er uns vor zwei Jahren das Dach eingeschlagen.

Ich schlief in dem ungeheuren Lärm ein und wachte plötzlich erschreckt auf: erschreckt durch die tiefe Stille, die mich umgab. Noch rauschte die Brandung, aber leise, unheimlich leise. Ich sprang auf und stürzte ans Fenster: Draußen regte sich kein Ästchen mehr, die Luft war still und mild. Vom unendlich klaren Himmel strahlten die großen Sterne in weihevoller Pracht und warfen einen irrenden Schimmer über die dunkle Fläche der Sagamibucht. Und weit drüben erhob sich in schweigsamer Größe, unermesslich hoch über den irdischen Dingen, der weiße Gipfel des Fuji-san.

Ich konnte mich von dem erhabenen Bild nicht trennen; meine Augen suchten die große Schönheit in sich zu saugen, bis die Sterne verblassten und rosiger Schimmer den heiligen Gipfel umkleidete. Milchblauer Dunst bedeckte seine Flanken und verbarg die Grenzen von Land und Meer. In langen, glatten Wogen wälzte sich die Dünung über die weite Bucht heran und jeder der graublauen Wasserberge schleppte auf seinem Rücken seinen Anteil am goldenen Glanze des Tages herbei, bis strahlender und immer strahlender das Licht der Sonne die weite Landschaft erfüllte. Dann trug das Meer sein dunkelblaues Prachtgewand, die Landschaft ringsum war frisch und grün, nicht anders als bei uns an einem schönen Herbstmorgen. Im Wald glitzerten an den Zweigen, im Grase, in den großen Spinnengeweben die Tropfen des gestrigen Regens. Ein erquickender Duft stieg aus der durchnäßten Erde auf.

(nach: Ele Fuchs [Hg.]: Reiseschmöker Japan. Frank & Frei, Bonn 1990, S. 245 ff.)

Den Schülerinnen und Schülern wird der Doflein-Text gekürzt ausgehändigt (z. B. Z. 1–7 und Z. 82 ff.):

1 Beschreibe den herannahenden Sturm/Taifun anschaulich, indem du Vergleiche und Metaphern verwendest.

2 Unterstreiche in dem Text Attribute und Adverbien ab Zeile 22.

4 Gespräche untersuchen – Rollen erproben

Konzeption des Gesamtkapitels

Schon im frühen Jugendalter ist das Gesprächsverhalten in hohem Maße rollengeprägt. Nimmt eine 13-Jährige die Rolle eines Cliquenmitgliedes ein, so werden an sie ganz andere Rollenerwartungen herangetragen als in der Familie (Rolle der Tochter) oder bei einem Besuch der Großeltern (Rolle der Enkelin). Dies betrifft nicht zuletzt kommunikative Besonderheiten. Ebenso entwickelt ein Junge in seiner Rolle als Sohn ganz andere Gesprächsgewohnheiten als mit Freunden auf dem Schulhof.

Das erste Teilkapitel (**„Rollen finden – aus der Rolle fallen"**) macht – ausgehend von der eigenen Lebenssituation der Schülerinnen und Schüler – solche Steuerungen des kommunikativen Verhaltens durch soziale Rollen klar und weitet den Blick auf ähnliche Festlegungen im Erwachsenenbereich (z. B. Rolle des Verkäufers).

Das zweite Teilkapitel (**„Rolle und Sprache: Mit dem Gesetz in Konflikt"**) thematisiert am Beispiel einer Gerichtsverhandlung Wirkungen und Folgen rollenbedingter sprachlicher Varietäten.

Das dritte Teilkapitel (**„Rollen-Spiele: Szenen entwerfen"**) vertieft das Gelernte in altersspezifischen Anwendungssituationen.

Inhaltlich steht – über die Rollenproblematik hinaus – das in dieser Altersstufe aufbrechende Risikoverhalten Jugendlicher im Mittelpunkt, das zu Regel- und Rollenbrüchen bis hin zu Verhaltensweisen reicht, die von der Erwachsenenwelt als kriminell sanktioniert werden. In allen Teilkapiteln wird verdeutlicht, dass Jugendliche sich zunehmend mehrere Rollen und deren kommunikative Anforderungen erschließen müssen und dass besonders im Kontakt mit Erwachsenen unterschiedliche Sprechweisen aufeinander treffen können, deren Differenz wahrgenommen und reflektiert werden muss. Hier reicht das Kapitel in den Bereich „Nachdenken über Sprache" hinein.

Literaturhinweise

Gerd Brenner/Franz Grubauer: Typisch Mädchen? Typisch Junge? Persönlichkeitsentwicklung und Wandel der Geschlechterrollen. Juventa Verlag, Weinheim und München 1991

Landesinstitut für Schule und Weiterbildung NRW: Aktuelle Gewaltentwicklungen in der Gesellschaft. Vorschläge zur Gewaltprävention in der Schule. Reader. Verlagskontor Soest [3]1993

Minister für Arbeit, Gesundheit und Soziales des Landes Nordrhein–Westfalen u. a.: Jugendkriminalität. Wir diskutieren. Informationen und Bausteine für Unterricht und außerschulische Jugendarbeit. Greven Verlag, Köln 1979 (viele weitere Auflagen)

Manfred Muckenhaupt: Lernziel sprachliches Handeln. Beispiele für einen kommunikativen Sprachunterricht in der Sekundarstufe 1. Ehrenwirth Verlag, München 1978

Texte/Gegenstände

Intentionen

– durch Entwerfen und Umformen von Texten erkennen, dass mit sozialen Rollen Verhaltenserwartungen (z. B. bestimmte Sprachmuster) verbunden sind
– einer fotografisch festgehaltenen Verkleidungsszene entnehmen, dass bestimmte Rollenattribute die Wahrnehmung steuern
– Rollen typische Sprechmuster zuordnen
– Personen als Träger verschiedener Rollen definieren; erkennen, dass von einem Jugendlichen in verschiedenen Rollen unterschiedliche Sprachmuster erwartet werden; in eigenen Texten Gleichaltrige sprachlich aus der Rolle fallen lassen
– Verhaltenseinschränkungen von sozialen Rollen und die damit verbundene Einschränkung von Kommunikationsmöglichkeiten erkennen und kreativ auflösen; ein literarisch vorgegebenes Aus-der-Rolle-Fallen kreativ weiterführen
– rollenbedingte Sprachformen beschreiben

– erkennen, wie in einem stark formalisierten Dialog (vor Gericht) Rollensprache sich verfestigen und Kommunikation erschweren kann
– im spielerischen Nachvollzug Wirkungen verschiedener Sprachebenen erfahren
– sprachliche Varietäten und ihre Problematik in Kommunikationssituationen erkennen
– den Vorwurfscharakter sprachlicher Äußerungen und deren Funktion im Rollenhandeln erkennen

– problematische Aktionen (z. B. Ladendiebstahl) in verschiedenen sozialen Situationen mit unterschiedlichen Rollen zur Sprache bringen
– rollenbedingtes Sprechen schriftlich analysieren
– die Frage klären, ob es typische Sprüche 13-jähriger Jungen und Mädchen gibt
– sich eine fremde Rolle und deren (körper-)sprachliche Attribute erschließen, indem Mädchen den Auftritt von Jungen und Jungen den Auftritt von Mädchen entwerfen
– schriftlich einen Fernseh-Werbespot entwerfen

4.1 Rollen finden – aus der Rolle fallen

S. 61 In Rollen hineinwachsen

☐1 a/b) Die Fotos vergegenwärtigen das Interesse (männlicher) Jugendlicher in der Klasse 7 an spielerisch-inszenierender Entfaltung von Rollen und treiben es zugleich auf die Spitze. Diese Art von Probehandeln wird hier zunächst über Äußerlichkeiten (Kleidung, Körperhaltung) vorgeführt, bevor die folgenden Übungen das sprachliche Inszenieren von Rollen thematisieren.

☐2 b) In mehrfacher Hinsicht hat ein Rollentausch stattgefunden: Ein Junge hat sich als Mädchen verkleidet. Zugleich geben sich die Jugendlichen als Kind bzw. als Erwachsene (Eltern) aus. Vergleicht man die Erscheinungsformen von Sohn und Eltern, so ergibt sich: Die Eltern sind salopp gekleidet, was eher auf die Jugendlichen-Rolle schließen lässt, während das Kind eher gepflegt, ja sogar vornehm gekleidet ist und damit eher in das Schema der Erwachsenen-Rolle passt.

☐3 a/b) Die sprachlichen Festlegungen könnten den Outfit-Festlegungen entsprechen: Das Kind spricht gewählt und in Hochdeutsch, die Eltern umgangssprachlich bis salopp oder gar derb.

S. 62 In sozialen Rollen sprechen

☐1 Mögliches Tafelbild:

Rolle der/des ...	Verhalten	Redeweise
Ballettschülerin	sich auf eine Sache konzentrieren	nüchtern und freundlich
Mitglieds im Fußballverein	sich austoben	salopp, laut brüllend
Enkelin (bei Oma und Opa)	zuhören, etwas erzählen	umgangssprachlich, zurückhaltend, nicht besonders lautstark
Mitglieds einer Freundesclique	Action machen, anderen imponieren	drastisch, großmäulig, „aufgedreht", emotional
Tochter	argumentieren, etwas erreichen wollen, etwas erzählen	sachlich, vertraut, charmant oder „meckernd", plaudernd
...		

☐3 a/b) Als zusätzliche Orientierung kann folgender Tipp gegeben werden:
Stellt euch den Jungen/das Mädchen nacheinander an zwei verschiedenen Orten vor. Zwar hat der Junge/das Mädchen den Ort nicht tatsächlich gewechselt, aber er/sie verhält sich so, als ob dies geschehen sei. Er/sie spricht daher die für den Ort „falsche" Sprache.

4 a/b) Hier sollte den Schülerinnen und Schülern Raum zum Erzählen gegeben werden. Die von den Schülerinnen und Schülern erzählten Ereignisse können auch schriftlich festgehalten und ausgestaltet werden.

Karl Valentin: Im Hutladen   S. 64

Valentin Ludwig Fey, der sich Karl Valentin nannte, wurde am 4. Juni 1882 in München geboren. Nach einer dreijährigen Lehre arbeitete er zwei Jahre lang als Schreinergeselle; bereits zu dieser Zeit trat Valentin als Komiker auf. Bald gab er den Schreinerberuf auf, um nur noch auf der Bühne zu arbeiten. Zwischen 1912 und 1933 war er – in der Regel mit seiner Partnerin Liesl Karlstadt – mit selbst verfassten Sketchen in vielen großen Kabaretts und Theatern zu sehen. Während des Zweiten Weltkriegs war seine Kunst nicht mehr gefragt. Valentin starb 1948 völlig verarmt in Planegg bei München.

5 a) Mehrere Sätze zeigen, dass der Kunde der Verkäuferin so langsam auf die Nerven geht. Beispiele:
   – „Asbesthüte gibt es leider noch nicht!" (Z. 39 f.)
   – „Nun müssen Sie sich aber bald entschließen …" (Z. 48 f.)
   – „Sie sind schwer zu bedienen …" (Z. 58)
   Die beiden letzten Sätze zeigen, dass die Verkäuferin sich bemüht, ruhig und kundenfreundlich zu bleiben.

   b) Sie tut dies, um den Kunden nicht zu verlieren. Zu ihrer Rolle gehört es, Kundenlaunen geduldig zu ertragen, damit ein Kauf zustande kommt.

6 „Damenhüte führen wir nicht!" (Z. 55)
„Sie sind schwer zu bedienen …" (Z. 58)
„Zur Auswahl zeige ich Ihnen mehrere." (Z. 63 f.)

7 a/b) Hinweis zur Weiterarbeit: Nachdem die Schülerinnen und Schüler eigene Fortsetzungen geschrieben haben, kann ihnen evtl. der Rest des Sketches von Karl Valentin präsentiert werden:

VERKÄUFERIN: Natürlich muss ein Hut passen, wenn Sie mir Ihre Kopfweite sagen, dann werde ich schon einen passenden finden.

5 KARL VALENTIN: Meine Kopfweite ist bei weitem nicht so weit, wie Sie denken! Ich habe Kopfweite 55 – will aber Hutnummer 60 haben.

VERKÄUFERIN: Dann ist Ihnen ja der Hut
10 zu groß.

KARL VALENTIN: Aber er sitzt gut! Habe ich aber einen um fünf Nummern kleineren, der fällt mir runter.

VERKÄUFERIN: Das hat auch keinen
15 Sinn, wenn man Kopfweite 55 hat. Dann muss auch die Hutnummer 55 sein! Das war schon von jeher so.

KARL VALENTIN: Von jeher! – Das ist ja eben das Traurige, dass die Geschäftsleute an den alten Sitten und Gebräu- 20
chen hängen und nicht mit der Zeit gehen.

VERKÄUFERIN: Was hat denn die Hutweite mit der neuen Zeit zu tun?

KARL VALENTIN: Erlauben Sie mir: Die 25
Köpfe der Menschen bleiben doch nicht dieselben, die ändern sich doch fortwährend!

VERKÄUFERIN: Innen – aber außen doch nicht! Wir kommen da zu weit. 30

KARL VALENTIN: Ja. Sie wollten doch die Weite wissen!

VERKÄUFERIN: Aber nicht von der neuen Zeit, sondern von Ihrem Kopf.

KARL VALENTIN: Ich habe Ihnen nur
erklären wollen, dass die Menschen in
der so genannten guten alten Zeit ande-
re Köpfe hatten als heute.
VERKÄUFERIN: Das ist Quatsch – natür-
lich hatte jeder Mensch, solange die
Menschheit besteht, seinen eigenen
Kopf, aber wir reden doch nicht von der
Eigenart, sondern von der Größe Ihres
Kopfes. – Also, lassen Sie sich von mir
belehren, nehmen Sie diesen Hut hier,
Größe 55, der Hut kostet fünfzehn
Mark, ist schön und gut und ist auch
modern.

KARL VALENTIN: Natürlich lasse ich
mich belehren, denn Sie sind Fach-
mann. Also, der Hut ist modern, sagen
Sie.
VERKÄUFERIN: Ja, was heißt heute modern! Es gibt Herren, so genannte Son-
derlinge, die laufen Sommer und Winter
ohne Hut im Freien herum und behaupten, das sei das Modernste!
KARL VALENTIN: So, keinen Hut tragen
ist das Modernste? Dann kaufe ich mir
auch keinen. Auf Wiedersehen!

(aus: Alles von Karl Valentin. © Piper Verlag
GmbH, München 1978, S. 260–262)

Diese Übung kann evtl. für eine Klassenarbeit reserviert werden (s. Lernerfolgskontrolle, S. 69 ff. in diesem Handbuch).

4.2 Rolle und Sprache: Mit dem Gesetz in Konflikt

| S. 65 | *Susanne Hartmann:* Jugendgericht |

[1] Im Unterrichtsgespräch sollte dafür gesorgt werden, dass die Gerechtigkeitsfrage offen
diskutiert wird. Neigt die Lerngruppe dazu, sich vorschnell auf ein Urteil festzulegen, sollten
Fragen gestellt werden, die zu einer weiteren Erschließung des Problems beitragen.
Beispiele:

Für den Fall, dass Hasan für unschuldig gehalten wird:
– Wie beurteilt ihr die Körperverletzung, die Hasan begangen hat?
– Wie steht ihr zu der Tatsache, dass Hasan sich in mehreren Bereichen (z. B. Berufs-
schulbesuch) Regelverletzungen erlaubt?
– „Der hat eben ein Milchgesicht, die platzen leichter …". Welche Einstellung verrät dieser
Satz eurer Meinung nach?

Für den Fall, dass Hasan für schuldig gehalten wird:
– Wie bezieht ihr die Vorgeschichte der Handgreiflichkeiten in euer Urteil ein?
– Wer und was hat den Streit eurer Meinung nach ausgelöst?
– Wenn jemand provoziert wird, bis er zuschlägt: Wer trägt dann die Schuld für die Ge-
walttätigkeit?
– Steht denn fest, dass Hasan die Verletzung verursacht hat, die im Krankenhaus behan-
delt werden musste?
– Wie sollen junge Ausländer eurer Meinung nach auf ausländerfeindliche Sprüche von
Jugendlichen mit deutschem Pass reagieren?

Zusatzinformation:
In der Urteilsbegründung des Jugendrichters hieß es:

Im Namen des Volkes wird der Angeklagte Hasan Yaldiz zu einer Jugendstrafe von einem halben Jahr verurteilt. Die Strafe wird zur Bewährung ausgesetzt und der Jugendliche für die Dauer von zwei Jahren einem Bewährungshelfer unterstellt. Im vorliegenden Falle hat der Angeklagte eine rohe Gesinnung und ein sozial schädliches Verhalten gezeigt, weswegen die Verhängung einer Jugendstrafe für das Gericht unumgänglich war. Der Angeklagte hat schädliche Neigungen in erheblichem Ausmaß. Auch wenn der Angeklagte aus seiner von gestörtem Rechtsempfinden geprägten Sicht sein Verhalten als Notwehr einstuft, so hat er damit doch objektiv gesehen Schuld auf sich geladen. Der Angeklagte ist weder beruflich noch privat so gefestigt, dass zu erwarten wäre, dass er auch ohne das Damoklesschwert einer Bewährungsstrafe in Zukunft keine Straftaten mehr begehen würde. Die Jugendstrafe soll den Angeklagten beeindrucken und es soll mit Hilfe des Bewährungshelfers erzieherisch auf ihn eingewirkt werden.

Diese Begründung kann noch einmal eingehend diskutiert werden.

2 a) Hasans Sicht der Dinge hat für die Verhandlung und das Urteil eine untergeordnete Bedeutung. Da die Jugendgerichtshelferin dieses merkt, versucht sie, Hasans Sichtweise zu verdeutlichen. Aber auch sie dringt damit kaum durch. Ein Beispiel: Auf das Ereignis, das Hasan für ausschlaggebend hält (Beleidigung mit dem KZ-Spruch), weist er den Richter hin; die Jugendgerichtshelferin unterstützt ihn dabei. Der Richter hält den Sachverhalt jedoch nicht für wichtig:
„Ich sollte ins KZ, hat der gesagt."
„Was ist denn das für ein Blödsinn?"
„Ich glaube, Herr Vorsitzender, das war der entscheidende Satz, warum der Hasan dann zugeschlagen hat …".
„So, na ja, aber das gehört jetzt nicht hierher …". (Z. 87 ff.)
Da der Richter die Verhandlung führt, setzt sich seine Sicht der Dinge zunächst durch und Hasans Perspektive muss zurückstehen.

b) Während der Richter sich mit den anderen Prozessbeteiligten ohne größere Probleme verständigen kann, reden der Richter und Hasan an mehreren Stellen aneinander vorbei. Es wird deutlich, dass Hasan den Richter nicht versteht und der Richter nicht merkt, was Hasan sagen will. Dabei wirkt sich u. a. der Rollenunterschied aus (Richter = übergeordnete Rolle; Angeklagter = untergeordnete Rolle).
Mögliches Tafelbild:

Rollen	Handlungsmöglichkeiten	Redeweise
Richter	gibt Anweisungen, stellt Fragen	versteht und verwendet Fremdwörter/Fachbegriffe
Angeklagter	muss den Anweisungen folgen, muss antworten	kann Fremdwörter und Fachbegriffe nicht verstehen

S. 69 Die Gerichtsverhandlung nachspielen

4 a) Die Übung macht klar, dass eine gemeinsame sprachliche Ebene die Verständigung erleichtert und die Sichtweisen aller Beteiligten besser ins Spiel bringt.

5 Die Gegenüberstellung sprachlicher Mittel verdeutlicht, dass es rollenbedingte Sprechweisen gibt (1. Spalte) und dass es dazu immer eine allgemeinsprachliche Alternative gibt, welche die Verständigungs- und Handlungsmöglichkeiten aller Beteiligten erweitert.

S. 70 Eine Sprache – mehrere Sprachen

6 Mögliches Tafelbild:

Sprachen in der Sprache		
Umgangssprache	*Fachsprachen*	
	Juristensprache	*Pädagogensprache*
typische Wortwahl	*Der hat mich ja angemacht. (Z. 84 f.)*		*massive Kränkung (Z. 257) Diskriminierungen (Z. 288)*
	Angeklagter (Z. 10)	*Delinquent (Z. 8)*	
	den Zeugen so zugerichtet, dass er eine Platzwunde hatte (Z. 105 ff.)	*an der Gesundheit beschädigt (Z. 35 f.) schwere Körperverletzung (Z. 100 f.)*	
	(auf die Sache genau eingehen)	*sich entsprechend einlassen (Z. 117)*	
	draufhauen (Z. 81) verkloppt (Z. 205) Prügelei (Z. 217 f.) Riesenklatsche (Z. 221)	*tätliche Auseinandersetzung (Z. 42 f.)*	*in einer Konfliktsituation emotional reagiert (Z. 263 ff.) Intensive psychische Krise (Z. 270 f.)*
Satzbau	*kurze Sätze: Nein, ich trinke Bier. (Z. 70)*	*lange Satzgefüge mit mehreren Nebensätzen: „Es ist zwar nicht eindeutig zu belegen, dass …, der mit dem Tablett …, er ist aber …"* *(Z. 309 ff.)*	*lange Satzgefüge mit mehreren Nebensätzen: „Nach meinen intensiven Gesprächen …, sodass ich glaube, dass es …, weil der … sagte: ‚Alle Türken …!'" (Z. 249 ff.)*
	unvollständige Sätze: Weiß nicht! (Z. 79)		
	oft nur Hauptsätze: Er hat die Scheiben beschmiert. (Z. 74)		

[7] a) Beispiele:
1. *„Sie sind der Delinquent?"*
   „Nein, ich bin der Hasan Yaldiz!"
   „Hhmm ... anwesend ist der Angeklagte ..." (Z. 8 ff.)
2. *„Waren sie eigentlich betrunken?"*
   „Nein."
   „Trinken Sie denn sporadisch?"
   „Nein, ich trinke Bier." (Z. 65 ff.)
3. *„ ... kann von uns nur geprüft werden, wenn Sie sich entsprechend einlassen."*
   „Ich will mich aber nicht einlassen, ich will aus der Sache raus ..." (Z. 115 ff.)

b) In diesen Fällen kann es an den vom Richter verwendeten Fremdwörtern oder an dem fast nur noch in der juristischen Fachsprache gebräuchlichen Wort „sich einlassen" liegen, dass Hasan seine Gesprächspartner nicht richtig versteht und dass er deshalb in eine unterlegene Position gerät.

Auf Vorwürfe reagieren
S. 71

[8] a/b) Mögliches Tafelbild:

Wer äußert wo einen Vorwurf?	Was hätte Hasan unterlassen oder tun sollen?	Warum? Welche Regeln hätte er beachten sollen?
Die Vertreterin des Jugendamtes in Z. 262–265	... hätte nicht zuschlagen sollen.	Konflikte regelt man nicht mit körperlicher Gewalt.
Der Richter in Z. 17–20	... hätte zur Berufsschule gehen sollen.	Jugendliche in diesem Alter müssen die Schulpflicht erfüllen.
Der Staatsanwalt in Z. 45–48	... hätte nicht mit einem gefährlichen Gegenstand hantieren dürfen.	Man nähert sich anderen nicht mit Gegenständen, die sie schwer verletzen können.
Der Richter in Z. 80–82	... hätte sich nicht wie „Rambo" benehmen dürfen.	Man kann das Verhalten von Kinohelden im Alltag nicht einfach nachahmen.

9 a) Mögliche Lösungen:

Was Hasan zu dem Vorwurf sagt	„Er hat die Scheiben beschmiert."	„Der hat eben ein Milchgesicht."	„Das mit dem Tablett war ich überhaupt nicht."
Welche Art von Antwort ist das?	eine Begründung anführen	den Sachverhalt ins Lächerliche ziehen	die Tat bestreiten
Was Hasan außerdem hätte sagen können:	„Das tut mir Leid."	„Meine Mutter hat mir gesagt, dass ich ..."	„Man muss sich doch wehren."
Welche Art von Antwort wäre das gewesen?	sich entschuldigen	sich entlasten	ein akzeptiertes Motiv angeben

Weiterführende Hinweise

Soll das Thema „Gewalt" weiter vertieft werden, können die folgenden Materialien genutzt werden:

– **Filme** zum Thema sind zusammengestellt in den Publikationen:

Gewalt – Eine Gesellschaft unter Druck. Spiel- und Dokumentarfilme für die Bildungs-, Jugend- und Kulturarbeit, hg. v. Institut Jugend Film Fernsehen. KoPäd Verlag, München 1993

Sonderliste – Videos gegen Vorurteile und Gewalt, hg. v. Kinder- und Jugendfilmzentrum in der Bundesrepublik Deutschland, Remscheid (Küppelstein 34, 42857 Remscheid)

– Die Stiftung Lesen (Fischtorplatz 23, 55116 Mainz) bietet **Bücherkisten** und **Lesekoffer** zum Thema „Gewalt" an. Die Ausstellungen können in der Regel für einen Zeitraum von bis zu vier Wochen ausgeliehen werden. Die Transportkosten werden vom Entleiher getragen. Angeboten werden eine „Bücherkiste Gewalt" mit etwa 140 Titeln für die Sekundarstufe und ein „Gewalt-Koffer" mit etwa 50 Büchern, ebenfalls für die Sekundarstufe.

– **Didaktische Materialien:**

Allan Creighton/Paul Kivel: Die Gewalt stoppen. Ein Praxisbuch für die Arbeit mit Jugendlichen. Übersetzt aus dem Amerikanischen. Verlag an der Ruhr, Mülheim 1993

Gegen Hass und Vorurteile. Arbeitsmaterialien zum Thema „Gewalt, Extremismus und Fremdenfeindlichkeit", hg. v. Landeszentrale für politische Bildung Baden-Württemberg/Minister für Kultus und Sport Baden-Württemberg. Stuttgart 1993

Franz Petermann/Ulrike Petermann: Training mit aggressiven Kindern. Psychologie Verlags Union, Weinheim [4]1990

Charles A. Smith: Hauen ist doof. 162 Spiele gegen Aggression in Kindergruppen. Verlag an der Ruhr, Mülheim 1994

Wolf-Dieter Zimmermann: Arbeitsmappe „Friedenserziehung und Aggression". Verlag an der Ruhr, Mülheim 1993

4.3 Rollen-Spiele: Szenen entwerfen

„Das tun doch alle" – Diebstahl im Supermarkt	S. 72

Anregung zur Weiterarbeit
Im Unterrichtsgespräch können die folgenden Fragen angesprochen werden:
- Manche Kinder stehlen. Aber viele Kinder stehlen nicht. Was meint ihr dazu?
- Welche Probleme können Kinder und Jugendliche eurer Meinung nach zum Stehlen verleiten?

Konfliktgespräche	S. 73

1 a) Außerdem werden in der Klasse 7 evtl. genannt:
- ohne Führerschein ein Auto fahren
- Drogen probieren
- mit gefährlichen Chemikalien hantieren
- andere auf die Straße schubsen

Weiterführender Literaturhinweis:
Michael Klein: „Thrill-Pädagogik" – Zum Umgang mit dem unkontrollierten Risiko, in: Gerd Brenner/Benno Hafeneger (Hg.): Pädagogik mit Jugendlichen. Juventa Verlag, Weinheim und München 1996, S. 196–205

Typisch Mädchen – typisch Junge?	S. 74

Diese Seite greift noch einmal den Rollentauschaspekt des Kapitelanfangs auf.
Anregung zur Weiterarbeit: In dem Text „Der große Durchbruch" (S. 172 ff.) tritt Immo in einer Serie von Werbespots auf. Überlegt, ob die Werbung für Computerspiele mit einem Mädchen anders aufgezogen worden wäre.

Lernerfolgskontrolle/Themen für Klassenarbeiten

Vorschlag 1

Die Aufgabe 7 c zu dem Valentin-Text auf Seite 64 f. ist Gegenstand einer Lernerfolgskontrolle. Eine Zusatzaufgabe könnte lauten:

1 Erkläre, an welchen Stellen die Verkäuferin aus der Rolle fällt und welche Äußerungen wieso nicht zu ihrer Rolle passen.

Vorschlag 2

Im Anschluss an die Erarbeitung des Textes von Karl Valentin kann mit einer ähnlichen Aufgabenstellung der folgende Text vorgelegt werden:

Paul Maar: **Mit dem Sams im Kaufhaus**

*In der Geschichte von Paul Maar lebt ein
Herr namens Taschenbier mit einem ungewöhnlichen Wesen zusammen. Es ist
ein „Sams". Das Sams verursacht am laufenden Band aufregende, peinliche und
lustige Situationen. Eines Tages geht Herr
Taschenbier mit dem Sams in ein Kauf-
haus.*

Im ersten Obergeschoss fand er die Abteilung, über der in großen Buchstaben Kin-
der-Oberbekleidung stand, blieb stehen
und blickte sich um.

5 Sofort kam ein Verkäufer auf ihn zugestürzt
und fragte:
„Womit kann ich dienen, der Herr?"
„Ich hätte gern etwas anzuziehen", sagte
Herr Taschenbier.

10 „Anzug, Jacke oder Hose?", fragte der andere. Er gehörte zu der Sorte Verkäufer, die
ununterbrochen lächeln und für jede Gelegenheit einen passenden Spruch bereit
haben. Natürlich war er nach der neuesten

15 Mode gekleidet.
„Eigentlich alles …", sagte Herr Taschenbier ein wenig ratlos.
„Großartig, da sind Sie bei uns gerade richtig. Nur muss ich Sie bitten, mir zu folgen,

20 der Herr. Hier ist nämlich die Kinderabtei-
lung."
„Es ist ja nicht für mich", erklärte Herr Taschenbier.
„Nicht für Sie?", fragte der Verkäufer und

25 sah sich nach einem Kind um.
Herr Taschenbier setzte den Rucksack ab,
schnürte ihn auf und hob das Sams heraus.
„Nein, für das da!", erwiderte er.
Als der Verkäufer das Sams sah, machte er

30 den Mund vor Verblüffung so weit auf, dass
er nicht mehr lächeln konnte. Aber gleich
darauf hatte er sich wieder gefasst.
„Ein hübsches Kind haben Sie da in Ihrem
Rucksack, wirklich niedlich. Ist das ein

35 Junge oder ein Mädchen?", sagte er.
Ratlos beugte sich Herr Taschenbier hinun-
ter und fragte:
„Bist du ein Junge oder ein Mädchen?"
Das Sams zog seinen Kopf ganz dicht heran

und flüsterte ihm ins Ohr: „Ich bin ein 40
Sams, das weißt du doch, Papa."
„Na ja, sagen wir mal: ein Junge", erklärte
Herr Taschenbier dem Verkäufer. Für
irgendetwas musste er sich ja entscheiden.
„Sagen wir mal: ein Junge, ganz recht", wie- 45
derholte der Verkäufer mit starrem
Lächeln. „Welcher Vater weiß das auch
schon genau. Dann soll er einmal mit mir
kommen, der Junge!"
[…] 50
„Schließlich ist bei uns der Kunde König.
Jetzt wollen wir den Jungen aber endlich
einkleiden."
„Wer ist König?", fragte das Sams.
„Der Kunde!", erklärte der Verkäufer. 55
„Was ist das, ein Kunde?", fragte das Sams
weiter.
„Jeder, der bei uns kauft, ist ein Kunde."
„Dann bin ich auch ein Kunde?"
„Aber gewiss!" 60
„Du, Papa, ich bin König!", schrie das Sams
begeistert.
„Ich will eine Krone haben."
„Red nicht so einen Unsinn! Du wirst eine
Mütze aufsetzen wie jeder ordentliche Jun- 65
ge", sagte der Verkäufer und ging voran zu
einem Kleiderständer.
Das Sams hatte schon wieder etwas Neues
entdeckt. Auf einem Verkaufstisch vor der
Kleiderabteilung lagen Cowboy-Hüte und
Indianer-Kopfschmuck. Es setzte sich eine
Federkrone aus bunten Federn auf, tanzte
herum und schrie: „Die Mütze gefällt mir,
Papa. Die will ich haben!"
„So was trägt man nur zum Fasching", sag-
te der Verkäufer, nahm ihm die Federkrone
ab und warf sie auf den Tisch zurück.
„Wenn es ihm doch gefällt", wandte Herr
Taschenbier ein.
„Der Junge braucht was Ordentliches", bestimmte der Verkäufer. „Wir werden schon
das Passende finden." Damit nahm er das
widerstrebende Sams fest beim Arm und
zog es mit zur Umkleidekabine. „Da würde
ich erst einmal diesen Anzug vorschlagen,
der Herr", sagte er dort und zeigte Herrn
Taschenbier einen dunkelbraunen Anzug

aus glänzendem Stoff. Und zum Sams sagte er: „Schlüpf hinein, Junge!"

90 Das Sams blieb stocksteif stehen und rührte sich nicht. „Willst du nicht hineinschlüpfen, Junge?", fragte der Verkäufer ärgerlich, lächelte aber gleich darauf Herrn Taschenbier zu.

95 „So werde ich nicht angeredet", sagte das Sams.

„Wie denn dann?"

„Zu einem König sagt man ‚Majestät'", erklärte das Sams hoheitsvoll.

00 „Jetzt werde nur nicht frech, Junge", erwiderte der Verkäufer und hob drohend den Zeigefinger.

„Vielleicht versuchen Sie es doch einmal mit ‚Majestät'", mischte sich Herr Taschenbier ein. „Wissen Sie, der Kleine glaubt eben alles, was man ihm erzählt."

„Meinen Sie das im Ernst?", fragte der Verkäufer, holte sein geblümtes Einstecktuch aus der oberen Jackentasche und tupfte sich die Stirn ab. Dann gab er sich einen Ruck und sagte:

„Würden Majestät einmal in den Anzug schlüpfen?" Das Sams blieb weiter stocksteif stehen und sagte: „Da brauche ich gar nicht hineinzuschlüpfen. Der ist zu groß."

„Du kannst mir glauben, mein Junge, dass der Anzug passt", sagte der Verkäufer ärgerlich. „Ich bin schon vierzehn Jahre hier tätig und habe langsam einen Blick dafür."

Das Sams begann den Anzug anzuziehen. Während es sich anzog, atmete es ganz langsam aus und hielt dann die Luft an. So wurde es dünn wie ein Stock. Hose und Jacke schlackerten an ihm herum wie an einer Vogelscheuche.

„Der ist zu groß", stellte Herr Taschenbier fest.

„Vielleicht ist er wirklich etwas reichlich",

musste der Verkäufer zugeben. Er kam mit einem dunkelblauen kleineren Anzug und 130 hielt ihn dem Sams hin.

„Da, schlüpf hinein, der passt bestimmt!", sagte er dabei.

„Wie heißt das?", fragte der Sams zurechtweisend. 135

Der Verkäufer kochte innerlich.

„Schlüpfen Sie einmal hinein, Majestät", verbesserte er sich.

Das Sams tat es. Es hielt immer noch die Luft an. 140

„Darf man in diesem Anzug auch einatmen?", fragte es scheinheilig.

„Aber natürlich, Majestät. Was für eine dumme Frage", antwortete der Verkäufer.

Das Sams holte tief Luft, sein Trommel- 145 bauch wölbte sich nach außen, es krachte und der dunkelblaue Anzug war von oben bis unten entzwei gerissen.

„Schlechter Stoff", stellte das Sams fest.

„Nichts zum Anziehen, höchstens zum 150 Essen."

„Was hast du denn mit dem Anzug gemacht?", fragte der Verkäufer entsetzt. Zum zweiten Mal zog er sein schönes Einstecktüchlein heraus und fuhr sich über die 155 Stirn.

„Nichts", sagte das Sams. „Ich habe nur eingeatmet." Der Verkäufer blickte sich um und versteckte den zerrissenen Anzug im Papierkorb. Gleich darauf brachte er einen 160 neuen Anzug. Diesmal einen dunkelgrünen.

„Hier, Majestät, probieren Sie den einmal", sagte er matt und reichte ihn dem Sams.

Das zog ihn an und fragte: „Darf man in die- 165 sem Anzug auch einatmen?"

„Nein, Majestät, um Gottes willen", rief der Verkäufer verzweifelt. [...]

(aus: Paul Maar: Eine Woche voller Samstage. Oetinger, Hamburg 1973, S. 46–53)

1 Beantworte in einem kleinen Aufsatz die folgenden Fragen:
  – Welche Äußerungen sind typisch für einen Verkäufer?
  – Welche Funktionen haben diese Äußerungen?

2 Schreibe eine Fortsetzung der Geschichte, in der es der Verkäufer irgendwann nicht mehr schafft, seine Rolle zu spielen und die Fassung zu bewahren.

5 In Diskussionen bestehen

Konzeption des Gesamtkapitels

Übergeordnetes Ziel dieses Kapitels ist es, den Schülerinnen und Schülern Methoden an die Hand zu geben, mit denen sie die Thematisierung strittiger Sachverhalte kultivieren können.

Im ersten Teilkapitel (**„Mit Diskussionen Entscheidungen vorbereiten"**) geht es um alltagsnahe Situationen, bei deren Untersuchung und spielerischer Ausgestaltung die Schülerinnen und Schüler verschiedene Formen sprachlicher Beeinflussung erkennen können. Vergegenwärtigt werden eher informelle Situationen, in denen unterschiedliche soziale Rollen (Lehrer – Schüler, Eltern – Kinder) und hierarchische Strukturen die Strategien sprachlicher Beeinflussung bestimmen.

Im zweiten Teilkapitel (**„Tiere in der Werbung: Ein strittiges Thema erschließen und diskutieren"**) stehen Lernangebote im Mittelpunkt, die auf eine Kultur gleichberechtigter Gesprächsteilnahme zielen. Die Schülerinnen und Schüler erfahren zunächst, wie man sich methodisch effektiv darauf vorbereiten kann, angeeignete Informationen in Diskussionen jederzeit präsent zu haben.

Im dritten Teilkapitel (**„Besondere Diskussionsformen einüben"**) werden Verfahren trainiert, mit denen Schülerinnen und Schüler auf interessante und methodisch variantenreiche Weise Informationen austauschen und so zur Klärung strittiger Fragen beitragen können.

Literaturhinweise

Wolfgang Einsiedler: Wissensstrukturierung im Unterricht. Neuere Forschung zur Wissensrepräsentation und ihre Anwendung im Unterricht. In: Zeitschrift für Pädagogik, Nr. 2/1996, S. 167–192 (dort eine umfangreiche Literaturliste)

Jürgen Fritz: Methoden des sozialen Lernens. Juventa Verlag, Weinheim und München ³1993

Heinz Klippert: Methoden-Training. Übungsbausteine für den Unterricht. Beltz Verlag, Weinheim und Basel 1994

Ders.: Kommunikations-Training. Übungsbausteine für den Unterricht. Beltz Verlag, Weinheim und Basel 1995

Texte/Gegenstände

Intentionen

5.1 Mit Diskussionen Entscheidungen vorbereiten

S. 75 **Handball oder Fußball?**

1 Die Frage eröffnet eine Diskussion über die Redestrategien aller Beteiligten. Die Schüler haben ihr Ziel nicht erreicht, obwohl sie eine Reihe von Argumenten vorgebracht haben. Immerhin haben sie den Lehrer veranlasst, seine Position zu begründen. Überzeugt worden sind sie sicherlich nicht; am Ende gibt die Rollenmacht des Lehrers den Ausschlag. Dennoch bezeichnen Schülerinnen und Schüler solche Durchsetzungsversuche wohl nicht als „unsinnig".

2 a) Mögliches Tafelbild:

	Schüler	*Lehrer*
Argumente (Begründungen)	*Das macht doch gar keinen Spaß. (Z. 9 f.)*	*... wir haben vor einem Jahr schon mal Fußball gespielt. (Z. 11 ff.)* *... in meinem Lehrplan steht genau, was wir wie oft und wie lange machen dürfen. (Z. 17 ff.)*
andere Verfahren der sprachlichen Beeinflussung	*Unterstellung einer Ausrede: Das würde ich an Ihrer Stelle auch sagen. Hauptsache, Sie sind nicht schuld! (Z. 20)*	*Versprechen / Vertrösten: ... in den darauf folgenden Stunden dürft ihr euch aussuchen, was ihr machen wollt. (Z. 24 f.)*
	Entlarven und Zurückweisen einer Beeinflussungsstrategie: Sie wollen uns ja nur vertrösten. (Z. 26)	*Verweis auf die Rollenmacht: Noch bin ich der Lehrer und bestimme, was gemacht wird. (Z. 28)*
	Drohung: Entweder spielen wir jetzt Fußball oder wir streiken. (Z. 27)	*Drohung: Wenn ihr nicht sofort still seid ..., bekommt ihr eine dreiseitige Sonderaufgabe. (Z. 33 f.)*

Alternative Vorgehensweise:

1 Während der Text vorgetragen wird, suchst du dir eine Figur aus, mit der du dich näher beschäftigen möchtest.

2 Lies das Gespräch dann aus der Sicht dieser Figur noch einmal durch.

3 Notiere an drei Stellen in einer Denkblase, was der Figur durch den Kopf gehen könnte. Die Denkblase soll etwas ausführlicher sein, als es in Comics üblich ist.

4 Lest anschließend den Dialog noch einmal vor. Wer eine Denkblase geschrieben hat, hebt an der entsprechenden Stelle den Arm, unterbricht damit den Dialog und liest seine Denkblase vor.

5 Nutzt die Denkblasen, um den Beeinflussungstricks von Lehrer und Schülern auf die Schliche zu kommen.

Anregungen zur Weiterarbeit:
Falls mit den Schülerinnen und Schülern – evtl. im Hinblick auf eine Klassenarbeit (s. S. 81) – schriftliche Analyseformen erarbeitet werden sollen, kann der folgende Text zur Verfügung gestellt werden:

In diesem Dialog geht es um eine Klasse, die mit ihrem Lehrer darüber diskutiert, welches Spiel sie machen kann. Der Lehrer möchte, dass die Kinder Fußball spielen, die Schüler aber sprechen sich für Handball aus.
In der heftigen Diskussion zwischen Lehrer und Schülern werden sehr viele Verfahren der sprachlichen Beeinflussung angewendet. Am Anfang der Diskussion versucht der Lehrer, die Kinder zum Fußballspielen zu überreden, indem er ein Argument anführt: „ ... Wir haben vor einem Jahr schon mal Fußball gespielt, das können wir nicht noch mal machen." Der Lehrer versucht so wahrscheinlich, die Einsichten seiner Schüler herauszuarbeiten. Als er aber merkt, dass die Klasse darauf nicht reagiert, sagt er: „... In meinem Lehrplan steht, was wir wie oft und wie lange machen dürfen, und Handball ist jetzt nicht an der Reihe." Dieses Verfahren der sprachlichen Beeinflussung nennt man ‚auf Normen verweisen'.
Doch auch das überzeugt die Schüler nicht und sie verweisen auf andere, indem sie sagen: „Die anderen Siebener-Klassen machen nämlich auch keinen Handball." Daraufhin versucht der Lehrer seine Schüler zu vertrösten. Er sagt: „Wenn wir diese und die nächste Stunde Fußball spielen, habt ihr es hinter euch." Weiterhin kündigt er eine Belohnung an: „Und in den darauf folgenden Stunden dürft ihr euch aussuchen, was ihr machen wollt. Meinetwegen auch Fußball." Aber auch so schafft der Lehrer es nicht, seine Schüler zu überreden.
Also greift er zu härteren Methoden des Überredens, die ich gar nicht gut finde, aber im Falle des Lehrers zu akzeptieren sind. Denn auf etwas anderes hören die Kinder nicht. Er wertet sich zum Beispiel selbst auf und diskriminiert seine Schüler (siehe Ende des Dialoges). Ganz zum Schluss droht der Lehrer den Schülern: „Wenn ihr nicht sofort still seid und Handball spielt, bekommt ihr eine dreiseitige Sonderaufgabe." Hier wird der Lehrer zum Dauerredner und behält die Situationskontrolle.

(Dieser Aufsatz wurde von einer Schülerin der Klasse 7 geschrieben.)

1 Wie hat die Schülerin ihren Aufsatz aufgebaut?

2 Welche Funktion haben die ersten Sätze?

3 Welche Verfahren der sprachlichen Beeinflussung werden in dem Aufsatz erwähnt? Übertrage die Liste in dein Heft und setze sie fort.

Verfahren der sprachlichen Beeinflussung	
überzeugen	überreden
argumentieren	auf andere verweisen

Weiterführende Gesprächsanregung:

1 Welche Verfahren der sprachlichen Beeinflussung, die ihr in euren Listen findet, würden eurer Meinung nach eine Freundschaft zwischen Jugendlichen gefährden?

2 b) Nicht widerlegt werden kann vermutlich das Argument „… wir haben vor einem Jahr schon mal Fußball gespielt". Die Schüler führen das Beispiel der anderen Siebener-Klassen an, um ihre Argumentationsstrategie zu stützen (s. Z. 21 ff.).

3 Die Argumente sollten an der Tafel oder auf andere Weise festgehalten werden, damit sie im Rollenspiel jederzeit verfügbar sind.

4 Alternative Vorgehensweise:
Falls Formen der schriftlichen Analyse stärker in die Arbeit einbezogen werden sollen, kann das folgende Vorgehen gewählt werden.

1 Lest den folgenden Aufsatz, der von Gleichaltrigen geschrieben worden ist, aufmerksam durch.

In der Diskussion treten die Geschwister Karin (13) und Klaus (14) mit ihren Eltern auf. Die Geschwister möchten am Wochenende lieber zu Hause bleiben als ihre Großeltern besuchen. Die Eltern äußern in dem Gespräch jedoch den Wunsch, dass die Kinder mit ihnen zu Opa und Oma fahren sollten.
Die Kinder haben im Großen und Ganzen die Situationskontrolle. In der Diskussion kann man verschiedene Formen sprachlicher Beeinflussung finden. Zum Beispiel versucht die Mutter, die Kinder zu überzeugen. Sie argumentiert: „Wir waren schon so lange nicht mehr dort." Karin argumentiert so: „Am Montag schreibe ich eine Mathearbeit, da muss ich üben." Anschließend verweist die Mutter auf Normen („Jugendliche in eurem Alter kann man noch nicht allein lassen."), kündigt eine Belohnung an und appelliert an ihre Kinder, indem sie erklärt: „Ihr seid doch sonst immer so gerne mitgefahren. Seid doch vernünftig!" Der Vater verzichtet auf Argumente und versucht die Situationskontrolle zurückzugewinnen, indem er auf seine Autorität verweist und anfangen will, den Kindern zu drohen.
Klaus verweist auf andere; aber er hat auch Argumente: „Bei Oma ist es mir zu langweilig. Was habt ihr davon, wenn wir mit langen Gesichtern dasitzen?" Schließlich führt Klaus noch das Argument an, dass am Samstag sowieso Vaters Lieblingssendung im Programm stehe. Die Diskussion endet damit, dass die Fahrt zu den Großeltern um zwei Wochen verschoben wird.

2 Verfasst einen Dialog, der zu dieser Untersuchung passt.

3 Vervollständigt eure Liste mit Verfahren sprachlicher Beeinflussungen.

4 Ändert die Figuren so, dass die Eltern die Situationskontrolle gewinnen und ihre Vorstellungen durchsetzen. Spielt die Szene dann erneut vor.

S. 77 Schon wieder aufräumen?

5 Erarbeitung am Overheadprojektor: Eine Folie mit den im Kästchen stehenden Beeinflussungsarten wird aufgelegt. Ein Schüler/eine Schülerin ordnet entsprechend dem Zuruf der Mitschüler/innen die aus weiteren OHP-Folien ausgeschnittenen Sätze den Kategorien zu. Kommentierungen werden handschriftlich dazugeschrieben.

- Belohnungen versprechen
Jürgen, wenn du für mich den Müll runterbringst, steck ich der Marion einen Liebes-brief von dir zu.
Wenn ihr in den nächsten 60 Minuten aufräumt, dann koche ich für alle Creme Cara-mel.
Wenn ihr aufräumt, spendiere ich eine Woche Segeln in Holland.

- drohen
Wenn ihr euch nicht beteiligt, streike ich 7 Tage.
Wenn ich jetzt mit aufräume, schreib ich morgen in der Englischarbeit glatt 'ne Sechs.

- schmeicheln
Ach, Pappilein, du bist doch so stark, du trägst den Müll doch mit dem linken Finger.

- andere herabsetzen
Spülen war immer schon Weibersache.

- sich selbst aufwerten
Ich hab den 3. Preis bei „Jugend forscht" gemacht; ich bin zu schade zum Spülen.
   (Kann auch als Argumentieren oder als ironischer Gag gedeutet werden.)

- auf die eigene Autorität verweisen
Irgendwann muss jede Diskussion ein Ende haben. Und jetzt spreche ich das Macht-wort: Die beiden Kinder räumen heute auf.

- (verdeckt) an das Mitgefühl der anderen appellieren
Ich bekomm vom Aufräumen immer Pickel, dann machen alle einen Bogen um mich.
(Wenn die Aussage ernst gemeint ist, dann handelt es sich um a) appellieren, b) argu-mentieren, c) auf andere verweisen.)
Evtl. ist es nur ein ironischer Spaß, um dem Gespräch den Ernst zu nehmen. Durch Ton-fallproben ermitteln lassen, ob der Satz nach Meinung der Schüler/innen ironisch ge-meint ist.

- seine Meinung begründen (argumentieren)
Jürgen, du machst die meiste Unordnung, da musst du auch mit anpacken.
(Wenn die Aussage, Jürgen mache die meiste Unordnung, nicht stimmt, dann handelt es sich bei dem Satz um eine Herabsetzung.)
Wenn ich euren Dreck wegmache, bekomm ich zum Dank auch noch eure Verachtung.
Ich räume gerne auf, aber nur auf meine Art und wenn es mich von innen drängt. Das lehnt ihr ab, weil ihr nur eure Art von Ordnung anerkennt. Dann eben ohne mich.

6 Wenn jede Schülerin/jeder Schüler die Seite fotokopiert erhält, dann können die Sätze ausgeschnitten werden. Die Schüler/innen sollten auf die (vorhandenen) Sätze dialogisch reagieren, die sie besonders reizen. Außerdem können sie Argumente oder Beeinflus-sungsbeiträge einbringen, die sie für typisch halten. Ins Hausheft können dann die vorhan-denen, um die Erweiterungen handschriftlich ergänzten Sätze eingeklebt werden.

7 Das im Schülerbuch präsentierte Gesprächsverhalten bringt den Schülerinnen und Schü-lern evtl. zu wenig Klärung in der Sache: „Wie soll in einer Familie sachgerecht und perso-nenorientiert Ordnung gehalten werden?".
Wenn kein Standpunkt überzeugt, können die Schüler/innen in selbst gewählten Gruppen „10 Spielregeln fürs Aufräumen" entwickeln, die sie als Hausaufgabe in ihren Familien zur Diskussion stellen.

S. 78 Schwierige Entscheidungen

1 Weitere Situationen könnten sein:
- **Mut der anderen Art:**
  Einige wollen, dass die Neue in der Klasse links liegen gelassen wird. Ein Mädchen jedoch will sie normal behandeln, weil sie die neue Mitschülerin nett findet.
- **Eigene Wege:**
  Stefans Mutter ist gekränkt, weil Stefan sie bei Einkäufen in der Stadt neuerdings nicht mehr begleiten will. Stefans Vater kommt hinzu.
- **Arbeitstermin:**
  Drei Schüler/innen wollen eine Deutscharbeit unbedingt auf die nächste Woche verschieben. Der Lehrer/die Lehrerin will an dem ursprünglich vereinbarten Termin festhalten.

5.2 Tiere in der Werbung:
Ein strittiges Thema erschließen und diskutieren

S. 79 *T. Rasmussen:* Die Qualen der Stars: TV-Tiere im Quotenkampf

S. 80 *Harald D. Martenstein:* Die dressierte Versuchung – Tiere in der Werbung

Auf vier Seiten (S. 79–82) erhalten die Schülerinnen und Schüler in Text und Bild vielschichtige Informationen. Sie sollen das Material – am besten als Hausaufgabe – gründlich studieren. Dabei sollen sie sich eine erste Technik der Informationsspeicherung aneignen (s. u.).

S. 83 Methoden-Speicher: Informationen aufbereiten

Es ist sinnvoll, die angebotenen Methoden nicht alle gleichzeitig anzuwenden, sondern zunächst ein Verfahren exemplarisch einzuüben. Zusammen mit der Hausaufgabe, die Texte und Bilder auf Seite 79 bis 82 gründlich zu studieren, kann das Info-Cluster auf Seite 84 in Auftrag gegeben werden. Die Schülerinnen und Schüler verschaffen sich so einen ersten detaillierten Überblick und bekommen eine visuelle Stütze für ihre gedankliche Verarbeitung des Stoffgebietes.

Im Unterricht können dann anschließend Zitatesammlung und Beispielsammlung (S. 83) gründlich erarbeitet werden. Der Zweck einer Verarbeitung des Materials auf Kärtchen ist den Schülerinnen und Schülern leicht plausibel zu machen, wenn ihnen erklärt wird, dass sie anschließend in einer Debatte oder einer Fishbowl-Diskussion auftreten sollen und laufend Fakten benötigen.

Das Verfahren „W-Fragen beantworten" kann zum Abschluss genutzt werden, um – nach dem Info-Cluster – einen zweiten Gesamtüberblick über einen Sachbereich herzustellen.

3 Zum ersten Teil des Textes auf Seite 79 könnten folgende Kärtchen verfasst werden:

Wer?   *Tiere*

Was?   *werden in Fernsehstudios mitgenommen*

Wie?   *in Begleitung von Prominenten*

Warum?   *um Zuschauer zu beeindrucken (Quotenkampf)*

Welche Folgen? *körperliche Schäden durch Überhitzung, Tod*

4 Eingetragen werden könnten z. B. folgende Aspekte:
- Wie werden Menschen durch Tiere in der Werbung manipuliert?

  Putzige Tiere locken sie an.
- Was hat das Tier davon?
  - *Es wird in TV-Studios auf interessante Weise beschäftigt.*
  - *Durch Fernsehauftritte werden Tierarten beliebt und in der freien Natur vom Menschen besser behandelt.*
- Was hat der Besitzer davon?
  - *Mit dressierten, fernsehreifen Tieren lässt sich viel Geld verdienen.*
- Welchen Gefahren wird das Tier ausgesetzt?
  - *Der TV-Einsatz ist artfremd.*
  - *Studios sind für viele Tiere zu heiß und zu hektisch.*
  - *Der Transport der Tiere in die Studios mit Lieferwagen ist gefährlich.*
  - *Viele Tiere werden in der Dressur bestraft und gequält.*
  - *Viele Menschen lassen sich zum Kauf von Tieren verleiten und kommen mit ihnen nicht zurecht.*

Spielregeln: Standpunkte vertreten   S. 85

Ab Klasse 7 nimmt der Einfluss der Peergroups (Gleichaltrigengruppierungen) auch auf das in der Lerngruppe gezeigte Gesprächsverhalten erheblich zu.

Standpunkte werden dann manchmal nach Inhalt, aber auch in dem gezeigten verbalen und nonverbalen Verhalten öffentlich nur noch im Sinne der bei den Meinungsführern und den Gruppenmitgliedern vermuteten Ansichten geäußert.

Der Appell, sich vernünftig und argumentierend auszudrücken, hilft oft nicht weiter. Die im Schülerbuch vorgeschlagenen Gesprächsabläufe in einem geregelten Spielrahmen können neu motivieren, differenzierteres Denken auch mündlich vorzutragen.

Die durch die Zeitfestlegungen und die Ritualisierungen mitgelieferten Grenzen bringen notwendige Beschränkungen, durch welche die Lebendigkeit im Binnenprozess erst herausgefordert und ein vom Druck des individuellen Bekennens entlastetes spielerisch-sportliches Agieren ermöglicht wird.

Je nach Situation kann es förderlich sein, über Mitschnitte auf Kassettenrekorder oder mit Hilfe des Berichts von zwei Schülerinnen/Schülern, die als Spiegel die Abläufe kritisch beobachtet haben, Metakommunikation über das Unterrichtsverhalten zum gleichrangigen Thema des Deutschunterrichts zu machen. Siehe dazu die Anregung S. 84, Aufgabe 4.

S. 85 | **Debatte**

In siebten Klassen wird die Lehrerin/der Lehrer sich je nach tatsächlicher Autorität der Klassensprecherin/des Klassensprechers oder anderer Schüler/innen die rein formale Leitung der Debatte selbst vorbehalten müssen, bis in der Lerngruppe ein breiteres Interesse entsteht, auch diese Herausforderung aus dem Schülerkreis zu bewältigen.

S. 86 | **Fischbowl-Diskussion**

Bei diesem Verfahren sollte die Lehrerin/der Lehrer auch in ungeübten Lerngruppen höchste Geduld und Zurückhaltung bewahren, selbst wenn das Gespräch zunächst etwas zäh anläuft. Die weitgehend durch die Sitzpositionen und die beiden unbesetzten Stühle aufgebauten räumlich erlebbaren Rollenverteilungen führen in der Regel zu starken individuellen Herausforderungen, die durch Lehrerermutigung nicht unterstützt werden müssen. Voraussetzung: Das Thema muss den Schülerinnen und Schülern klärungsbedürftig erscheinen und strittig sein.

4 Zusätzliche stützende Hausarbeit:
Wenn zu befürchten ist, dass den Schülerinnen und Schülern sehr schnell die Argumente und kontroversen Standpunkte ausgehen, dann kann – gezielt auf das Streitthema abgestimmt – das mündliche oder fernmündliche Interviewen je eines wichtigen und leicht erreichbaren Meinungsvertreters (Lehrer, Eltern, Amtsträger, Sprecher, kommerziell Interessierte, Engagierte, Betroffene usw.) durch jede Schülerin/jeden Schüler als Hausaufgabe der Debatte oder der Fischbowl-Diskussion vorangestellt werden. Das Ergebnis wird nicht abgefragt, sondern geht in die spielerischen Auseinandersetzungen mit ein.

5.3 Besondere Diskussionsformen einüben

Talkshow, Expertenpodium und Kreuzverhör erzeugen eine Theatersituation (Aufteilung der Lerngruppe in Darstellergruppe und Zuschauer), die durch kleine und nicht aufwendige Requisiten und die Raumgestaltung unterstützt werden sollte.
Die Rollenträger können durch leichtes Schminken, ein typisches Requisit, ein charakterisierendes Kleidungsstück aus der schulischen Alltagssituation herausgehoben und in ihrem extrovertierteren Auftreten unterstützt werden.
Bei der **Talkshow** können TV-Realitätselemente eingebaut werden, z. B. dass die Studiogäste durch von der Senderegie hochgehaltene Schilder („Beifall", „Lachen", „Entsetzt stöhnen") zu bestimmten Reaktionen herausgefordert werden.
Das **Expertenpodium** kann durch das Wasserglas für die Teilnehmer, Mikrofone, aber auch durch typische Expertenkleidung und Expertengestik oder eine für den Klassenraum ungewöhnliche Bestuhlung oder ein Hintergrundtransparent charakterisiert sein.
Für das **Kreuzverhör** sollten erhöhte Sitzplätze für die Richter und Schöffen eingerichtet werden, die Angeklagten auf einen Platz festgelegt sein, der sie allen Blicken ausliefert usw. Den zuschauenden Schülerinnen und Schülern sollte genau bekannt sein, ob sie einfach nur als Mitschüler zusehen oder aus einer Zuschauerrolle, wie z. B. Besucher/in im Gerichtssaal, in einer Fernsehshow, bei einer öffentlichen Talkshow.

Lernerfolgskontrolle/Themen für Klassenarbeiten

Vorschlag 1

1 Schreibe den Anfang eines Dialogs zu einem der folgenden Themen. (Du musst das Gespräch nicht zu einem Ende führen.) Analysiere deinen Dialog dann in einem kurzen Aufsatz.

Zu möglichen Themen siehe S. 74. Dort haben die Schüler/innen evtl. eine ganze Reihe zusätzlicher Themen gefunden.

Vorschlag 2

Kerstin Kohten: Eine alltägliche Szene?

Drei Jungen in einer Klasse haben immer wieder ihren Spaß daran, einen vierten mit ihren Sticheleien fertig zu machen. Ein fünfter Junge findet das nicht gut.

STEFAN: Thomas, hör' auf, den Müll durch die Klasse zu werfen!

MARC: Genau, Thomas, du bist immer ein ganz schlimmer Störenfried.

LEHRER: Thomas, wenn du nicht sofort aufhörst, bekommst du eine Sonderaufgabe. Die anderen können sich doch auch benehmen.

THOMAS: Ich war das nicht. Das waren die anderen!

LEHRER: Ich bin bisher mit jedem fertig geworden, auch mit solchen Lügnern wie dir. Wenn du in den nächsten zehn Minuten nicht ruhig bist, bekommst du einen Brief an die Eltern. 15

KLAUS: Thomas hat wirklich nichts gemacht. Die anderen wollen ihn nur fertig machen. *(Zu Stefan gewandt:)* Ich finde das nicht nett von dir. Du solltest dich einmal in seine Rolle versetzen, dann würdest 20 du auch nicht mehr lachen.

STEFAN: *(hält ein Gummibärchen hoch, arroganter Gesichtsausdruck)* Ach Thomas, morgen wird bestimmt alles besser. Du bist doch sonst nicht so eine Heulsuse. 25 Wenn du nicht weinst, bekommst du auch eine Belohnung.

LEHRER: Es ist genug. Hört auf, Thomas zu ärgern. Wir haben noch etwas anderes zu besprechen. Stefan, Du hast dich gestern 30 mit Marc geprügelt. Das verstößt gegen die Hausordnung.

(Dieser Dialog wurde von einer Schülerin der Klasse 7 geschrieben.)

1 Schreibe einen kleinen Aufsatz über diesen Dialog. Setze dich darin u. a. mit den folgenden Fragen auseinander:

a) Wie ist das Verhältnis von Stefan, Marc und Thomas in dieser Szene?

b) Warum fällt es dem Lehrer so schwer, die Situation zu verstehen?

c) Wie versuchen die Beteiligten sich zu beeinflussen? Betrachte besonders Stefan, Klaus und den Lehrer.

6 Sprachspiele

Konzeption des Gesamtkapitels

Die Sequenz „Sprachspiele" setzt bei der zu erwartenden hohen Motivation der Schülerinnen und Schüler an, um diese für Sprachreflexions- und Gestaltungsprozesse zu nutzen. Im ersten Teilkapitel steht der Witz als „kurzer, selbstständiger, fiktionaler, komisch pointierter Prosatext" (Köhler, S. 267) im Mittelpunkt. Im zweiten Teilkapitel dominieren Sprachspiele (vor allem aus dem Bereich der Konkreten Poesie), sodass Inhalte der Jahrgangsstufe 5 wieder aufgegriffen werden. Das dritte Teilkapitel thematisiert die szenische Darstellung komischer Situationen und Texte.

Das erste Teilkapitel (**„Kennt ihr *den*? – Sprachwitze"**) ist dem Lernbereich „Reflexion über Sprache" zugeordnet und behandelt im Wesentlichen zwei Fragen: Warum lachen wir? und: Worüber lachen wir? Nach einem offenen Einstieg wird spielerisch mit einem Erzählwettbewerb („Witzparade") begonnen. Dieser gibt allen, auch den schwächeren Schülerinnen und Schülern die Gelegenheit, sich anders, als sie es gewohnt sind, in den Deutschunterricht einzubringen. Gleichzeitig ist die „Witzparade" als Sammlungsphase für später benötigtes Sprachmaterial zu verstehen. Nachdem die Wortfamilie „Witz" erarbeitet worden ist, wird der Lernprozess auf das Phänomen „Pointe" gerichtet. Sie „bildet den markanten Schlussstein des Witzes, ohne sie ist die Textsorte nicht existent" (Lixfeld, S. 52). In einem weiteren Schritt soll über Visualisierungen und bei bewusster Verengung auf Sprachwitze eine erste Klassifizierung vorgenommen werden. Der Begriff „Homonyme" kann an dieser Stelle erarbeitet werden.

Im zweiten Teilkapitel (**„Mit Sprache experimentieren – mehr als Wortspiele"**) ist der Lernbereich „Schreiben" dominant. Dieses Teilkapitel bietet komplexere Texte aus dem Bereich der Konkreten Poesie. Zum einen können hier zentrale Zusammenhänge zwischen Form und Inhalt auf einer spielerisch-kreativen Ebene erfahren werden; zum anderen bieten die Texte die Möglichkeit, grammatische Kategorien (hier: Wortarten) in Funktionszusammenhängen wieder aufzugreifen und zu erproben. Ausgehend von Texten Jandls, Gomringers u. a. können die Schülerinnen und Schüler (am Computer) analoge Texte produzieren und so die Möglichkeiten moderner Textverarbeitung kreativ nutzen.

Das dritte Teilkapitel (**„Szenen mit Witz"**) vertieft die gewonnenen Einsichten und nutzt die Dialogstruktur vieler Witze zur szenischen Gestaltung (Lernbereich „Sprechen"). Die Schüler/innen haben die Möglichkeit, ihre Fähigkeiten in diesem Bereich zu vertiefen. Gerade der pointierte Vortrag sprachlich witziger Texte sowie das szenische Spiel komischer Situationen stellen eine besonders reizvolle Herausforderung dar. Die Unterrichtsreihe könnte dann – als kleines Projekt verstanden – in einem szenischen Abend münden.

Literaturhinweise

Hannsjost Lixfeld (Hg.): Witz. Reclam, Stuttgart 1993

Peter Köhler (Hg.): Das Witzbuch. Reclam, Stuttgart 1994

Eugen Gomringer (Hg.): Konkrete Poesie. Deutschsprachige Autoren. Reclam, Stuttgart 1991

Wolfgang Preisendanz: Über den Witz. Konstanz 1970

Rainer Weller (Hg.): Sprachspiele. Reclam, Stuttgart 1991

Texte/Gegenstände

Intentionen

- komische und tragische Alltagssituationen als Quelle für Witze erkennen
- anlässlich eines Erzählwettbewerbs das spannende und pointierte Vortragen von Witzen üben
- die Wortfamilie „Witz" erarbeiten
- Witze über Minderheiten nach ethisch-moralischen Kriterien kritisch befragen
- den Begriff der Pointe kennen lernen
- ihre Funktion theoretisch erkennen
- ein Schaubild auf andere Witze übertragen
- Witze in Bilder übertragen
- Situationskomik von Sprachwitz unterscheiden
- komische Situationen zu Witzen verdichten
- auswendig einen gelesenen Witz aufschreiben und die notwendigen Schlüsselwörter suchen
- die Bedeutung von „komisch" ausdifferenzieren
- die Funktionsweise von Sprachwitzen am Beispiel von Homonymen erkennen
- von Homonymen ausgehend Witze verfassen

- das Spiel mit Wortarten und -bedeutungen erkennen
- anhand der Texte den Begriff „Konkrete Poesie" inhaltlich füllen
- vergleichend wesentliche Gestaltungsprinzipien erkennen
- analoge Texte (am Computer) erstellen
- Form-Inhalt-Relationen beschreiben
- den Höss-Text als Analogietext verstehen
- grammatische Kategorien (Satzglieder) zum Textverstehen heranziehen
- mit Umstellproben Bedeutungsveränderungen erkennen

- einen Text mit verteilten Rollen darstellend lesen
- einen Witz rekonstruieren
- eine Szene fortführen
- aus mehreren Sprachwitzen eine Szene gestalten
- einen längeren Witz als Szene spielen

6.1 Kennt ihr *den*? – Sprachwitze

S. 89 | **Die Witzparade**

1. Diese Aufgabe lässt sich auch direkt als Gruppenarbeit mit der Aufgabe 2 auf Seite 90 verbinden.

2. a/b) Mögliche Ergänzung: Überarbeitet die Texte eures Nachbarn. Achtet besonders auf die Zeichensetzung bei wörtlicher Rede. Da fast alle Witze mit Dialogen arbeiten, ließe sich bei der schriftlichen Fixierung eine Wiederholung der Zeichensetzungsregeln aus Klasse 6 beim Gebrauch der wörtlichen Rede anschließen. Siehe Register S. 292.

   c) Als vorbereitende Hausaufgabe sinnvoll.
   Mögliche Differenzierung: Ein Teil der Klasse bereitet das Erzählen vor, der andere entwickelt Beobachtungskriterien für eine Jury. Ein solcher Bewertungbogen könnte so aussehen:

Bewertungsbogen „Witzparade"				Klasse 7
Jury: ...				
Name	Artikulation deutlich – undeutlich	Erzähltempo variiert – langweilig	Betonung angemessen?	Pointe

3. a/b) Nach Preisendanz lässt sich „Witz als geistige Veranlagung (jemand hat viel Witz) vom Witz als sprachlichem Gebilde (jemand kennt eine Menge Witze)" (S. 7) unterscheiden. Im Mittelalter hieß *diu wizze* Wissen, Verstand, Denkkraft, Klugheit, wie in Formulierungen wie „Mutterwitz" oder „Witz haben" auch heute noch zum Ausdruck kommt. Seit dem 17. Jahrhundert nähert sich die Bedeutung dem französischen *esprit* im Sinne von Schlagfertigkeit. Erst im 19. Jahrhundert wird der Ausdruck Witz als spezifische sprachliche Form des Komischen meist im Sinne von Scherz verwendet.

4/5 a) Die Arbeitsanregungen zielen auf Witze über Minderheiten und Gebrechen anderer. Die moralische Frage, ob Witze auf Kosten anderer zulässig sind, ist heikel. Psychoanalytische und soziologische Modelle bieten mehrere Erklärungsvarianten: „Soziokulturelle Bedingungen" determinieren die „individuellen Empfänglichkeiten" – jede Zeit hat ihre Minderheiten, über die Witze gemacht werden. Derartige Witze grenzen gesellschaftliche Gruppen, z. B. psychisch Kranke, aus, stellen aber auch eine Gelegenheit zur „Angstbewältigung" dar, bieten also letztlich eine Perspektive im Sinne einer Ich-Stärkung.

   b) Hier lässt sich der diskriminierende Charakter vieler Witze im sozialen Kontext erarbeiten.

Warum wir lachen

1. Jeder Witz verschlüsselt zunächst einen Zusammenhang, den die Pointe aufdeckt. Die so hervorgerufene Spannung entlädt sich in der Pointe. Die meisten Witze folgen einem **Dreischritt**, bestehend aus Einleitung, Überleitung und Pointe. Weiterleitende Stichwörter markieren die drei Abschnitte:
„Einleitend-unbestimmt" (hier: „Sportler"), „überleitend-konkretisierend" (hier: „40 Grad") und „aufgreifend-kulminierend" (hier: „Weltrekord"). (Siehe hierzu Lixfeld, S. 48–51.)
Um der Dramatik des mündlichen Erzählens (Witz als kleine Anekdote) stärker zu entsprechen, bietet sich auch folgende Visualisierung (im Sinne einer Analogie) an, wobei die erste und zweite Stufe fließend ineinander übergehen können:

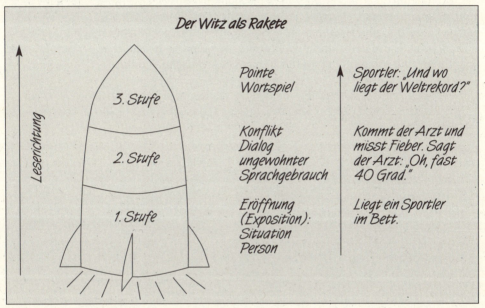

Der Witz als Rakete

3. Stufe	Pointe Wortspiel — Sportler: „Und wo liegt der Weltrekord?"
2. Stufe	Konflikt Dialog ungewohnter Sprachgebrauch — Kommt der Arzt und misst Fieber. Sagt der Arzt: „Oh, fast 40 Grad."
1. Stufe	Eröffnung (Exposition): Situation Person — Liegt ein Sportler im Bett.

Leserichtung

2. a/b) Z. B.: – Einleitung: „mit einem Besen kehren"
– Überleitung: „Universität"
– Pointe: „Ich zeige es Ihnen"
Problematisch wird die Phasierung nur beim Fritzchen-Witz auf Seite 90, da hier auf semantischer Ebene mit einer unerwarteten Opposition (werfen versus legen) gespielt wird. Die Schüler/innen werden hier aller Voraussicht nach keine Überleitung finden. Es bietet sich eine Erweiterung des Witzes etwa wie folgt an: Fritzchen überlegt, wie er sich aus der Affäre ziehen könnte, oder Fritzchen überlegt, wie er die Frage der Lehrerin missverstehen kann. Diese Überleitungen ergänzen wir automatisch, da wir die Witzfigur „Fritzchen" als kulturellen Topos kennen.

3. Die Witze eignen sich zur Visualisierung, da die Pointe stark situativ orientiert ist. (Siehe auch die Cartoons auf Seite 92.)

4. a/b) Die **Definition** könnte etwa folgendermaßen lauten:
Bei manchen Witzen lachen wir, weil die Figuren in bestimmten Situationen anders handeln, als wir es erwarten. Andere Witze benutzen Gebrechen anderer Menschen oder besonders missliche Umstände, um uns zum Lachen zu bringen.

5 Die Lösung dieser Aufgabe fällt Schülerinnen und Schülern nicht unbedingt leicht und sollte deshalb in einem zweiten Schritt schriftlich erfolgen.
Methodische Varianten:
a) Die Schüler/innen überarbeiten den Text eines/einer Nachbarn/in.
b) Die Klasse einigt sich auf drei oder vier erzählte Situationen, von denen sich alle eine aussuchen und diese schriftlich formulieren. Anschließend können die Ergebnisse verglichen werden.

S. 93   Mit Bedeutungen spielen

Es geht hier um die Erarbeitung von Homonymen (von griech. hómos = gemeinsam, gleich und ónyma = Name, Wort). Die unterschiedliche Bedeutung kann ihre Wurzel darin haben, dass die gleich lautenden Wörter einen unterschiedlichen etymologischen Ursprung besitzen (diachronische Sicht) oder aber dass sie bei gleicher etymologischer Herkunft in ihrer Bedeutung sehr differieren (synchronische Sicht).

1 a–c) Bei den Witzen müssten von den Schülerinnen und Schülern folgende Worte und Satzteile isoliert werden: komisch; Ausgabe; gesagt–gehabt–gefehlt; nach/zu–schon zu; lange–kurze

2 a) Die Schaubilder könnten folgendermaßen gestaltet sein:

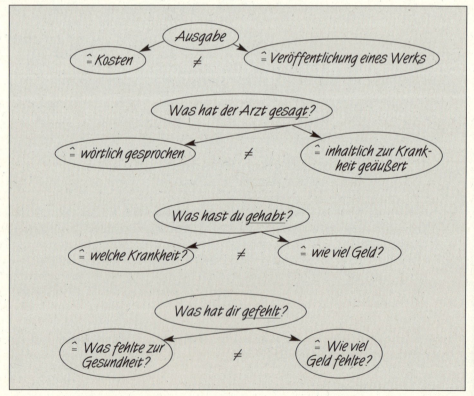

4 a/b) Hier ist ein Rückbezug auf die erste Definition von Witzen (S. 92, Aufgabe 4 b) sinnvoll.

6.2 Mit Sprache experimentieren – mehr als Wortspiele

Elke Erb: die schwarzen weiss redenden/die weissen schwarz redenden	S. 94

1 a) Der Text spielt mit dem Homonym weiß (Farbe – 3. Pers. Sg. von wissen) sowie mit dem metaphorischen Sprachgebrauch in der Redewendung schwarz sehen. Außerdem finden sich zahlreiche Ambivalenzen aufgrund der (fast) vollständig fehlenden Interpunktion: Weiß weiß nichts! oder: Weiß weiß nichts?
Zusätzliche Aufgabe: Schreibt einen Teil des Gedichts ab und setzt dabei sinnvolle Satzzeichen.

b) Die Schüler/innen reflektieren nochmals das Spiel mit dem Homonym weiß als zentralem Stilmittel des Textes.

Christa Reinig: 1 x 1	S. 95
Heinz Gappmayr: weiss/weiss	S. 95
Ernst Jandl: ebbe/flut (1968)	S. 95
Eugen Gomringer: schweigen	S. 95
timm ulrichs: ebbe – flut (1961)	S. 95

3 Siehe hierzu die Definition S. 296.

4 In beiden Texten wird der Gezeitenwechsel grafisch umgesetzt. Der Text von Ulrichs betont darüber hinaus das Ewig-Wiederholende des Naturschauspiels. Im Text von Jandl wird das Sich-Ausdehnen der Wassermassen bei Flut durch die (gleichsam akustisch anschwellende) Verlängerung des Vokals verdeutlicht. Der Text eignet sich deshalb auch zum gestaltenden Vortragen.

Eugen Gomringer: 3 variationen zu „kein fehler im system"	S. 96
Dieter Höss: Workshop	S. 96
Ernst Jandl: perfektion	S. 96

6 Der Titel „3 variationen ..." verweist auf ein musikalisches Kompositionsprinzip, bei dem ein Thema in mehreren Spielarten mit jeweils eigenem Charakter dargeboten wird. In der ersten Strophe lässt Gromringer ab Vers 2 den ersten Buchstaben des Wortes Fehler durch die Verse laufen, bis der Ausgangsvers im letzten Vers wieder hergestellt ist. In Strophe 2 geschieht ein ähnlicher Vorgang mit dem Buchstaben t, wobei im Schlussvers der Strophe ein neuer syntaktisch korrekter Satz entsteht, dessen letztes Wort (sysem) fehlerhaft ist. Die dritte Strophe bildet völlig neue Sätze oder Satzellipsen, die die ursprüngliche Bedeutungsebene verlassen. Die politische und systemkritische Aussage des Textes kann in dieser Altersstufe kaum erarbeitet werden.
Das Gedicht von Höss visualisiert durch das spielerisch-zufällige Vertauschen von Kon-

sonanten und Vokalen das Phänomen eines gestörten Fernsehbildes. Eine besondere Ironie liegt im Schlussvers, der das Phänomen der „Bildstörung" (= gestörte Informations- übermittlung) als offizielles TV-Programm anzukündigen scheint.

Nachdem sich in den beiden einleitenden Strophen des Textes von Jandl zunächst die Vokale und dann die Konsonanten des Titels („perfektion") der Reihe nach aufbauen, wer- den in der dritten und vierten Strophe die ersten beiden Strophen versweise addiert, und zwar zunächst in der Reihenfolge Konsonanten – Vokale, dann umgekehrt. In den rest- lichen Strophen wandern nun die Vokale der Reihe nach von hinten Richtung Wortanfang, bis sie ihre Position (im Sinne der Perfektion) erreicht haben.

| S. 97 | *Helmut Heißenbüttel*: **Politische Grammatik** |

8 a) Der Text lebt zu Beginn von den offenen grammatischen Zuordnungen: Subjekt und Akkusativ-Objekt scheinen austauschbar. Aufgrund der im Deutschen nicht völlig fest- gelegten Satzgliedstellung kann es zu Verwechslungen kommen. Erst im zweiten Satz enthüllt die Konjunktion aber, dass die Verfolger im ersten Satz als Subjekt verstanden werden müssen.

b) Die Umstellprobe macht deutlich, dass die exponierte Stellung eines Satzgliedes am Satzanfang dessen Rolle als Subjekt nahelegt. So wird die in a) erarbeitete Deutung unterstützt.

c) Im Singular kann es nicht mehr zu Verwechselungen kommen.

6.3 Szenen mit Witz

| S. 98 | *Kurt Tucholsky*: **Ein Ehepaar erzählt einen Witz** |

1 a) Es ist für die Schülerinnen und Schüler sehr schwierig, den Text angemessen zu lesen, vor allem weil sich die beiden Ehepartner ins Wort fallen. Hierzu einige Tipps:
– Es ist hilfreich, den Schülerinnen und Schülern eine Kopie des Textes zu geben, damit sie sich Stichworte markieren können.
– Wenn die letzten Worte eines Sprechers/einer Sprecherin zunehmend langsamer ge- sprochen werden (wie beim Ritardando in der Musik), fällt das pointierte Unterbrechen leichter.

b) Diese Anlässe sind nicht immer explizit, sondern müssen teilweise erschlossen werden: Tabakstreuen (Z. 6 ff.); abfällige Gestik oder Mimik des Mannes (Z. 14); Unterbrechung durch den Mann (Z. 14, 20 ff., 69, 100, 123); Verwirrtheit des Mannes (Z. 24 f.); abfällige Gestik oder Mimik der Frau (Z. 32 f.); abfällige Kommentare der Frau (Z. 38 f.); Diskus- sion der beiden Eheleute (Z. 41–47); Asche auf dem Teppich (Z. 49 f.); Unterbrechung durch die Frau (Z. 55 f., 90); Streit der beiden um den Kern des Witzes (Z. 58–65, 102–110); Klingeln des Telefons/Telefongespräch (Z. 73–78); Mitteilung der Frau über das Telefongespräch (Z. 86–88).

Mit Blick auf das Kommunikationsmodell nach Watzlawick ließe sich anhand des Textes die Unterscheidung zwischen Sach- und Beziehungsebene einführen:

Mögliches Tafelbild:

Woran scheitert die Ehe?			
	Einleitung Z. 1–5	Hauptteil Z. 6–135	Schluss Z. 136–Ende
Sachebene: Erzählen des Witzes	Frau will den Witz erzählen	Störung durch – äußere Einflüsse, z. B. Telefon – Fehler beim Witze-Erzählen	keine äußeren Störungen mehr Ebene jetzt bedeutungslos
Beziehungsebene: Ehe von Walter und Trude	neutral bis harmonisch	Störung durch Aussagen über die Person des anderen: „Meine Frau kann keine Witze erzählen." (Z. 20) „Du verdirbst aber wirklich jeden Witz." (Z. 130)	Angriffe gegen die Person des anderen: „Wenn du vielleicht glaubst, daß es ein Genuß ist, dir zuzuhören ..." (Z. 150 f.) usw.

=> Schwierigkeiten auf der Sachebene => Übertragung auf die Beziehungsebene => Eskalation: Scheitern des Witzes + Scheitern der Ehe

Alternative: Das Tafelbild wird den Schülerinnen und Schülern ohne das zusammenfassende Fazit gegeben.
Aufgabe: Erläutert das Schaubild und erklärt dabei das Scheitern der Ehe.

2 Ein Wanderer verirrt sich im Gebirge, sieht ein Licht, geht darauf zu und kommt zu einer Hütte, in der ein alter Bauer mit seiner jungen und hübschen Bauersfrau lebt. Der Wanderer bittet um ein Nachtquartier. Die Bauern sind arm, haben nur eine Ziege im Stall und eine einzige Konservendose im Kühlschrank, die bis zum nächsten Markttag reichen muss. Trotzdem bietet der Bauer dem Wanderer an, zu dritt in dem einzigen Bett zu schlafen. Gegen Abend gewittert es fürchterlich, der Bauer steht auf, um nach der Ziege zu sehen. Da stupst die junge Frau den Wanderer in die Seite und sagt: „Na, jetzt wäre doch so eine Gelegenheit." Aber der Wanderer bleibt eisern, will die Gutmütigkeit des Bauern nicht ausnutzen. Nach einiger Zeit kommt der Bauer zurück und die drei schlafen wieder ein. Mitten in der Nacht gibt es wiederum ein schreckliches Blitzen und Donnern und wiederum geht der Bauer hinaus, um nach der Ziege zu sehen. Wiederum stupst die junge Frau den Wanderer in die Seite und sagt: „Na, nun wäre doch so eine Gelegenheit ..." Obwohl die Versuchung sehr groß ist, bleibt der Wanderer eisern. Der alte Bauer kommt nach einiger Zeit zurück und die drei schlafen wieder ein.

Kurz vor dem Morgengrauen kommt es erneut zu einem schweren Unwetter, der Bauer steht zum dritten Mal auf, geht hinaus, um nach der Ziege zu sehen, und wieder stupst die junge Frau den Wanderer in die Seite und sagt: „Na, jetzt wäre doch so eine Gelegenheit." Diesmal kann der Wanderer nicht mehr widerstehen, steht auf, geht zum Kühlschrank und öffnet die Konservendose.

S. 100   *Karl Valentin:* **In der Apotheke**

1   a/b) Diese Szene beruht z. T. auf dem Spiel mit Homonymen (fehlen, Z. 12), z. T. auf der Naivität von Valentin, der nicht zu wissen scheint, dass Babys nicht sprechen können oder nicht zeigen können, wo es ihnen weh tut.

2   Der Originalschluss lautet:

LIESL KARLSTADT: Dann kriegt es schon die ersten Zähne.
KARL VALENTIN: Von wem?
LIESL KARLSTADT: Na ja, von der Natur.
5   KARL VALENTIN: Von der Natur, das kann schon sein, da braucht's aber doch net schrein, denn wenn man was kriegt, schreit man doch nicht, dann freut man sich doch. Nein, nein, das Kind ist krank,
10   und meine Frau hat gsagt: Geh in d' Apothekn und hol einen ---?
LIESL KARLSTADT: Kamillentee?
KARL VALENTIN: Nein, zum Trinken ghört's nicht.
15   LIESL KARLSTADT: Vielleicht hat's Würmer, das Kind.
KARL VALENTIN: Nein, nein, die tät man ja sehn.
LIESL KARLSTADT: Nein, ich mein innen.
20   KARL VALENTIN: Ja so, innen, da haben wir noch nicht reingschaut.
LIESL KARLSTADT: Ja, mein lieber Herr, das ist eine schwierige Sache für einen Apotheker, wenn er nicht erfährt, was der
25   Kunde will!

KARL VALENTIN: D' Frau hat gsagt, wenn ich den Namen nicht mehr weiß, dann soll ich an schönen Gruß vom Kind ausrichten, von der Frau vielmehr, und das Kind kann nicht schlafen, weil's immer so unruhig ist.
LIESL KARLSTADT: Unruhig? Da nehmen Sie eben ein Beruhigungsmittel. Am besten vielleicht: Isopropilprophemilbarbitursauresphenildimethildimenthylaminophirazolon.
KARL VALENTIN: Was sagn S'?
LIESL KARLSTADT: Isopropilprophemilbarbitursauresphenildimethildimenthylaminophirazolon.
KARL VALENTIN: Wie heißt des?
LIESL KARLSTADT: Isopropilprophemilbarbitursauresphenildimethildimenthylaminophirazolon.
KARL VALENTIN: Jaaaaa! Des is's! So einfach, und man kann sich's doch nicht merken!

(aus: Alles von Karl Valentin. © Piper Verlag GmbH, München 1978, S. 191–192)

3   Optimal sind hierbei Gruppen zu je vier Schülerinnen/Schülern: Zwei Darsteller, ein Souffleur, ein Regisseur. Man sollte auch Rollenwechsel ausprobieren, um alle zum Spielen anzuhalten. Die Schüler/innen können den Text während des Probens erlernen.

4   a/b) Die Spielorte Restaurant und Arztpraxis eignen sich aus zwei Gründen besonders zur Ausgestaltung einer etwas längeren Szene: Die Schüler/innen kennen aus diesem Bereich erfahrungsgemäß sehr viele Witze. Außerdem ist der Handlungsort leicht anzudeuten, wobei sich insbesondere das Restaurant auch zum Erproben pantomimischen Spiels eignet.

Lernerfolgskontrolle/Themen für Klassenarbeiten

Wie Vögel die Welt sehen

Das Letzte, was eine Fliege jemals sieht

1 a) Beschreibt genau, worin der Witz in den beiden Cartoons besteht.

b) Was ist beiden Cartoons gemeinsam?

2 Überlegt euch weitere komische Darstellungen, die auf einem ungewohnten Wechsel der Perspektive beruhen.

7 Die Handelnden nennen? – Aktiv oder Passiv

Konzeption des Gesamtkapitels

Ausgehend von den Sachthemen Zauberkunststücke, Vorfälle in der Schule und technische Geräte werden thematisch verwandte Texte aus je einem Inhaltsbereich zur Grundlage für Textrezeption, Textproduktion und Reflexion über Sprache gemacht. Die drei Teilbereiche des Faches Deutsch sind somit integriert. Dabei werden die grammatischen Themen Aktiv und Passiv an die zu rezipierenden oder zu produzierenden Textsorten Handlungsbeschreibung oder -bericht sowie Vorgangsbeschreibung angebunden, weil die genannten Phänomene in diesen Textsorten typisch sind. Von der kommunikativen Funktion her verhilft das Passiv zu einer Aussage, in der der Vorgang im Mittelpunkt des Interesses steht, während das Aktiv den Blick auf das handelnde Subjekt richtet.

Die Sachthemen sind für die Schüler/innen motivierend: Diese können selber Kunststückchen ausprobieren bzw. verschiedene Versionen von prekären Vorfällen schreiben und dabei ihre Erfahrungen mit Stör- und Streitfällen einbeziehen.

Das grammatische Phänomen Aktiv – Passiv wird über die Unterscheidung von Handlungs- und Vorgangssätzen induktiv eingeführt. Dabei wird in der Verständigung über Stellen in den vorgelegten sowie von den Schülern/Schülerinnen selbst verfassten Texten der grammatische Begriff wiederverwendet.

Im ersten Teilkapitel (**„Zauberknoten – zwei Perspektiven"**) werden die Aktivitäten beim Zaubern unter zwei Erfahrungsperspektiven und somit grammatischen Ausdrucksformen betrachtet: Zum einen geht es um die Darstellung von Handlungen, die die jungen Zauberer/Zauberinnen ausführen; zum anderen geht es um die Vorgangsbeschreibungen, in denen der immer wiederholbare Ablauf von Zauberkunststückchen fixiert werden kann.

In zweiten Teilkapitel (**„Vorfälle in der Schule – für die Klassenzeitung geschrieben"**) wird der Blick nun genauer auf die Funktionen des Passivs gerichtet. Das Wesentliche des Passivs, der „täterabgewandte" Blickwinkel, wird spezifischer unterschieden: So entfällt die Angabe des Agens vor allem, wenn es unbekannt ist oder wenn es dem Leser/Hörer vorenthalten werden soll. Dies wird erprobt an Berichten über schulische Vorfälle, für die je nach Situation zu entscheiden ist, ob man die Beteiligten nennen kann und darf.

Im dritten Teilkapitel (**„Geräte im Haushalt und Fantasieapparate – Übungen zum Passiv"**) werden verschiedene Arten von Gebrauchsanleitungen genutzt, um den Komplex „Passiv" in die Passivvarianten zu differenzieren und in alltagstypischen Verwendungsformen anzuwenden und zu üben.

Literaturhinweise

Klaus Brinker: Das Passiv im heutigen Deutsch. Schwann, Düsseldorf 1971

Günther Einecke: Unterrichtsideen integrierter Grammatikunterricht. Textproduktion und Grammatik. 5.–10. Schuljahr. Klett, Stuttgart ⁴1995

Ders.: Unterrichtsideen Textanalyse und Grammatik. Vorschläge für den integrierten Grammatikunterricht. 5.–10. Schuljahr. Klett, Stuttgart ³1995

Wilhelm Köller: Funktionaler Grammatikunterricht. Schroedel, Hannover ²1986

Axel Kress: Redeform Passiv. In: Praxis Deutsch, Nr. 6/1974, S. 23 ff.

Wolf Schneider: Deutsch für Kenner. Hamburg 1987, S. 71 ff.

Texte/Gegenstände

Intentionen

101 **7.1 Zauberknoten –
zwei Perspektiven**

102 Handlungen

104 Vorgänge

105 Was ist wichtiger: Handlung oder
Vorgang?

– bei der schriftlichen Anweisung und anschließenden Vorführung eines Zaubertricks
beobachten, dass zwei Darstellungsperspektiven möglich sind
– daraus die Unterscheidung von Handlungen
und Vorgängen ableiten
– bei weiteren Tricks in den Handlungs- und
Vorgangssätzen die Satzrollen von Aktiv und
Passiv erkennen
– die Formen und Funktionen von Aktiv und
Passiv unterscheiden: agensneutrales Passiv
– operativ: Satzglieder erfragen und den Wechsel von Subjekt zur Agens-Ergänzung und
Akkusativobjekt zu Subjekt beobachten
– Texte umformen: von der Handlungsbeschreibung zur Vorgangsbeschreibung und umgekehrt
– zur Vorführung von Zaubertricks Vorgangsbeschreibungen anfertigen

09 **7.2 Vorfälle in der Schule –
für die Klassenzeitung
geschrieben**

09 Passiv aus Informationsmangel

10 Passiv als Informationsriegel

12 Das Redaktionsteam entscheidet:
Wann nennt man die Handlungsträger?

14 Aktiv und Passiv in verschiedenen Zeitstufen

16 Die „positive Seite" in der Klassenzeitung

– bei der Berichterstattung über Vorfälle für
eine Klassenzeitung in der Simulation problematisieren
– unterscheiden zwischen Informationsmangel
und Informationsriegel
– operativ die Passiv-Aktiv-Probe einsetzen:
herausfinden, wo das Passiv als Informationsriegel benutzt wird
– an weiteren Fällen die Verantwortung der
Berichterstatter im Gebrauch von Aktiv und
Passiv durchspielen
– verschiedene Zeitstufen für Aktiv/Passiv bei
der Berichterstattung erproben
– das Herausstellen der Handlungsträger bei
positiven Leistungen üben

17 **7.3 Geräte im Haushalt und
Fantasieapparate – Übun-
gen zum Passiv**

17 Gebrauchsanleitungen

19 Wie funktioniert denn das?

– die Gebrauchsanleitung für Haushaltsgeräte
als typische Textsorte für den Einsatz des Passivs kennen lernen
– an Gebrauchsanleitungen Formulierungsvari-
anten des Passivs beobachten und erproben
– für fantastische Apparate Vorgangsbeschreibungen anfertigen
– selber Problemlösemaschinen erfinden und in
Gebrauchsanleitungen Aktiv/Passiv üben

7.1 Zauberknoten – zwei Perspektiven

Elemente der Beschreibung und des Berichts sind den Schülerinnen und Schülern aus der Jahrgangsstufe 6 bekannt. Dabei ging es um Genauigkeit, Einsatz der W-Fragen, Wahl des Tempus u. Ä.

Im Folgenden werden semantische Unterschiede wichtiger: Bei der Darstellung von Handlungen sind die handelnden Figuren – die Handlungsträger – von Bedeutung; bei der Darstellung von Vorgängen ist es meist nebensächlich, wer den Vorgang ausführt, wann und wo er ausgeführt wird. Der Vorgang steht generell für alle ähnlichen konkreten Abläufe.

An diese beiden Darstellungsperspektiven anknüpfend soll die Unterscheidung von Aktiv und Passiv eingeübt werden. – Eine Handlungsorientierung des Kapitels besteht darin, dass viele der Zaubertricks auch in der Klasse durchgeführt werden können/sollen. So lässt sich manches auch am „lebenden Objekt" beobachten. Die Hinführung auf die Reflexionsebene wäre dann jeweils so zu leisten, dass die beobachtenden Mitschüler/innen mit den zwei Perspektiven einzuschalten wären: das gerade mitgemachte Spiel als Handlung darstellen – die Trickanleitung als Vorgang darstellen.

S. 101   Die Blitzverknotung

1. a) **Text A:** das Erlebnis, die Hauptfiguren und ihre Aktivitäten
   Text B: die einzelnen Abläufe des Tricks

   b) **Text A:** die Situation, Namen, wörtliche Rede, Tempuswechsel beim spannenden Teil
   Text B: Aufteilung in Zubehör und Einzelschritte sowie allgemeine Hinweise (Zahl der Knoten)

2. In **Text A:** Interesse an den handelnden Personen, in **Text B** sind sie unwichtig

S. 102   Handlungen

1. Verständniskontrolle zu der kategorialen Unterscheidung: A beim Erzählen, Berichten einer (erlebten) Handlung – B bei der Vermittlung, Erklärung des Tricks

2. a) Zur Hinführung auf die Subjektrolle der handelnden Figur im Aktiv werden aus der Darstellungsweise A nun die alltagsnahen Begriffe Handlung, Handlungsträger, Handlungsverb und Handlungssatz eingeführt und wie in der Vorgabe geübt. Dabei wird zunächst die Handlung in der infiniten Form notiert – der Handlungsträger wird isoliert, z. B.: den Vorhang **öffnen** – Claudia/die Musik leiser **stellen** – Sie/…

   b) Zur weiteren Verfolgung der im Handlungssatz wichtigen Satzglieder Subjekt und Objekt werden diese erfragt (Wiederholungsübung, s. Deutschbuch 5, S. 121–123).

3. a) Damit die Aktionsrichtung unter Unterscheidung von Subjekt und Objekt im Handlungssatz deutlich wird, verfolgen die Schüler/innen ein Handlungsschema:
   Subjekt ➛ Prädikat ➛ Objekt (wobei mit Prädikat hier das finite Verb, ggf. + Verbergänzung, gemeint ist),
   z. B.: Fritz ➛ wirft ➛ ein Seil. / …

b) Wirkende Subjekte sind einmal Personen, zum anderen auch Gegenstände …: Fritz, Marla, die Zuschauer – das Seil, die Tricks, das Licht
Als Ergebnis wird die Erläuterung zum Aktiv eingeschaltet (hilfsweise ggf. Hinweis: Aktion, action – Handlung). Sie ist Voraussetzung für das Verständnis von Aufgabe 4. Der Merksatz kann ins Heft abgeschrieben werden; dabei sollten andere Beispiele eingesetzt werden.

4 Die Schüler/innen bilden Sätze im Aktiv; sie stützen sich dabei auf die Bildelemente, die Handlungen/Aktivitäten vermitteln (ggf. in einer ersten Bildauswertung sammeln, ehe in Sätzen ausformuliert wird).

Vorgänge   S. 104

Der befreite Ring   S. 104

1 a) Handelnde Personen sind: die Zuschauer, der Zuschauer, der Zauberer – in einer ad verbialen Bestimmung: von den …, von einem …, vom …

b) Die Zaubermittel (Schnur, Ring …) und die Zauberschritte (untersuchen, verknoten …) stehen im Zentrum. – Zunächst Beobachtung an Beispielen, dann generalisiert: Im Vordergrund steht ein Vorgang, eine Anleitung zur Übung eines Zaubertricks (s. Z. 15).

c) *Die Zauberschnur und der farbige Kunststoffring – der Ring – er.*
Die Sachen/Dinge in der Subjektstelle des Satzes sind nicht selbst aktiv, mit ihnen geschieht etwas:
werden untersucht – wird verknotet – wird vorgezeigt
Der Merktext kann ins Heft abgeschrieben werden; dabei sollten andere Beispiele eingesetzt werden.

Mit Eichler/Bünting ist hier von der **„adverbialen Bestimmung"** die Rede, wenn das Agens im Passivsatz durch einen Präpositionalausdruck mit „von" oder „durch" angegeben wird. „Vom Satzbau her könnte man deshalb auch von einer adverbialen Bestimmung der Art und Weise, des Instruments, der Ursache sprechen." Dies ist – jedenfalls für die Schule – gegenüber z. B. Eisenbergs Konstruktion von einem „fakultativen" präpositionalen Objekt vorzuziehen, da die Schüler/innen zum einen syntaktisch durch die Weglass- und Ergänzungsprobe operational feststellen können, dass dieser Präpositionalausdruck freier nutzbar ist als ein präpositionales Objekt, und da es zum anderen semantisch gerade darum geht, dass er je nach der Absicht eines Autors/einer Autorin frei eingesetzt oder weggelassen werden kann. (Wolfgang Eichler/Karl-Dieter Bünting: Schulgrammatik der deutschen Gegenwartssprache. Schroedel, Hannover 1978, S. 164; ähnlich auch Hans Gerd Rötzer: Auf einen Blick – Grammatik. Buchners, Bamberg 1985, S. 164 f.)

S. 105 Fesseln frei

2 Mit dieser Aufgabe wird schon einmal die semantische Funktion von Aktiv und Passiv festgehalten: Handlungsträger im Vordergrund – Vorgang im Vordergrund

Handlungsträger als Subjekt   *Vorgang wichtiger als Handlungsträger*
(Verbform Aktiv)   *(Verbform Passiv)*

Der Zauberer hat ein Seil   *Die beiden Enden werden von einem*
um den Henkel der Tasse gelegt.   *Zuschauer festgehalten.*
Der Zauberer deckt ein Tuch darüber.   *Dann wird das Tuch abgenommen.*
...   *...*

S. 105 Was ist wichtiger: Handlung oder Vorgang?

Mit der Übersicht werden die Formen und die Funktionen von Aktiv und Passiv auf einen Blick geboten. Die Tabelle kann ins Heft abgeschrieben werden; dabei sollten andere Beispiele eingesetzt werden.

S. 106 Fesseln fallen

1 Die Tabelle kann als Schreibhilfe für die **Umformungsaufgabe** genutzt werden. Man sollte an ein, zwei Sätzen des Textes den Vorgang der Umformung gemeinsam vollziehen und dabei im Rückgriff auf die Übersicht die Form des Passivs sichern: Personalform des Verbs „werden" + Partizip der Vergangenheit des Verbs („...") → (der Zauberer und ein Besucher) werden gefesselt; (zwei Seile) werden benutzt; ...

S. 106 Armknoten

2 Durch **Ausgestaltung** der Handlungskerne entsteht ein Text im Aktiv. – Hilfe für die Schülerinnen und Schüler: Beginnt mit den Personen! – Dazu auch zwei Abschnitte: im ersten gerät ein Zuschauer ins Zentrum, im zweiten der Zauberer. – Am besten macht der Lehrer/die Lehrerin oder ein/e eingeweihte/r Schüler/in mit der Klasse zunächst den Trick bei geschlossenem Buch vor, danach wird das Bild einbezogen und geschrieben, z. B.: „Der Zauberer holt einen Zuschauer auf die Bühne und gibt ihm ein 1 m langes Seil. Der Zuschauer soll einen Knoten in das Seil machen, ohne die Seilenden loszulassen. Er nimmt also mit der rechten Hand das eine Seilende. Dann greift er mit der linken Hand das andere Seilende. Er windet eine Hand um die andere ..."

S. 107 Knoten mit nur einer Hand

4 a) Wiederholung am Text: Aktiv – Passiv; Handlung – Vorgang, etc.

     c) *Aktivsatz*   →   *Passivsatz*
        Objekt   →   *Subjekt*
        Subjekt   →   *adverbiale Bestimmung (von ...)/ möglich*
                                  (s. S. 95 in diesem Handbuch)

5 a/b) Hilfsverb „sein" + Partizip Perfekt eines Verbs ergibt Zustandspassiv, d. h. das Ergebnis eines Vorgangs wird festgehalten; Hilfsverb „werden" + Partizip Perfekt eines Verbs
ergibt Vorgangspassiv, d. h. der Verlauf wird dargestellt. Das Zustandspassiv entsteht
aus einem Passivsatz in der Perfektform unter Auslassung von „worden". So erhält es
eine Präsensbedeutung, z. B.: Die Bühne ist aufgeräumt [worden].

6 Z. B. allgemein gültige Beschreibung im Passiv: Das Seil wird … – adressatenbezogene
Darstellung im Aktiv: Du nimmst … – Ich-Darstellung im Aktiv: Ich nehme …

Knoten, die halten sollen   S. 108

8 Teambildung ggf. am Vortag, sodass mindestens ein/e Schüler/in je Team Kordeln oder
Seile mitbringt. – Übungen mündlich und schriftlich; eine Textsammlung (ggf. mit Zeich-
nungen) kann hergestellt werden: „Knotentechniken".
Literatur z. B.: Clemens Creynfeld u. a.: 44 Knoten. Edition moses, Kempen o. J.

7.2 Vorfälle in der Schule –
für die Klassenzeitung geschrieben

In diesem Teilkapitel wird eine weitere Seite der semantischen Funktion von Aktiv und
Passiv beobachtet: die intentionale Verwendung je nach Informationslage oder Informa-
tionsabsicht.

Passiv aus Informationsmangel   S. 109

1 a) *Adressat*

	Probleme	
	Fall 1 *Täter unbekannt*	*Fall 2* *Täter und Opfer bekannt*
Klassenzeitung	*Sollte man wirklich das Opfer zeigen?*	*Würde der Fotograf Rache zu erwarten haben?*
Klassenlehrer	*Fotograf oder Opfer müssten aussagen. Evtl. kann es keiner mehr.*	*Alle Zuschauer könnten aussagen, wer die Schuld hat – aber oft will keiner! Was hat der Lehrer denn vor?*
Schadensprotokoll	*Dies sieht offizieller aus: ein Versicherungsfall. Aber kein Täter, keine Zeugen etc.?*	*Können die Zuschauer wirklich bezeugen, wer die Kleidung zerrissen hat etc.?*

b) Die Schüler/innen müssten zu den Personen Namen erfinden.

c) Aktiv eher in Fall 2, ggf. Rückgriff auf Seite 102: „Handlungsträger" sind bekannt – Passiv notgedrungen in Fall 1, da Täter nicht zu erkennen

2 a) Täter, Opfer oder Zeugen: entsprechend Fotos, aber mit erfundenen Namen; Opfer in Fall 2 noch unklar, da Kampf ggf. noch nicht entschieden.

b) Wenn Täter unbekannt

3 a) *... wurden ... Kanaldeckel ... entfernt.*   b) *Passiv (ohne adverbiale Bestimmung: von x y, den Tätern)*

Die Täter sollen beobachtet worden sein.   *unkonkreter Sammelbegriff „Täter“ – Passiv – Vermutung (sollen)*

Vermutlich waren es Schüler ...   *„vermutlich“ – unkonkreter Sammelbegriff „Schüler“*

Der Merksatz kann ins Heft abgeschrieben werden, dabei sollte ggf. ein Beispielsatz ergänzt werden.

S. 110   Passiv als Informationsriegel

1 a) Für eine 7. Klasse typisch: neue Lehrer/innen und Lehrerwechsel, Wiederholer, Abwendung der Mädchen von den Jungen der eigenen Klasse – besondere Umstände der 7a: Umverteilung der Klasse, Wanderklasse

b) Schonung ggf. betroffener Mitschüler, die Verursacher oder Anlass von Störungen sind; Beziehungsprobleme oder Ärger durch Systembedingungen ohne eigentliche Verursacher in der Klasse; Vermeidung falscher Anschuldigungen

c) – Vorteile: man schluckt den Ärger nicht hinunter; man stellt die Probleme zur Debatte; man bemüht sich, sie gerecht auszuformulieren, wenn sie veröffentlicht werden ...
– Nachteile: vielleicht werden Kleinigkeiten oder längst vergessene Vorfälle aufgebauscht und fixiert; vielleicht werden Unterstellungen (sogar mit Namen) verbreitet ...

2 a) Vergleich: **– links:**   **– rechts:**
Personen bewusst genannt   verschwiegen
Aktiv   Passiv

b) Die linken Texte geben Namen und weitere Fakten an, aus denen man ggf. auf die Handlungsträger schließen kann; die rechten Texte deuten z. T. nur an; informieren also weniger.

3 a) Es gibt Situationen, in denen man Namen überhaupt nicht nennen will: Opfer von Attacken nicht bloßstellen, Wiederholer nicht verantwortlich machen, Lehrern/Lehrerinnen die Schuld am Lehrerwechsel nicht zuschieben, ...

b) Der Aktiv-Text zu Mark enthält zu viele unbewiesene Behauptungen und Vermutungen – der entsprechende Passiv-Text enthält zu wenig konkrete Angaben – ggf. sind Zeugen zu nennen

c) Passiv im Falle des Diebstahls angebracht: Täter unbekannt – Passiv im Fall Jane und Elke ggf. auch angebracht, da man beide nicht der Lächerlichkeit preisgeben will, evtl. wäre sogar „Jane“ durch „eine Mitschülerin“ zu ersetzen, ... – Generalisierung: Mit Passiv kann man bewusst die Benennung der Verursacher, Täter etc. umgehen.
Der Merksatz kann ins Heft abgeschrieben werden; dabei sollte ggf. ein Beispielsatz ergänzt werden.

4 a) Die Verantwortlichkeit oder Schuld soll z. B. nicht auf eine Person festgelegt werden – der Schuldige ist ein Freund – das Opfer leidet noch – der Täter hat seine Strafe schon bekommen – o. Ä.

Die Passiv-Aktiv-Probe S. 112

5 a) Es fehlt der Handlungsträger (s. S. 104 Merksatz und S. 107, Aufgabe 4).

b) Die Passiv-Aktiv-Probe lässt erkennen, ob die Handlungsträger ungenannt bleiben; dann wäre zu klären, ob es aus Informationsmangel oder als Informationsriegel geschieht.

c) Holger soll nicht verraten werden (Informationsriegel); niemand hat gesehen, wer es war (Informationsmangel).

6 Umwandlung nicht möglich bei Satz 1, 2, 3 und 5.

Das Redaktionsteam entscheidet: Wann nennt man die Handlungsträger? S. 112

Der Klassenbuch-Fall S. 113

1 a) Zu diskutieren wäre: die abgestufte Verantwortung von gering bis stark von Ulrike und Jana – Klaus – Michael und Sonja; ob der Text eher anonym zur Warnung erscheinen soll, d. h. im Passiv, oder im Aktiv als tatsachengetreuer Bericht mit allen Namen oder als Bericht nur mit den Namen der Hauptschuldigen etc.

c) Passiv oder Umschreibung mit allgemeinen Sammelbegriffen (Schüler, Mitschüler …)

d) Konsequenzen – strafrechtliche Information (s. § 267 und 274 StGB):
   – Die Urkundenunterdrückung wäre strafbar, allerdings müssten die Motive erhoben werden; schwierig bei der Weigerung der Beteiligten. Bedingte „Strafmündigkeit": ab 14 Jahren, wenn der Jugendliche „zur Zeit der Tat nach seiner sittlichen und geistigen Entwicklung reif genug war, das Unrecht der Tat einzusehen und nach dieser Einsicht zu handeln" (§ 1 JGG); Milderungen nach dem Jugendstrafrecht
   – In der Schule würde der Fall jedoch eher nicht strafrechtlich, sondern pädagogisch behandelt; dabei könnten die Abstufungen schulischer „Erziehungs- und Ordnungsmaßnahmen" berücksichtigt werden.
   – Die Schüler/innen müssten diskutieren, für wie gravierend sie den Fall nach der Sachinformation ansehen, ob es mehr als ein Streich ist; es gibt Anzeichen, dass es um eine Vertuschung von „schlimmen Eintragungen" ging. Hinzu kommt das Problem der verloren gegangenen Informationen.

Vier Fälle für die Klassenzeitung S. 113

2 Die Schüler/innen könnten für die Fälle Informationen erhalten:
   – Fall 1: schwere Körperverletzung (§ 223/224 StGB), aber auch unterlassene Hilfeleistung (§ 323 c StGB)
   – Fall 2: gemeinschaftliche räuberische Erpressung (§ 253/255 StGB)
   – Fall 3: Sachbeschädigung (§ 303 StGB)
   – Fall 4: ggf. Verstoß gegen die Schulordnung

Zu diskutieren wäre u. a., wie die Schule auf solche Vorfälle reagieren kann, daneben besteht das Recht der Geschädigten auf strafrechtliche Verfolgung.

| S. 114 | **Aktiv und Passiv in verschiedenen Zeitstufen** |

[1] – [3]   Anwendungsübungen an „negativen Fällen": durch Umschreiben und Transponieren in ein anderes Tempus; durch bewusste Wahl von Aktiv oder Passiv

| S. 116 | **Die „positive Seite" in der Klassenzeitung** |

[1] / [2]   Anwendungsübungen zu „positiven Fällen": Im Text „Hilfe für eine ältere Dame – ein Leserbrief" würde der Reparaturvorgang ins Aktiv gesetzt; im Text „Der Hausmeister – aus einem Interview" müsste für den Bericht die Umformung der wörtlichen Rede bedacht werden; in beiden Texten wäre von der Ich- in die Sie-/Er-Form zu wechseln. – Den Aktivitäten in den Bildern würde das Aktiv als Gestaltungsmittel entsprechen; die Situationen im Bild sind eher nur Impuls für schildernde oder erzählende Texte.

7.3 Geräte in Haushalt und Fantasieapparate – Übungen zum Passiv

Die Schüler/innen üben in diesem Teilkapitel z. T. wiederholend: Aktiv – Passiv identifizieren, Vorgangs- und Zustandspassiv, Umformen etc. Varianten des Passivs lernen sie neu kennen.

In Vorgangsbeschreibungen, z. B. Gebrauchsanleitungen, kommen häufig Varianten des Passivs vor. Die kommunikative Funktion der Vermeidung von Handlungsträgern und die Beschränkung auf den allgemeinen, jederzeit und von jedem/jeder ausführbaren Vorgang werden auch so erreicht. – Die Varianten des Passivs können auch eine stilistische Funktion haben: Zum einen helfen sie die Wiederholung der werde-Formen in einem Text vermeiden; zum andern sind einige Varianten traditionell mit bestimmten Textsorten der Vorgangsbeschreibung enger verbunden (s. Infinitiv bei technischen Kurzanleitungen; Sie-Imperativ und Sie-Aussageform meist in Ratgebern).

| S. 117 | **Gebrauchsanleitungen** |

| S. 117 | **Den Staubsauger benutzen** |

[1] a) Im Teil *Inbetriebnahme* ist nur das Passiv verwendet; im Teil *Papierfilterwechsel* gibt es verschiedene Ersatzlösungen, z. B. löst man – lässt sich abnehmen – abziehen, fassen – gehört befördert – lässt sich schieben – nimmt man – legen, drücken – hakt man – wechseln Sie – wieder verwendbar.
Zum Nachweis, dass es sich um **Ersatzformen des Passivs** handelt, können diese Sätze ins Passiv umgeformt werden, z. B.: löst man ➔ wird gelöst … (s. Aufgabe 2 c).

b) Handlungsträger irrelevant, jederzeit und von jedem/jeder ausführbarer Vorgang

c) Diese Aufgabe zeigt ggf., dass die Gebrauchsanleitung, obwohl sie an alle gerichtet ist, meistens die Hausfrauen als Zielgruppe hat. Aufgrund des tradierten Rollenverhaltens beteiligen sich relativ wenige Männer an der Hausarbeit: Putzen und Waschen sind fast völlig den Frauen überlassen, Staubsaugen machen Männer eher mit, Einkaufen und Kochen am meisten.

2 b) Die Schüler/innen sortieren:

man-Form	lassen-Form	Infinitiv-Form
löst man	lässt sich abnehmen	abziehen, fassen,
nimmt man	lässt sich schieben	legen, drücken
hakt man		

Imperativ-Form	sein + Adjektiv mit Endung –bar
wechseln Sie	sind wieder verwendbar

Kassettenrekorder S. 118

3 b) Die Schüler/innen sortieren (Zustandspassiv = unterstrichen):

Passiv	Passivvarianten
A darf <u>gedrückt sein</u>, <u>sind befestigt</u>, wird ausgelöst, braucht nicht gedrückt werden, kann umgedreht und eingesetzt werden, kann benutzt werden, kann umgedreht werden	öffnen Sie, schieben Sie
B darf nicht <u>gedrückt sein</u>, wird hineingeschoben, muss gedrückt werden, wird mitgedrückt, wird begonnen, wird geregelt	drücken Sie, betätigt man, man wendet, Sie benutzen, mithören, entnehmen Sie

Wie funktioniert denn das? S. 119

Freies Gestalten und Erklären; Aktiv oder Passiv; mündlich oder schriftlich; individuell oder kooperativ.

Übungsmaterial im „Deutschbuch 7 Arbeitsheft"

- Aktiv – Passiv: S. 14–21
- Vorgangs- und Zustandspassiv: S. 22
- Passiv aus Informationsmangel oder als Informationsriegel: S. 23–25
- Die Passiv-Aktiv-Probe: S. 26
- Passiv-Umschreibungen: S. 27–29

Lernerfolgskontrolle/Themen für Klassenarbeiten

Vorschlag 1

Kleine Entfesselung

Der Zauberer hat die Schere – wie in der Abbildung 1 – mit einer längeren Schnur durch die Schlinge gefesselt. Ein Zuschauer hält beide Enden der Schnur fest. Der Zauberer legt ein Tuch über die Schere und greift darunter.

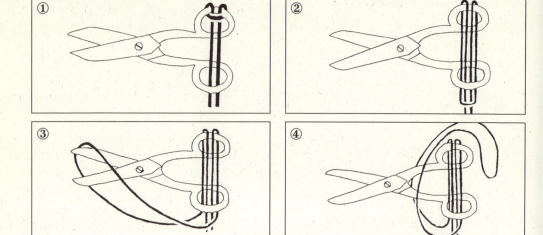

1 Schau dir die Abbildungen 2 bis 4 genau an und beschreibe, wie die Schere entfesselt wird.

Der Lehrer/die Lehrerin kann ein Beispiel aus dem Teilkapitel 7.1 für die Lernerfolgskontrolle reservieren oder einen Knoten im Unterricht vormachen und anschließend den Vorgang beschreiben lassen.

Vorschlag 2

Kalte Schnauze

Zutaten
75 g Kokosfett (= 3 Würfel oder 6 Esslöffel)
500 g Blockschokolade
1 Paket Butterkekse (300 g)

Zubereitung
1. Kokosfett bei schwacher Hitze schmelzen, Schokolade dazugeben und verrühren
2. eine Kasten-Backform mit Alufolie auslegen und etwas Schokolade auf den Boden gießen
3. abwechselnd mit Keksen auslegen und die Schicht mit Schokolade begießen
4. zwei Stunden in den Kühlschrank stellen
5. Kuchen umdrehen, aus der Kastenform fallen lassen, Folie vorsichtig entfernen
6. im Kühlschrank lagern, eine halbe Stunde vor dem Anschneiden aus dem Kühlschrank nehmen

1 Unterstreiche die Infinitive und schreibe das Rezept in eine Vorgangsbeschreibung mit Passivformen um.

Vorschlag 3

Der mechanische Mörser

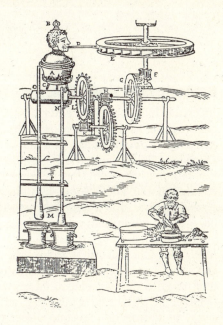

A: Dampfkessel
B: Ventil
C: Feuerpfanne
D: Dampfdüse
E: Turbinenrad
F, H und K: Achse mit Spulrad
G, I und L: Zahnrad
M: zwei Stößel in zwei Mörsern
N und O: Noppen an Walze und Stößel-
stangen
P: Führungsschienen für die Stößelstangen

1 Beschreibe die Abläufe des Apparats.
Da er ein antikes Gerät ist, verwendest du
das Präteritum.

Vorschlag 4

Stadtteilkonferenz gegen Gewalt

Zu Jahresende hat man in unserem Stadtteil eine Zunahme von gewaltsamen Auseinandersetzungen unter Schülern verschiedener Schulformen festgestellt. Beschimpfungen, Belästigungen und Schlägereien zwischen Jugendlichen wurden vermehrt registriert. Eltern und Lehrer wurden immer häufiger mit entsprechenden Berichten konfrontiert. Die Ursachen ließen sich nicht so leicht ermitteln. Für manche Beobachter war es denkbar, dass die Konkurrenz zwischen den Schülern verschiedener Schulformen Grund zur Anfeindung war. Insbesondere Schülerinnen und Schüler des Gymnasiums wurden [15] von einigen Schülern der Hauptschule verfolgt. Vom Jugendhilfeausschuss der Stadt wurde eine Stadtteilkonferenz eingerichtet, an der sich Elternvertreter, Lehrer, Schulleiter und Politiker beteiligten. In [20] gemeinsamen Gesprächen sollte das Problem analysiert werden. Inzwischen ist ein Arbeitskreis eingerichtet, der Freizeitangebote für die Jugendlichen plant. Ein Sozialarbeiter ist beauftragt, Kontakt zu den Ju [25] gendlichen herzustellen. […]

1 a) Unterstreiche in dem Text die Passivstellen.

b) Setze über die Stellen ein V oder Z, je nachdem, ob es sich um ein Vorgangs- oder
Zustandspassiv handelt.

c) Markiere Passivvarianten mit einem X.

8 Experimente mit der Natur – Gliedsätze verwenden

Konzeption des Gesamtkapitels

Im ersten Teilkapitel (**„In einer Versuchsbeschreibung etwas erklären – Adverbialsätze gebrauchen"**) sollen unter dem Rahmenthema „Experimente mit der Natur" spezifische Arten der **Adverbialsätze** untersucht werden: Konditional-, Konsekutiv-, Kausal- und Finalsatz. Dabei werden die grundlegenden Einsichten in Satzgefüge wiederholt. Die kommunikativen Funktionen dieser Gliedsatzarten liegen vor allem im Erklären und Argumentieren. Diese Sprachhandlungen sind z. B. in Versuchsbeschreibungen relevant, einer Textsorte, in der die Adverbialsätze stark repräsentiert vorkommen. Die Versuchs-beschreibung mit ihren erklärenden Sätzen zum Versuchsaufbau sowie zur Auswertung von Experimenten soll daher als sprachliches Beobachtungsfeld herangezogen werden. Mit diesen Gliedsatzarten werden die „Bedingungen/Voraussetzungen, Folgen/Wirkungen, Gründe/Ursachen sowie Absichten/Ziele" bei menschlichen Handlungen einerseits und natürlichen Vorgängen andererseits erklärt. In ihrer syntaktischen Funktion über-nehmen diese Gliedsätze die Satzgliedrolle von entsprechenden adverbialen Bestimmun-gen. Die stilistische Funktion dieser Gliedsätze besteht darin, den beim wissenschaft-lichen Erklären oft üblichen Nominalstil durch den Verbalstil zu variieren.

Im zweiten Teilkapitel (**„Sachbuchempfehlungen – Inhaltssätze verwenden"**) wird der Inhaltssatz anhand von Sachbuchempfehlungen einbezogen, die ebenfalls unter dem naturwissenschaftlichen Rahmenthema ausgewählt sind. Inhaltssätze kommen in den Inhaltsangaben und Bewertungsteilen von Klappentexten, Buchempfehlungen und Re-zensionen natürlicherweise vor; bei den Vorgängen der Textreduktion und der Textkom-mentierung tritt diese Gliedsatzart besonders häufig auf: Der Vorgang des Zusammen-fassens führt „zur Kombination mehrerer Informationen in einem Satz". Dies „begünstigt die Bildung längerer Sätze und Satzgefüge" (Sowinski, S. 288). Die Inhaltssätze können sowohl dass-Sätze als auch indirekte Fragesätze oder satzwertige Infinitive sein, die den wesentlichen Inhalt einer Gesamtaussage enthalten. Die kommunikative Funktion der Inhaltssätze besteht also darin, die im übergeordneten Hauptsatz angekündigten Infor-mationen zu liefern. Diese Gliedsätze sind zu finden in darstellenden und urteilenden Passagen von Buchempfehlungen. An diesen Beispielen wird auch deutlich, dass Inhalts-sätze von der syntaktischen Funktion her die Rollen von Subjekt und Objekt einnehmen können, also auch als Subjekt- bzw. Objektsätze anzusehen sind.

Im dritten Teilkapitel (**„Übungen zu Gliedsätzen – Zeichensetzung"**) folgen Übungen zu den behandelten Gliedsätzen sowie zur Zeichensetzung.

Literaturhinweise

Joachim Buscha: Satzverknüpfung durch Konjunktionen. In: Deutschunterricht, Nr. 6/1988, S. 53 ff.

Günther Einecke: Unterrichtsideen integrierter Grammatikunterricht. Textproduktion und Grammatik. 5–10. Schuljahr. Klett, Stuttgart ⁴1995

Helmut Hoffmann: Die Inhaltsangabe. In: Deutschunterricht, Nr. 6/1986, S. 29 ff.

Manfred Lehmeyer/Otto Schober: Die Sprache der Klappentexte. In: Praxis Deutsch, Nr. 7/1974, S. 47 ff.

Horst Sitta: Syntax. In: Praxis Deutsch, Nr. 68/1984, S. 22 ff.

Bernhard Sowinski: Deutsche Stilistik. Fischer Taschenbuch, Frankfurt/M. 1982

Texte/Gegenstände

Intentionen

– zu einem vorgeführten und selbst durchge-führten leichten Experiment Erläuterungen abgeben
– dabei zwischen beschreibenden und erklären-den Sätzen unterscheiden
– in einer Versuchsbeschreibung Erklärungen zum Versuchsaufbau und zum Versuchs-ergebnis unterscheiden
– die syntaktische Grundform des Erklärens erkennen: Satzgefüge aus Haupt- und Glied-satz
– vier Adverbialsatzarten als die wesentlichen Gliedsatztypen des Erklärens in Versuchs-beschreibungen unterscheiden: konditional, konsekutiv, kausal und final
– bei weiteren Experimenten die Adverbialsätze in Versuchsbeschreibungen beobachten und anwenden

– Quellen mit Sachbuchempfehlungen zur Aus-weitung des naturwissenschaftlichen Themas erkunden
– Inhaltssätze in Sachbuchempfehlungen ken-nen lernen
– Subjekt- und Objektsätze in ihren syntak-tischen Rollen beobachten: vom Satzglied zum Gliedsatz
– Inhaltssätze als notwendige informative Ergänzung zu einer noch offenen Ankün-digung im Hauptsatz verstehen
– Varianten der Inhaltssätze unterscheiden: dass-Satz, indirekter Fragesatz, Infinitivsatz
– Inhaltssätze in den verschiedenen Teilen einer Sachbuchempfehlung nutzen

– Adverbialsätze und Inhaltssätze identifizieren
– Stufenmodelle für Satzgefüge erproben
– Kommas in Satzgefügen setzen
– Kommatipp für Infinitivsätze
– Rechtschreibtipp für „dass" und „das"
– zu kleinen Experimenten Versuchsbeschrei-bungen anfertigen: Gliedsätze und Komma-regeln üben

8.1 In einer Versuchsbeschreibung etwas erklären – Adverbialsätze gebrauchen

Die Bedeutung des Themas „Gliedsätze" liegt vor allem in einer Optimierung der eigenen Textproduktion: Speziell bei den Prozessen der Textüberarbeitung ist darauf zu achten, dass die Gedanken angemessen syntaktisch verknüpft werden. Die Unterscheidung der hier behandelten Gliedsatzarten ist Grundlage für die kontrollierende Sichtung der eigenen Texte und ihre gezielte Korrektur. Dabei ist zu berücksichtigen, dass auch andere grammatische Formen der logischen Verknüpfung als Varianten nutzbar sind. – Zur kategorialen Klärung (nach Sitta, S. 27):

Für die Ordnung von Nebensätzen in zusammengesetzten Sätzen werden in Grammatiken unterschiedliche Gesichtspunkte herangezogen, nämlich

(1) die äußere Form,
(2) die Satzgliedstelle im Hauptsatz, die der Nebensatz ausfüllt,
(3) der Wert der Beziehung (inhaltlich!), die zwischen einem Hauptsatz und einem Nebensatz besteht.

Die beiden ersten Gesichtspunkte lassen unterscheiden:

ad 1: Indirekter Fragesatz – Konjunktionalsatz – Relativsatz – Partizipialsatz – Infinitivsatz

ad 2: Subjektsatz – Objektsatz – Adverbialsatz – Attributsatz

ad 3: Kausalsatz, Finalsatz, Konditionalsatz, Konsekutivsatz, Konzessivsatz, Modalsatz usw.

Im Folgenden geht es um Konjunktionalsätze, Adverbialsätze und – in einer didaktischen Reduktion – um Konditional-, Konsekutiv-, Kausal- und Finalsätze. Diese stehen dabei im Zentrum, während die ersten beiden Kategorien eher wiederholenden Charakter haben und die Einordnung in das bisher vorliegende Wissen vom Satz erlauben.

S. 121	Beschreiben und erklären

1 Der Versuch ist vorbereitet: Die Tütenwaage ist nach der Anleitung im Begleittext zu Hause hergestellt. Der Versuch wird vorgeführt. Am besten das Experiment zunächst bei geschlossenem Buch durchführen. – Die Schüler/innen beschreiben zunächst nur alles, was man beobachten kann.

2 a) Die Schüler/innen erklären das Experiment in Form von Hypothesen; dabei werden sie Formulierungen wie in den Schülertexten S. 122 benutzen. Deshalb diese Seite vorher nicht aufschlagen lassen! Zum Fixieren der Vermutungen auf Folie oder Tafel ggf. zwei Gruppen bilden: Schüler/innen der Gruppe 1 notieren, was Schüler/innen der Gruppe 2 sagen. Einige Beiträge werden mitgeschrieben.

b) Die Erklärung des Vorgangs: Die Erhitzung der Luft unter der Tüte B führt dazu, dass sich die Gasmoleküle stärker bewegen, die Dichte wird geringer, die Luft „dehnt sich aus" (ein Teil entweicht auch unter der Tüte B), insgesamt wird die Luftmenge unter dieser Tüte also „leichter"; Tüte B steigt hoch. – Grundsatz: Warmluft steigt hoch.

c) Alle Formen des Erklärens – dabei wird es in dieser Aufgabe besonders um den kausalen und konditionalen Aspekt gehen: weil ...; denn ...; da ...; nämlich ...; ja; wenn ..., dann ...; also sowohl hypotaktische Formen als auch parataktische, bei denen dann andere Signalwörter die Beziehungen vermitteln (nämlich, denn, ja ...).

3 Zur Anwendung – dabei wird bei der Fragestellung besonders der finale und konsekutive Aspekt hervorgehoben, z. B. die Fäden müssen gleich lang sein, damit die Tüten auf gleicher Höhe hängen; man bindet den Faden in der Mitte des Stabes fest, sodass eine Waage möglich wird; die Tüten müssen leicht sein, damit sie hochschweben können etc. – Diese Überlegungen können erst nach Vollzug des Experiments angestellt werden.

4 Diese Arbeitsschritte können an den eigenen oder Nachbartexten durchgeführt werden, wenn in Aufgabe 1 bis 3 von allen Schülerinnen/Schülern schriftliche Produkte erstellt wurden. – Zusätzlich dann möglich Erklärung an den vorgegebenen Beispielen S.122.

a) Wenn in Aufgabe 2 der physikalische Vorgang abschließend geklärt ist, dann können die Schüler/innen leicht korrekte Sätze zusammenstellen, z. B.:
Weil die Luft in der Tüte erhitzt wird, dehnt sie sich aus.

b)

beschreibende *Sätze*	**erklärende** *Sätze*
Zuerst befestigen wir die 15 cm langen Fäden an den Seiten eines 30 cm langen Bambusstabes. Man wartet 10 Sekunden. ...	*Die Tüte B geht hoch, weil die warme Luft der Kerze leichter ist als kalte Luft. Da sie jetzt leichter ist, steigt sie nach oben und hebt die Tüte hoch.* ...

5 a) **A:** Wasserstand im Trinkhalm auf gleicher Höhe mit Wasserstand in der Flasche
   B: Wasserstand im Trinkhalm deutlich höher, in der Flasche entsprechend minimal gesunken; Hand umfasst Flasche

b) Wärme führt zur Ausdehnung bestimmter Stoffe wie Wasser, Gase etc.

6 a) Z. 1–15: Versuchsaufbau (1–4: Versuchsmittel und 5–15: Vorbereitung) – Z. 16–18: Durchführung des Versuchs – Z. 19–20: Versuchsfrage – Z. 21–25: Erklärung des Vorgangs

b) Untergliederung einer Versuchsbeschreibung – ggf. ins Heft übertragen lassen:

> *1. Versuchsaufbau:*
> *a) alles, was man benötigt – Versuchsmittel*
> *b) wie man es zusammenstellt und warum man es so aufbaut — Vorbereitung*
>
> *2. Durchführung des Versuchs und Beobachtung:*
> *a) alle Handlungen genau in der Reihenfolge, wie man sie vornimmt*
> *b) alle Vorgänge, die bei der Durchführung zu sehen sind*
>
> *3. Versuchsfrage:*
> *a) man hebt den auffälligsten Vorgang hervor*
> *b) man stellt die Frage, mit der man nach einer Erklärung für das Auffällige sucht*
>
> *4. Erklärung des Versuchs:*
> *a) warum man die vorgenommenen Handlungen durchgeführt hat*
> *b) warum der Versuch so vor sich ging*
> *c) wie man sich den auffälligsten Vorgang erklären kann (dabei wendet man möglichst sein Vorwissen an)*

Ergänzende Schreibhinweise:
– Zeitstufe Präsens, da jederzeit so durchzuführen oder gerade beobachtet
– Man- oder Wir-Form oder Passiv, da von jedem durchführbar
– Genauigkeit, Vollständigkeit und richtige Reihenfolge (ggf. Fachbegriffe)
– sachlich richtige Erklärung (ggf. im Physik-, Biologie-, Chemiebuch, Lexikon o. Ä.) suchen
– angemessene Satzverknüpfung durch Gliedsätze (s. folgende Teilkapitel)

c) Die Schüler/innen müssen die Textgliederung berücksichtigen (anders als beim Text „Hochwasser", S. 124) und sie müssen die Form des Anleitungstextes (S. 124) in eine Versuchsbeschreibung überführen.

S. 124   ## Mit Satzgefügen beschreiben und erklären

1 a) Beschreibend: *Es sind Luftbläschen.*
Erklärend: *Der größere Außendruck drückt das Wasser in den Flaschenraum, da dort Unterdruck herrscht.*
(Ggf. andere Beispiele aus den eigenen Texten, s. S. 123, Aufgabe 6 c)

c) Inhalt – **A:** nur Vorgang, **B:** Vorgang und Erklärung
Art der Erklärung – **B oben:** Folge, **B unten:** Ursache
Satzform: **A** = Hauptsatz, **B** = Hauptsatz + Nebensatz – neuer Begriff: Satzgefüge!

2 Z. B.: *1) Die Kerze erlischt, weil der Sauerstoff in der Luft verbraucht wurde.*
2) Wenn man die Flasche langsam über die Kerze stülpt, sieht man einige Bläschen durch das Wasser aufsteigen.
3) Es fehlt nun ein Teil der Luft in der Flasche, sodass das Wasser den freien Raum einnimmt.
4) Man kann das Wasser mit Tinte färben, damit man so den Vorgang besser sieht.

4 a) **A:** nachgestellter Gliedsatz – **B:** vorangestellter Gliedsatz

---

S. 125   ## Verschiedene Gliedsatztypen zum Erklären nutzen

1 Die Schüler/innen schließen das Buch und erklären anhand der eigenen Skizze, die etwa so aussieht:

2 b/c) **A:** Zweck, Absicht, Ziel o. Ä. – in freier Paraphrase
B: Ursache, Bedingung o. Ä.
C: Folge, Ergebnis, Konsequenz o. Ä.
D: Ursache, Grund o. Ä.

3 a) 1. Wann verbraucht die Kerze Sauerstoff?
   2. Mit welcher Wirkung erwärmt die Hitze die Luft?
   3. Warum steigt die Tüte B hoch?
   4. Wozu schließt sie das Fenster?

b) Stufenmodelle s. S. 125, Aufgabe 4 a: 1. = B; 2. = A; 3. = A; 4. = A
   Die Schüler/innen tragen ggf. einen Merksatz zum Satzgefüge in ihr Heft ein:

> **Gliedsätze übernehmen** im Satzgefüge verschiedene **Funktionen**:
>
> **Kausalsätze** geben einen **Grund** oder eine **Ursache** an.
> **Konditionalsätze** geben eine **Bedingung** an.
> **Konsekutivsätze** geben eine **Folge** an.
> **Finalsätze** geben eine **Absicht** oder einen **Zweck** an.

4 a) Satzgefüge sind die Sätze 1, 2, 3, 4, 6, 8 und 9 – Vorsicht: Satz 7 als Satzreihe vom
   Satzgefüge unterscheiden; ggf. Erkennungsmerkmale für Gliedsätze wiederholen:
   „finites Verb am Satzende"

b/c)

	Konjunktionen	*Gliedsatzarten*
1	*wenn*	*Konditionalsatz*
2	*weil*	*Kausalsatz*
3	*damit*	*Finalsatz*
4	*wenn*	*Konditionalsatz*
6	*so ..., dass*	*Konsekutivsatz*
8	*wenn*	*Konditionalsatz*
9	*wenn*	*Konditionalsatz*

5 a) Wiederholung der Textgliederung zur Versuchsbeschreibung an einem Mängeltext:
   Die Schüler/innen stellen das Fehlen der entsprechenden Gliederungsabschnitte
   (s. S. 123) fest, außerdem die mangelnde Reihenfolge; sie bemerken die fehlende Unterscheidung von beschreibenden und erklärenden Teilen. – Unordnung: Satz (3) z. B.
   gehört vor Satz (1); Satz (1) und (9) entsprechen sich etc.

6 a) Naturwissenschaftliche Fragen: Z. 1 – Versuchsfragen, z. B.: Wie kommt es, dass man
   den Dampf einer soeben gelöschten Kerzenflamme wieder entzünden kann? Oder:
   Woraus besteht der Dampf einer Kerze?

b) Textaufbau z. B. nach Themen:
   1. Die Verflüssigung der Kerzenmasse beim Brennen (Z. 1–38)
   2. Das Hochwandern des flüssigen Paraffins durch den Docht (Z. 39–64)
   3. Die Verwandlung der Flüssigkeit in einen gasförmigen Zustand (Z. 65–84)
   4. Das Neuentzünden des Dampfes (Z. 85–107)

c) **1.** Versuchsaufbau: Versuchsmittel: Z. 2–5 und 81–82
   2. Durchführung des Versuchs und Beobachtung: Z. 6–9, 36–38 und 71–87
   3. Versuchsfrage: auffälligster Vorgang: Der Dampf einer gelöschten Flamme lässt sich
   wieder entzünden. Wie kommt das?

Teilfragen:	**4.** Erklärung des Versuchs:	Zeile
– Was geschieht mit dem Wachs einer brennenden Kerze?	Verflüssigung	6–35

– Wie gelangt die Flüssigkeit im Docht nach oben?	Kapillarkraft – „wie dünne Röhrchen"	41–60
– Was geschieht mit dem flüssigen Wachs in der Flamme?	Übergang in gasförmigen Zustand – Dampf	63–78
– Was geschieht beim Wiederentzünden?	Die Flamme schlägt durch das Gas auf den Docht zurück	83–92
– Was benötigt die Flamme zum Brennen?	Wachsdampf und Luft	93–101

7 a) Satzgefüge, z. B. Z. 7, 11, 15, 20, 53, 71, 75, 80, 83, 86, 91, 99

b) Art: die latein. Bezeichnung zuordnen; Funktion: jeweils am Beispiel erklären, z. B. Z. 10: „Weil sie [die erwärmte Luft] nach oben steigt, wird kalte Luft von außen angesaugt." – Ursache für die Luftbewegung und die Entstehung des Schälchens

8 Z. B. Problem der alltäglichen Wahrnehmung; anschauliches Experiment, das jeder nachmachen kann; ein großer Forscher kümmert sich um Jugendliche

S. 128 Mit Adverbialsätzen ein Experiment erläutern

1 a) Zu Faradays Vorlesung Z. 79–92

b) Wirkung: z. B. steif wegen des Nominalstils: beim Rollen (Z. 1), zum Entzünden (Z. 6), wegen der Erwärmung (Z. 10), beim Erhitzen (Z. 13), durch das Aufsteigen (Z. 15/16), wegen unzureichender Verbrennung (Z. 19)

2 a) **Umformung**   b) **Erfragen**

a) Umformung	b) Erfragen
(1) Weil das Streichholz sehr heiß ist, ...	*Warum entzündet sich die zweite Flamme?*
(2) Um das Stearingas abzuleiten, ...	*Wozu wird ein Röhrchen in die Mitte der Flamme gehalten?*
(3) Wenn es einen Windzug gibt, ...	*Unter welcher Bedingung steigt der Rauch hoch?*
(4) Wenn der Lehrer einverstanden ist, ...	*Unter welchen Umständen könnt ihr den Versuch machen?*
(5) Um ein Röhrchen herzustellen, ...	*Mit welchem Ziel rollt ihr das Stanniolpapier?*
(6) Da er sich an seiner Wissenschaft erfreut, ...	*Warum veranstaltete Faraday Vorlesungen für die Jugend?*

8.2 Sachbuchempfehlungen – Inhaltssätze verwenden

S. 130   Der Konjunktionalsatz, der in der Satzgliedrolle des Subjekts oder Objekts erscheint und „eine Leerstelle des Prädikats" füllt, wird hier als **Inhaltssatz** eingeführt, z. B.: Ich habe gelesen, dass es eine neue Kameratechnik gibt. – Damit wird seine **semantische Funktion** neben der **syntaktischen** betont, gibt er doch den eigentlichen inhaltlichen Kern des ganzen Satzes an. Dies zeigt etwa die Umkehrung des grammatischen Unterordnungsverhältnisses, z. B.: Wir wissen, dass er uns ein lieber Freund ist. – Er ist uns ein lieber Freund, wie wir wissen. – In didaktischer Reduktion wird dabei nur Bezug genommen auf die Satzgliedrollen „Subjekt" und „Akkusativobjekt", obwohl der Inhaltssatz auch ein Genitivobjekt (z. B.: Er rühmt sich, dass er unschlagbar ist) oder ein Präpositionalobjekt (z. B.: Sie besteht darauf, dass ich sie zuerst besuche) vertreten kann. Schließlich werden verschiedene Varianten des Inhaltssatzes unterschieden: dass-Satz, indirekter Fragesatz und Infinitivsatz/erweiterter, satzwertiger Infinitiv. Vernachlässigt wird der konjunktionslose Inhaltssatz in der Form eines angehängten zweiten Hauptsatzes, z. B.: Sie glaubten, sie seien unschlagbar.

Es gibt als situative Verwendungszusammenhänge für Inhaltssätze u. a. verschiedene Formen der Textsorte **Inhaltsangabe**: In Kommunikationssituationen unter Jugendlichen z. B. entstehen Gelegenheiten zur mündlichen Inhaltsangabe. In Leseempfehlungen, Rezensionen, Klappentexten etc. geht es um schriftliche Information und zugleich um eine distanzierte Auseinandersetzung des Lesers mit dem Text. Der Leser nimmt sich aus der genießenden oder gar identifizierenden Rolle heraus, er macht den Text zu einem Gegenstand, über den er spricht, z. B.: Das Buch beschreibt, wie der Computer entwickelt wurde. Mir gefällt, dass es zugleich spannend ist – Bei Klappentexten, Leseempfehlungen etc. kommt zur informierenden Sprache der werbende und urteilende Stil hinzu.

Als Merkmalskatalog für eine Schreibhilfe wie als Kriterienkatalog für die Beurteilung (nach entsprechender Einführung und Übung) lässt sich empfehlen:

– Textwiedergabe in der 3. Person
– Einsatz der Tempusgruppe Präsens/Perfekt als „besprechende Tempora" (Weinrich)
– Partnerfiktion des nicht informierten Adressaten
– selbstständige Ordnung der Textinformationen (Reihenfolge)
– Raffung auf das Wesentliche hin
– ggf. Formulierung eines „hinführenden Satzes"
– ggf. Wiedergabe von wörtlicher Rede mit entsprechenden Signalen der Redewiedergabe (z. B. dass, Konjunktiv, Zitat)
– sachlicher Stil im informierenden Teil
– wertende, empfehlende oder ablehnende Stellungnahme am Schluss.

1 a) Naturwissenschaftliche Fächer: Biologie, Physik, Sachkunde u. a.
   b) Buchcover, Klappentexte, Buchkataloge, Karteikarten in Büchereien, im Internet, …

Inhaltssätze in Buchhinweisen   S. 131

1 a) Es fehlt der eigentliche Inhalt: Was machen die Versuche klar? – Was macht einen gespannt? – Was wird gezeigt? – Was führt der Autor vor?

b) Subjekt: Wer oder was? – Objekt: Wen oder was?

c) Antworten: Über hundert Versuche machen klar, wie viele Geheimnisse in der Natur verborgen sind. – Es macht einen gespannt, den geheimnisvollen Vorgängen in der Natur auf die Spur zu kommen. – In über hundert illustrierten Beispielen wird gezeigt, wie man im Reich der Tiere und Pflanzen interessante Vorgänge entdecken kann. – In über hundert Beispielen führt der Autor vor, dass du in ganz alltäglichen Dingen […] Geheimnisse aufspüren kannst.
Die Teile sind wichtig, weil man erst an ihnen merkt, dass es um naturwissenschaftliche Experimentierbücher geht.

2 Erfragen der Satzglieder, z. B.:
  – Kaum einer weiß, dass wir die Kartoffel dem Wissen der Indianer zu verdanken haben.
    Wer (oder was) weiß etwas? ➤ Kaum einer … (Subjekt)
    (Wen oder) was weiß kaum einer? ➤ …, dass wir die Kartoffel dem Wissen der Indianer
    zu verdanken haben. (Akkusativobjekt)
  – Wie sie zum oft lebensrettenden Volksnahrungsmittel wurde, ist in reich bebilderten
    Episoden geschildert.
    Wer (oder was) ist in reich bebilderten Episoden geschildert? ➤ …, wie sie zum oft
    lebensrettenden Volksnahrungsmittel wurde. (Subjekt)
  In einzelnen Sätzen bestehen Subjekt und Objekt aus Nebensätzen (Gliedsätzen).

3 a) Die Schüler/innen wechseln dabei die Platzhalter (etwas) aus:

Satzglied	Subjekt	Prädikat	Objekt (Akkusativ)
Beispiel 1:	Man	lernt	etwas.
Beispiel 2:	Man	lernt,	wie man sie anbaut und vor Schädlingen bewahrt.
	Subjekt	Prädikat	Objektsatz

b)
Satzglied	Subjekt	Prädikat
Beispiel 1:	Etwas	ist eine überraschende Erkenntnis.
Beispiel 2:	Dass noch immer neue Sorten gezüchtet werden,	ist eine überraschende Erkenntnis.
	Subjektsatz	Prädikat

  c) Finites Verb/Personalform des Verbs am Schluss, Konjunktion am Anfang

4 a) Sie geben den Inhalt an, z. B. was ich gerade lese – s. Merkkasten S. 132.
  b) **Press-Text:** Z. 9–10: Objektsatz; 10–13: Objektsatz; 14–15: Subjektsatz; 15–18: Sub-
     jektsatz; 18–23: Objektsatz
     Stannard-Text: Z. 6–8: Objektsatz; 10–11: Objektsatz; 11–12: Objektsatz; 12–13: Ob-
     jektsatz; 14–15: Objektsatz; 16–17: Subjektsatz; 18–19: Subjektsatz; 21–22: Objekt-
     satz; 26–27 Objektsatz

5 a) **Press-Text:** beobachten, verraten, Spaß machen, erscheinen, zeigen
     Stannard-Text: träumen, sich vorstellen, denken, sehen, merken, wirken, auffallen, fra-
     gen, erfahren

  b) Verben der sinnlichen und geistigen Wahrnehmung oder Tätigkeit: des Denkens, Spre-
     chens und Fühlens

6 a) 1. Das Buch stellt dar, dass nicht erst seit dem letzten Seehundsterben eine der letzten
       Naturlandschaften Europas akut bedroht ist.
     2. Man weiß seit langem, was man an der Nordsee und ihren Küsten hat.
     3. Aber man weiß nicht, ob man sich noch lange daran erfreuen kann.
     4. Dass dieses Biotop einmalig ist, wird jedem deutlich, der „Erklär mir das Meer" auf-
        schlägt.
     5. Wie bei den anderen Bänden der „Erklär mir"-Reihe des bekannten Sachbuchautors
        Hans Peter Thiel ist es leicht, die gesuchten Informationen zu finden.
     6. Natürlich erfährt man auch, was das Wattsingen ist.

b) Mehrere Beobachtungsebenen sind möglich: Hauptsatz – Gliedsatz; die Folge von Hauptsatz – Gliedsatz (s. S. 125); Subjekt- oder Objektsatz; ggf. Konjunktionalsatz; dass-Satz, Fragesatz, Infinitivsatz

c) dass-Satz = (1), (4); indirekter Fragesatz (W-Frage) = (2), (6); indir. Fragesatz (Entscheidungsfrage) = (3); Infinitivsatz = (5)

☐7 a/b) Zu erwarten: (1), (4), (5) = dass-Satz; (2), (6) = indir. Fragesatz; (3) = Infinitivsatz

☐8 Die Übung kann auch zur Wiederholung benutzt werden, die Satzgliedrollen als Subjekt- (S) oder Objektsatz (O) zu bestimmen.
Formen der Inhaltssätze: Z. 2–3 = Infinitivsatz/O; 4 = indir. Fragesatz/O; 5–8 = dass-Satz/S; 8–11 = indir. Fragesatz/O; 11 = dass-Satz/S; 14–15 = indir. Fragesatz/S; 16–18 = dass-Satz/S; 19–21 = Infinitivsatz/O.

Leseempfehlungen schreiben S. 134

☐1 b) Hinweise auf eine wichtige Naturwissenschaftlerin; lebendiges Porträt, außergewöhnliche Frau; kritische Sicht; lehrreich; spannend; aktuelle Probleme mit historischem Bezug

☐2 a) Abschnitte: Z. 1–13: Thema und Buchart (Biografie); 14–55: zur Titelfigur, Lebenslauf und Leistungen; 56–61: die besondere Leistung der Autorin; 62–68: Bewertung und Empfehlung

b) Im Einleitungsteil formuliert man Behauptungssätze (Thesen) zum Buch. Die Behauptungen finden sich meist in Satzgefügen mit Inhaltssätzen, z. B. Z. 1–4.
Im Mittelteil kommt es bei der raffenden Darstellung von Vorgängen sowie der zusammenfassenden Wiedergabe von Meinungen und Äußerungen von Personen zur Anwendung von Inhaltssätzen, z. B. Z. 50–52, 53–55.
Im Schlussteil wird man urteilen und werten: Wie gefällt mir das Buch? Was halte ich von ihm? Als Antwort formuliert man Urteilssätze, die man noch zu begründen versucht. Die Urteile finden sich ebenfalls oft in Satzgefügen mit Inhaltssätzen, z. B. Z. 62–65.

☐3 Es ließe sich (gemeinsam) eine Schreibanleitung zu einer Buchempfehlung entwickeln:
1. Bei der Buchempfehlung gibt man zunächst den **Titel**, die **Art** des Buches sowie den **Autor** an, und man formuliert in einem Einleitungsteil die **Idee** oder das **Thema** sowie das **Ziel des Buches** in einem Satz. So erhält der Leser eine erste Orientierung, ehe ihm einzelne Hinweise begegnen.
2. Im Mittelteil erläutert man näher den **Inhalt** des Buches in einem kurzen zusammenhängenden Text: die grobe Handlung, das Hauptereignis oder die wichtigsten Themen und Probleme des Buches.
3. In einem Schlussteil gibt man sein **Urteil** ab und sagt, welche **Bedeutung** das Buch für einen selbst hat und welche Wirkungen es hervorruft.
Man stellt sich vor, dass jemand über das Buch informiert werden soll. Deshalb schreibt man im Präsens.
– Man informiert möglichst genau.
– Man urteilt über das Buch möglichst mit guten Gründen.
– Bei der Leseempfehlung geht man von sich aus und überlegt, für welche Zielgruppe das Buch wohl geschrieben ist.

8.3 Übungen zu Gliedsätzen – Zeichensetzung

S. 136

1 b) (1) = Adverbialsatz, Konsekutivsatz; (2) = Adverbialsatz, Finalsatz; (3) = Inhaltssatz, Objektsatz

c) „Kommas trennen Hauptsatz und Gliedsatz (Nebensatz) voneinander."
Nebensatz = Teilsätze, die nicht in der Satzgliedrolle stehen, z. B. Relativsätze.

2 b) „Kommas trennen nachgestellte, vorangestellte und eingeschobene Gliedsätze vom Hauptsatz."

3 Weitere Verfeinerung der Kommaregel:

„Ineinander verschachtelte Gliedsätze (Nebensätze) werden gegeneinander durch Kommas abgegrenzt."

4 Zu den bekannten Gliedsätzen (Adverbialsätzen, Inhaltssätzen) treten Relativsätze (Z. 5/6, 17/18, 31/32) und Satzreihen (Z. 9 ff.) hinzu. Herauszugreifen wäre zudem der satzwertige Infinitiv (Infinitivsatz/Inhaltssatz) in Z. 26–29.

5 b) – Komma könnte entfallen bei (1) bis (3); sollte aber stehen bei (1), da ein Missverständnis möglich ist:
  Lise Meitner erwartete von ihren Mitarbeitern unterstützt zu werden.
  = *Lise Meitner erwartete, von ihren Mitarbeitern unterstützt zu werden.*
  oder: Lise Meitner erwartete von ihren Mitarbeitern, unterstützt zu werden.
  – Es muss stehen bei (4), da „darauf" den Infinitivsatz ankündigt.
  – Man kann in (3) auch das Komma setzen, wenn man damit den Inhaltssatz deutlich vom Hauptsatz abheben will.
  Nach dem Schreibgrundsatz, dass verschiedene selbstständige Informationen in Teilsätzen wieder zu finden sein sollten, auch wenn sie in einem Satzgefüge verknüpft sind, ließe sich der Kommaeinsatz begründen:
  das Angebot der Wissenschaftlerin – die Berechnungen in Schweden

7 c) Kontrolle für „das"-/Relativsätze: Bezugswörter einkreisen und Rückbezug durch Pfeile anzeigen

8 a/b) *Die Gestalt des Dominikanerbischofs Las Casas ist für jeden, der die beschämende Geschichte der Eroberung Lateinamerikas studiert, ein Trost. Die spanischen Eroberer hatten nach der Entdeckung Lateinamerikas begonnen(,) das Land der Ureinwohner zu erobern. Dabei kümmerte es sie nicht, dass viele Indios umkamen. Man erfährt in diesem Buch, dass der spanische Bischof viele Berichte und Eingaben an die spanische Krone gerichtet hat. Mit seinen Appellen an sie und an die goldgierigen und erbarmungslosen Ausbeuter wollte er erreichen, dass man die Verfolgung der Indios unterließ.*
  Wir wissen aber kaum von etwas, das ihn zu seiner Verteidigung der Indios geführt hat. Vor allen Dingen ist seine Jugend fast unbekannt. Die Autoren wollen in einer fiktiven Erzählung darstellen, wie sich die ungewöhnliche Persönlichkeit von Las

Casas entwickelt haben könnte. Sie machen verständlich, welche Erlebnisse seinen Protest herausgefordert haben mögen. Es wird deutlich, dass er zu völlig anderen Urteilen und Verhaltensweisen kam als die Menschen seiner Umgebung. In seiner Jugend in Sevilla zeigen sie den Gerechtigkeitssinn und die Zivilcourage, die schon der Junge an den Tag legte.
An diesem biografischen Versuch erscheint schließlich noch besonders gelungen, dass ein Sachanhang auf eine weitere Beschäftigung mit dem großen Freund der Indios vorbereitet.

9 a) **A)** Attraktive Bälle – **B)** Widerstandsfähiges Papier – **C)** Aerodynamische Flasche: Erklärungen: Für alle drei Fälle gilt Bernoullis Gesetz – s. Versuch B, 2. Abschnitt
A) Man sollte mit einem Strohhalm/Trinkhalm zwischen den Tischtennisbällen hindurchblasen. – Der äußere Luftdruck presst die zwei Tischtennisbälle zusammen, da der Luftdruck zwischen ihnen wegen der höheren Strömung durch das Blasen geringer ist.
B) Hier ist der Auftrieb des Flugzeugs anhand der Skizze zu erklären: Durch das Flügelprofil wird der Luftstrom über dem Flügel schneller als der darunter; daher ist über dem Flügel ein geringerer Luftdruck und unter dem Flügel ein höherer, sodass der Flügel nach oben gedrückt wird.
C) Skizze:

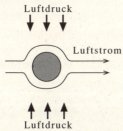

Übungsmaterial im „Deutschbuch 7 Arbeitsheft"

Lernerfolgskontrolle/Themen für Klassenarbeiten

Vorschlag 1

Kerzenschaukel

Stecke quer durch einen Korken eine Stopfnadel und setze auf beide Enden der Nadel je eine gleich große Kerze. Bohre der Länge nach durch den Korken eine Stricknadel und lege sie über zwei Gläser. Zündest du die Kerzen an, beginnen sie zu schaukeln.

Vor dem Anzünden der Kerzen liegt der Schwerpunkt der Schaukel genau auf der Achse, sodass beide Enden im Gleichgewicht sind. Sobald aber an einem Ende ein Stearintropfen fällt, verlagert sich der Schwerpunkt zur anderen Seite. Diese bekommt Übergewicht und wippt herab. Da die Kerzen abwechselnd tropfen, wechselt der Schwerpunkt von einer Seite auf die andere.

Knall in der Flasche

Wirf in eine leere Milch- oder Saftflasche ein brennendes Papierstück. Spanne Luftballonhaut fest über die Öffnung. Nach einem Augenblick stülpt sich der Gummi in den Flaschenhals, während die Flamme erlischt.

Beim Brennen entweicht zunächst ein Teil der erhitzten, sich ausdehnenden Luft. Nach dem Erlöschen der Flamme kühlen sich die verdünnten Gase in der Flasche ab und werden vom Außendruck zusammengedrängt. Dabei spannt sich der Gummi so stark, dass der endgültige Druckausgleich erst stattfindet, wenn man die Blase aufsticht. Das gibt einen tüchtigen Knall.

(Hans Jürgen Press: Spiel, das Wissen schafft.
Otto Maier, Ravensburg 1977, Nr. 134, 75)

1 a) Beschreibe einen der Versuche und wende dabei verschiedene Adverbialsätze an.

b) Forme adverbiale Bestimmungen in Adverbialsätze um.

2 Schreibe eine Leseempfehlung zu einem der längeren Texte in den Teilkapiteln 13.1 und 13.2 (S. 219 ff., 232 ff.).

Vorschlag 2

Wie oft im Jahr lesen Sie	... ein Sachbuch	... einen Roman	... einen Krimi?
Ich lese mehr als 12-mal	8	7	2
6- bis 12-mal	22	16	5
1- bis 5-mal	39	40	28
Ich lese nie ...	31	37	65

Sachbücher oder Krimis oder was?

(1) Unter 1 358 Bundesbürgern über 18 Jahre wurde ermittelt, wie oft sie „Bücher" lesen. (2) Die Umfrage erhob also, ob sie auch „Comics, Heftchen oder Magazine" konsumieren. (3) Erstaunlichstes Ergebnis war, dass 31 Prozent „nie" zu einem Sachbuch greifen. (4) 65 Prozent gaben an, keine Krimis zu lesen. (5) Romane seien ihnen gleichgültig, erklärten 37 Prozent der Befragten. (6) Innerhalb des lesenden Teils der Nation fällt auf, dass Frauen und Männer, aber auch die Anhänger der großen Volksparteien CDU und SPD nahezu gleich stark repräsentiert sind. (7) Bei den Sachbüchern behaupteten 29 Prozent der FDP-, 15 Prozent der Grünen- und 12 Prozent der PDS-Anhänger sowie je 6 Prozent aus CDU und SPD, pro Woche mindestens ein Sachbuch zu lesen. (8) Ob Lesen bildet, ist per Umfrage kaum feststellbar. (9) Dass Gebildete jedoch mehr lesen als andere, lässt sich belegen. (10) Das gilt auch für die Kategorie Kriminalromane: (11) 29 Prozent der Befragten mit Volksschulabschluss, aber 49 Prozent der Deutschen mit Abitur und Hochschulbildung bekennen, Krimis zu lesen.

(aus: SPIEGEL spezial, Nr. 10/1995, S. 7)

1 Vergleiche in einem Text zur Grafik die Bedeutung des Sachbuch mit der Rolle der anderen Bucharten. – Berichte und erkläre, welche Erfahrungen du mit Sachbüchern (auch schulischen!) hast.

2 Unterstreiche im Text die Inhaltssätze (in vollständiger Länge!).

3 Bestimme die grammatischen Formen der Inhaltssätze und ordne sie den Satznummern zu.

4 Bestimme die Satzgliedrolle, die die Inhaltssätze jeweils übernehmen und ordne sie den Satznummern zu.

9 Schule früher und heute –
Mit Rechtschreibschwierigkeiten umgehen

Konzeption des Gesamtkapitels

Wer schreibt, möchte verstanden werden. Wer mit seinen Texten etwas bewirken will, muss sich in unserer Gesellschaft an die Rechtschreibnormen halten, weil die Befähigung zu korrektem Schreiben einen hohen Stellenwert in der Einschätzung der Schreibenden hat. Aber auch aus der Sache heraus ist normgerechte Schreibung wichtig, da Lesen – weit mehr als das Sprechen – ein störanfälliger Prozess ist. Um diesem Zusammenhang Rechnung zu tragen und ihn zur Motivation der Schülerinnen und Schüler fruchtbar zu machen, sollte Rechtschreibung grundsätzlich aus konkreten Sprachverwendungssituationen heraus thematisiert werden.

Der erste Teil des Kapitels (**„Eine Woche in der Lessing-Schule"**) enthält zu diesem Zweck mehrere Teilsequenzen, in denen einzelne Rechtschreibphänomene erarbeitet, geübt und gefestigt werden können. Die thematische Klammer ist so gewählt, dass die Teilsequenzen auch als kleinere, über das Schuljahr verteilte Einheiten genutzt werden können. Darüber hinaus orientiert sich das Angebot an folgenden **Überlegungen** zur unterrichtlichen Bearbeitung von Rechtschreibphänomenen:

– **Recht-Schreiben lernt man durch Schreiben.** Dabei gilt: Kurze Lerneinheiten mit vielfältigen Arbeitsformen, häufiges Wiederholen und Anwenden des Gelernten in neuen Schreibsituationen unterstützen den Lernprozess nachhaltiger als einmaliges ausgedehntes Üben.

– Die Übungen sollen **mehrkanaliges Lernen** ermöglichen, d. h. Angebote zum Einprägen von Wortschemata und zum Nutzen akustomotorischer, analoger und logischer Lösungswege machen. Gleichzeitig lassen sich damit die verschiedenen Lerntypen berücksichtigen.

– Um keine Lernschwierigkeiten durch die Ähnlichkeitshemmung (Ranschburg'sche Hemmung) zu provozieren, **vermeiden** die angebotenen Materialien bei der Einführung und Einübung von Rechtschreibregelungen die **Arbeit mit Minimalpaaren**. Dem entspricht auch, dass Themen mit einem komplexen Regelungsapparat, wie z. B. Nominalisierung/Denominalisierung oder Getrennt- und Zusammenschreibung, nach Phänomengruppen gegliedert werden. Es gilt, erst das häufig Gebrauchte und Einleuchtende(re) zu sichern. Der vorliegende Band behandelt daher z. B. nur Grundprinzipien der Zusammenschreibung bei Verben. Im Sinne des Spiralcurriculums werden weitere Differenzierungen in den folgenden Bänden ergänzt.

– Die Rechtschreibdidaktik unterscheidet zwischen **satzabhängigen** und **satzunabhängigen Phänomenen**; letztere machen ca. zwei Drittel aller Fälle aus. Das vorliegende Kapitel setzt z. B. in der Beschäftigung mit Regelungen zur Getrennt- und Zusammenschreibung einerseits die wortbezogene Arbeit aus den Klassen 5 und 6 fort und geht andererseits beim Thema Nominalisierung auf ein satzabhängiges Phänomen ein (vgl. Klasse 6).

– Auch in der Jahrgangsstufe 7 kann die **Rechtschreibkartei** bei altersentsprechendem Einsatz eine Lernhilfe sein: als individuelle Fehlerkartei, als Fundus des wachsenden Wortschatzes, als Materialsammlung, die bei der Regelbildung herangezogen werden kann. In den Arbeitsanweisungen wird daher vorausgesetzt, dass die Schülerinnen und Schüler die Kartei (oder ein vergleichbares Medium) weiterhin nutzen.

Dabei ist dieses Rechtschreibkapitel dem **Prinzip des Dreischritts** entsprechend aufgebaut. Die thematische Vernetzung ergibt sich aus dem wiederholten Bezug auf schulische und außerschulische Erfahrungen und Aktivitäten der Mädchen und Jungen der 7. Klasse eines Gymnasiums.

In diesem ersten Teilkapitel werden Aspekte der Groß- und Kleinschreibung sowie der Getrennt- und Zusammenschreibung induktiv aus situativer Anbindung heraus entwickelt, systematisiert und in abgewandelten Kontexten geübt. Meist sind mit diesem letzten Element bereits eine produktive Schreibaufgabe, eine (text-)analytische Operation oder ein Stück Sprachreflexion verbunden.

Im zweiten Teilkapitel (**„Schule war früher anders als heute – die Rechtschreibung auch"**) beleuchten historische Texte das Schul-Leben früherer Jahrhunderte. Damit wird zum einen der Lernbereich „Umgang mit Texten" integriert, zum anderen bietet das Material durch die Fremdheit der Schreibungen vielfältigen Anlass zur Reflexion über den steten Wandlungsprozess, in dem sich Sprache und Rechtschreibung befinden. Rechtschreibregelungen werden damit als Ergebnis von Konventionen erkennbar und durch die Vorstellung des Dudens gleichzeitig in ihrer Funktion und Geltungsweise beschrieben.

Das dritte Teilkapitel (**„Rechtschreibschwächen erkennen und bearbeiten"**) leitet dazu an, selbstständig individuelle Rechtschreibschwächen mit Hilfe einer Checkliste zu diagnostizieren, und stellt anschließend Rechtschreiboperationen für gezieltes Üben zur Vermeidung typischer Fehler bereit.

Vorschlag zur **Aufteilung** des Kapitels **in kleinere Lerneinheiten**:
Die unter 9.1 zusammengefassten Fallgruppen zur Groß- und Kleinschreibung und zur Getrennt- und Zusammenschreibung können im Sinne der Arbeit in kurzen Lerneinheiten folgendermaßen aufgeteilt werden:
– Groß- und Kleinschreibung in festen Fügungen
– Groß- und Kleinschreibung bei der Schreibung von Tageszeiten und Wochentagen
– Groß- und Kleinschreibung bei der Schreibung von Herkunftsbezeichnungen, geografischen Namen u. Ä.
– Getrennt- und Zusammenschreibung: Getrenntschreibung in Verbindungen mit *sein*
– Getrennt- und Zusammenschreibung: Zusammenschreibung bei untrennbaren Zusammensetzungen mit Verben

Kapitel 9.2 sollte als geschlossene Einheit und erst dann behandelt werden, wenn die Regelungen aus 9.1 als hinreichend gesichert erscheinen.

Kapitel 9.3 knüpft zwar zum Einstieg thematisch an 9.2 an, kann aber auch unabhängig davon genutzt werden. Die Einführung der Fehlerdiagnose und die Einübung in die Arbeit mit diesem Instrument sollten eine geschlossene Unterrichtseinheit bilden. Die anschließenden Übungen sind nach Bedarf einsetzbar.

Literaturhinweise

Gerhard Augst: Grundregeln der deutschen Rechtschreibung: Eine Orientierungshilfe für den Rechtschreibunterricht in der Sekundarstufe I. Soest 1990

Karl-Dieter Bünting/Dorothee Ader: Rechtschreibung und Zeichensetzung. Chur 1991

Wolfgang Eichler: Schreibenlernen. Schreiben – Rechtschreiben – Texte-Verfassen. Bochum 1992

Peter Gallmann/Horst Sitta: Handbuch Rechtschreiben. Zürich 1996

Carl Ludwig Naumann: Rechtschreibwörter und Rechtschreibregelungen: Hilfen für die Erarbeitung eines lerngruppenbezogenen Grundwortschatzes, mit einem Erfahrungsbericht von Ingrid Niedersteberg. Soest [3]1990

Texte/Gegenstände

Intentionen

– sich mit einer Sache argumentativ auseinandersetzen und den eigenen Standpunkt appellativ formulieren

– Groß- und Kleinschreibung in festen Fügungen erarbeiten und üben
– metaphorischen Sprachgebrauch reflektieren

– einen Text überarbeiten und geschlechterspezifische Bezeichnungen sachgerecht verwenden
– Schreibung von häufig gebrauchten Zeitangaben erarbeiten und festigen: Zeitadverbien; Wochentage und Tageszeiten in kontextuellen Verbindungen

– einen lyrischen Text unter besonderer Berücksichtigung der Zeitangaben deuten
– Schreibung von Staßennamen und geografischen Namen erarbeiten und beim Beschreiben und Erklären politischer Gliederungen oder regionaler Eigenarten Deutschlands einüben

– Regel zu *sein* bei der Formulierung von Wunschbildern und bei der Deutung eines Gedichtes beachten

– wortbezogene Regelungen festigen
– Zusammenschreibung von untrennbaren Verbzusammensetzungen in einem Lückentext erarbeiten

– Prinzipien der Wortbildung reflektieren

– zur Sicherung der Schreibentscheidungen mit dem allgemeinen Rechtschreibwörterbuch arbeiten
– die geübte Regelung beim Erzählen eines Tagtraums selbstständig anwenden

– Sachtexte in ihrer Struktur, Intention und Wirkung untersuchen, selber erproben und kritisch bewerten
– Informationen über schulische Verhaltensmaßregeln aus einem Text von 1729 erschließen, in moderne Diktion übertragen, mit heutigen Regeln konfrontieren und auf ihre Gültigkeit überprüfen

– im Rollenspiel eine Schulszene aus dem 19. Jh. nachvollziehen und daraus den dort geltenden Verhaltenskodex erschließen

– These und Schlüssigkeit ihrer Begründung aus einem Sachtext herausfiltern

Texte/Gegenstände

Intentionen

- *Gottlieb Conrad Pfeffel:*
  Der Papagey

- Deutsche Rechtschreibung im
  Wandel

- Lehre einer Fabel formulieren und ihre Aussage als Diskussionsbeitrag erkennen und werten
- historische Veränderungen in der Rechtschreibung beobachten und in Fallgruppen ordnen
- Fakten aus einem informierenden Text zusammenstellen und für eine Wandzeitung aufbereiten

**154 9.3 Rechtschreibschwächen
       erkennen und bearbeiten**

- *Wolfgang Amadeus Mozart:*
  Brief an seinen Vater

57 Groß- und Kleinschreibung

58 Fremdwörter – fremde Wörter?

59 Getrennt- und Zusammenschreibung

- einen Brief auf Fehler und Fehlergruppen analysieren und den Text der gültigen Rechtschreibung gemäß verbessern
- Checkliste als Instrument zur Fehlerdiagnose und zur Fehlerberichtigung kennen lernen
- selbst eine Fehlerdiagnose erstellen, Fehlerschwerpunkte erkennen und entsprechend der Checkliste korrigieren
- individuelle Fehleranalyse und Berichtigung im Partnerdiktat üben
- wortbezogene Regelungen festigen: Nomenendungen, Nomensignale wiederholen
- geläufige Fremdwörter aus einem Zeitungstext isolieren und mit Hilfe des Wörterbuchs nach Herkunft ordnen
- Liste mit Fremdwörtern aus dem Bereich der Nahrungsmittel zusammenstellen und in einem eigenen Text verwenden
- über die Herkunft von Fremdwörtern nachdenken
- Regelungen zur Getrennt- und Zusammenschreibung nach Fallgruppen getrennt wiederholen und das vorliegende Wortmaterial in eigenen Texten und Partnerdiktaten verwenden
- bei der Auflösung einer Wörterschlange die geübten Rechtschreibphänomene beachten

9.1 Eine Woche in der Lessing-Schule

S. 141   **Mehr Sicherheit auf dem Schulweg – Groß- und Kleinschreibung**

Die Aufgaben auf Seite 141 f. sollen bewusst machen, dass bei nominalisierten Ausdrücken und entsprechenden Redewendungen die geläufige Regelung zur Nomenschreibung greift. Sie eignen sich daher auch zur Wiederholung der Nomensignale. Da in diesem Bereich „Umlerner" eher Unsicherheiten zeigen, braucht man mit Schülerinnen und Schülern, die von Anfang an nach der reformierten Rechtschreibung gelernt haben, dem Üben dieser Ausdrücke nicht allzu viel Zeit zu widmen.

2 c) Nominalisierte Ausdrücke:

Auto fahren/Rad fahren   *auf Biegen und Brechen*
der Letzte/das Letzte   *bei Grün*
der Nächste, bitte   *im Großen und Ganzen/im Voraus/*
das einzig Richtige   *im Nachhinein/im Folgenden/in Bezug auf/*
den Kürzeren ziehen   *im Allgemeinen*
jeder Dritte/jede Fünfte   *(nicht) im Geringsten/nicht das Geringste*

3 Redewendungen:

sich in Acht nehmen   *im Argen liegen*
Gleiches mit Gleichem vergelten   *zum Besten geben*
auf dem Trockenen sitzen   *vor dem Nichts stehen*
das einzig Richtige tun   *im Trüben fischen*
das Weite suchen   *den Kürzeren ziehen*

4 Die Aufgabe lenkt das Augenmerk auf die z. T. gar nicht mehr bewusst wahrgenommene Metaphorik unserer Ausdrucksweise. Der Schreibauftrag kann die Funktionsweise/gedankliche Struktur von Metaphern erhellen. Während die Schüler/innen über das Bild, z. B. ‚das Weite suchen', zur Erzählung einer konkreten Situation finden, in der ‚das Weite gesucht wird', rückt das sprachreflektorische Moment in den Vordergrund, die Nomenschreibung wird nebenbei geübt.

S. 143   **„Was machst du heute Nachmittag?" – Schreibung von Tageszeiten und Wochentagen**

S. 143   *Tobias Blasius:*
Alle Verlierer sind glücklich – Randnotizen vom Tennisturnier

1 Im Text über das Grand-Prix-Turnier weist vor allem der Vorspann Diskussionsmaterial im Hinblick auf geschlechterspezifische Bezeichnungen auf: Wohl kann man problemlos von Qualifikantinnen sprechen, aber welche Möglichkeiten bestehen beim „Lucky Loser"? Die Aufgabe fordert dazu auf, verschiedene Möglichkeiten zur sprachlichen Erfassung weiblicher Handelnder zu erproben. Das soll das Bewusstsein für sprachliche Fairness schärfen, wird aber auch die damit verbundenen Formulierungsschwierigkeiten zeigen.

2 a)

Zeitadverbien		*Zeitangaben mit Nomensignalen*
vorgestern Vormittag	später	während des Mittags
gestern Abend	abends	mit 30 Minuten Verspätung
gestern Mittag	nachmittags	am Nachmittag
morgen Nachmittag		am heutigen Freitag
		am Mittwochabend
		am Donnerstagnachmittag
		um 17 Uhr
		am Ende
		am späten Mittag

b) Die Regelungen lauten:

> Bezeichnungen für Tageszeiten werden **großgeschrieben**, wenn sie **Nomen** sind. Man erkennt das oft an den üblichen Nomensignalen (Artikel – z. T. mit einer Präposition verschmolzen – oder Adjektivattribut). Bezeichnungen für Tageszeiten werden **kleingeschrieben**, wenn sie **Adverbien** sind. Tageszeitangaben kombinieren oft beide Wortarten.

3 a–c) Die Schüler/innen sollen bei diesen Aufgaben auf die Schreibung der Angaben zu Tageszeiten und Wochentagen in selbst verfassten Texten achten. Aus der Aufgaben-konstruktion ergibt sich, dass in a) schwerpunktmäßig Adverbien, in b) dagegen Zeit-angaben mit Nomensignalen verwendet werden dürften.

Diesen Unterschied bewusst zu machen und damit die Regelanwendung bei der Schreibung zu stützen, ist Ziel des letzten Auftrags.

Der Erarbeitungsprozess lässt sich verkürzen, wenn die Aufgaben arbeitsteilig behan-delt werden.

Analoge Aufträge eignen sich zur Leistungsüberprüfung:
– Wie stellst du dir einen gelungenen Ferientag vor? Beschreibe den Tagesablauf.
– Zeugnisse – Ferienbeginn – Start in den Urlaub. Beschreibe, was in der letzten Wo-che alles passiert ist.

Rolf Dieter Brinkmann: **Oh, friedlicher Mittag**   S. 144

Rolf Dieter Brinkmann, vielfach als Vertreter der „Alltagslyrik" der 70er Jahre eingeordnet, zeigt in seinen Gedichten, so kunstlos sie erscheinen, deutlich mehr als bloße Alltags-schilderei. In seinen Texten konturiert er Erfahrungen, ohne sie allerdings durch mitge-lieferte Sinnkontexte zu deuten. Im vorliegenden Text hält er einen Moment fest, der all-täglich ist und zugleich, jedenfalls in der Wahrnehmung des lyrischen Subjekts, über sich hinausweist: Die Zeitangaben sind ein geeignetes Instrument, dieser Beobachtung auf die Spur zu kommen – vgl. die Verschiebung von der Überschrift zu Z. 14, 15 f. und 19 f.

S. 144	**Einen Schüleraustausch vorbereiten – Geografische Namen und Herkunftsbezeichnungen**

S. 145	**Leipzig – Messe und mehr**

Der folgende Abschnitt ist so angelegt, dass die Jugendlichen im Zuge der Erarbeitung der Rechtschreibphänomene Informationen über die verschiedenen deutschen Bundesländer erhalten oder selbst recherchieren müssen. Viele Aufgaben sind handlungsorientiert angelegt, damit sich die sachlichen Details leichter einprägen (Prinzip des mehrkanaligen Lernens). Indem die Schüler/innen ihre Arbeitsergebnisse notieren bzw. zur Präsentation aufbereiten, üben sie wiederum die Schreibung von geografischen Namen und Herkunftsbezeichnungen. – Insofern kann es sich anbieten, diesen Unterrichtsabschnitt in Kooperation mit dem Fach Erdkunde oder Politik zu behandeln.

2 b)

Mehrteilige Eigennamen		Herkunftsbezeichnungen	
mit Bindestrich	mit Bestandteilen, die keine Nomen sind	Ableitungen auf -er	Ableitungen auf -isch
Rhein-Main-Gebiet	Dietrich von Landsberg	Leipziger Messe	das hessische Fulda
Mädler-Passage	Alte Handelsbörse	Wiener und Prager Fernstraßen	das thüringische Erfurt
Königshof-Passage	Grimmaische Straße	Naumburger und Erfurter Konkurrenz	italienische Städte
Messehof-Passage	Haus zum Kaffeebaum	(die) Leipziger	das schwäbische Augsburg
		Leipziger Allerlei	das fränkische Nürnberg
		Gobliser Schlösschen	Grimmaische Straße
		Leipziger Kaufmann	sächsischer Hofchocoladier

c) Die Rechtschreibregelungen lauten:

> Bei **Zusammensetzungen mit Eigennamen** wird der Bindestrich gesetzt, z. B. Rhein-Main-Gebiet, Mädler-Passage. Dabei werden die Eigennamen wie alle Nomen großgeschrieben.

Ausnahmen sind Verbindungen mit St. … und Bad …

> In **mehrteiligen Eigennamen mit Bestandteilen, die keine Nomen sind**, schreibt man alle Wörter groß, mit Ausnahme der Artikel und Präpositionen, z. B. Alte Handelsbörse, Grimmaische Straße, aber Haus zum Kaffebaum, Dietrich von Landsberg.
> Andere Beispiele: Vereinigte Staaten von Amerika, Freie und Hansestadt Hamburg, Unter den Linden, aber Kahler Asten

> **Herkunftsbezeichnungen mit Ableitungen auf -er** schreibt man groß, z. B. Erfurter Konkurrenz, Leipziger Allerlei.
> Andere Beispiele: Kölner Dom, Berliner Bär, Meißener Porzellan, Heidelberger Schloss
>
> **Herkunftsbezeichnungen mit Ableitungen auf -isch** gehören zur Wortart der Adjektive, deswegen schreibt man sie klein, z. B. hessisches Fulda, italienische Städte, sächsischer Hofchocoladier.
> Andere Beispiele: badischer Wein, rheinischer Frohsinn, indischer Tee

d) Das Prinzip der Großschreibung von Eigennamen dominiert in diesem Fall. Daraus ergibt sich: Gehört das Adjektiv auf -isch zu einem Eigennamen, dann wird es großgeschrieben, z. B. der Bayerische Wald, das Adriatische Meer, die Brandenburgischen Konzerte (hier als Eigenname, da von Bach komponiert), Saarländischer Rundfunk. Diese Aufgabe kann, im Rahmen einer **Klassenarbeit** gestellt, sowohl Regelkenntnisse als auch sprachreflektorische Leistungen der Schüler/innen überprüfen.

3 a) Die Bindestrich-Länder sind: Baden-Württemberg, Mecklenburg-Vorpommern, Nordrhein-Westfalen, Rheinland-Pfalz, Sachsen-Anhalt und Schleswig-Holstein.

4 a/c) Ortsnamen, die außer Nomen auch andere Wortarten enthalten, dienen fast immer der Unterscheidung oder leichteren geografischen Zuordnung und nehmen daher vielfach Lagebestimmungen mit Hilfe von Präpositionen vor. Als Orientierungsstützen fungieren meist größere geografische Einheiten, wie Flüsse, Berge etc.

6 a/b)

Adjektive	*zugehörige Landesfarben*
bay(e)risch	*weiß–blau*
baden-württembergisch	*schwarz–gelb*
berlinisch	*weiß–rot*
brandenburgisch	*rot–weiß*
bremisch	*rot–weiß*
hamburgisch	*rot–weiß*
hessisch	*rot–weiß*
mecklenburg-vorpommerisch	*blau–weiß–gelb–weiß–rot*
niedersächsisch	*schwarz–rot–gelb*
nordrhein-westfälisch	*grün–weiß–rot*
rheinland-pfälzisch	*schwarz–rot–gelb*
saarländisch	*schwarz–rot–gelb*
sächsisch	*weiß–grün*
sachsen-anhaltisch oder –anhaltinisch	*schwarz–gelb*
schleswig-holsteinisch	*blau–weiß–rot*
thüringisch	*weiß–rot*

b/c) Hinsichtlich der stilistischen Einschätzung der einzelnen Adjektive ist die Wahrscheinlichkeit, dass besonders die Doppelnamen als ungelenk empfunden werden, relativ hoch. Ähnliches dürfte für Sonderformen wie bremisch oder anhaltinisch gelten. Doch stellt sich hier die Frage, inwieweit die Macht der Gewohnheit dabei eine Rolle spielt. Das lässt sich leicht testen an unserer Reaktion auf die adjektivischen Bezeichnungen für das eigene Bundesland, verglichen mit denen weiter entfernter Länder, wohl auch noch am Grad unserer Vertrautheit mit den Bezeichnungen für die alten bzw. die neuen Bundesländer.

Bei den Landesfarben werden die zahlreichen Doppelungen erstaunen. Daraus kann man evtl. einen „Forschungsauftrag" für interessierte Schüler/innen ableiten. Werden die Fähnchen für eine Wandzeitung hergestellt, lässt sich an dieser Stelle die Funktion der Wappentiere und ihre Verwendung auf Flaggen thematisieren.

S. 146   Wünsche und Tagträume – Getrennt- und Zusammenschreibung

Verbindungen mit *sein*: Die Rechtschreibregelung ist eindeutig. Dennoch haben zumindest unsichere Schreiber/innen damit erfahrungsgemäß Probleme, da sie Überlegungen zur Zusammenschreibung von Verben leicht übergeneralisieren.

1 Beabsichtigt ist hier, dass jeweils mehrere Attribute genannt werden. Je nach Thema werden sich beim Vorstellen der einzelnen Wunschbilder kontroverse Diskussionen ergeben, die ggf. durch Hinweis oder Rückbezug auf einschlägige Texte in anderen Kapiteln des „Deutschbuchs" gestützt oder ausgeweitet werden können.

2 a/b) Der Auftrag, Fragen zu formulieren, führt mit größerer Wahrscheinlichkeit zu Sätzen, in denen die Wortgruppen mit *sein* zusammenstehen, sodass die Getrenntschreibung der Wörter augenfällig wird. Parallel dazu führt die Aufforderung, auch Personalformen zu verwenden, nach dem Unterstreichen zu der Beobachtung, dass die Wortgruppen durch andere Satzglieder getrennt erscheinen können. Dies betont die Aussage der Rechtschreibregelung.

S. 147   *Günter Kunert:* So soll es sein

Das Gedicht stellt insofern hohe Ansprüche an die Jugendlichen, als sie über die Differenz zwischen Sinn und Zweck nachdenken müssen. Die Gegenüberstellung von Zweckfreiheit und Funktionalität deutet auf das spezifische Element von Kunst hin.

Kunerts Zeilen betonen, mit unterschiedlichem Schwerpunkt in den beiden Strophen, dass das Gedicht, so wie er es versteht, sich nicht für politische oder ideologische Zwecke einspannen bzw. ausnutzen lässt.

Die Schüler/innen kennen bislang vorwiegend Gedichte, die dem Gedanken der Zweckfreiheit entsprechen, da sie im Deutschunterricht noch nicht ausdrücklich politische Lyrik behandelt haben. – Erzählende Gedichte, ein anderes Genre der Kindergedichte, dienen der Unterhaltung und damit indirekt auch dem interesselosen Wohlgefallen. – Die Jugendlichen kennen daneben aber viele Beispiele für die Instrumentalisierung lyrischen Sprechens in der Werbung; viele kennen auch, aus der eigenen (Jugendbuch-)Lektüre oder aus dem Politikunterricht, propagandistische Texte, z. B. aus der Nazi-Zeit.

Der gesamte Bereich der Getrennt- und Zusammenschreibung wurde auf der Berliner Rechtschreibkonferenz von 1901 ausgeklammert, weil man sich damals nicht einigen konnte. Entsprechend wildwüchsig entwickelten sich über die Jahrzehnte hinweg Einzelfallregelungen. Die Rechtschreibreform von 1996 versucht hier Vereinheitlichung und Klärung zu bringen. Dennoch bleiben diese Regelungen ein, nicht nur für Schüler/innen, relativ schwer durchschaubares Kapitel.

Die folgenden Texte und Aufgaben sprechen darum nur die Gruppe untrennbarer Zusammensetzungen mit Verben an und bieten dazu Systematisierungshilfen.

Sommerferien zu Hause | S. 147

4 *Oliver langweilt sich. Alle seine Freunde sind im Urlaub — nur er nicht, denn seine Eltern können ihr gerade erst eröffnetes Geschäft nicht allein lassen. Die Familie hat lange überlegt, aber es lässt sich in diesem Jahr nicht anders handhaben. Das sieht Oliver ein, auch wenn er anfangs widersprochen hat. Also räkelt Oliver sich verdrossen auf der Liege im Garten. Er will sonnenbaden, um wenigstens auch ein bisschen braun zu werden. Die Sonne brennt ziemlich stark. Er gerät ins Träumen: Die Wiese verschwimmt zum Strandbadufer am See. Seine ganze Clique ist da. Sie planen einen Triathlon: Erst müssen alle bis zur Boje draußen im See brustschwimmen und zurück kraulen, dann mit dem Rad den See umfahren und zum Abschluss vom Fahrradständer bis zum hintersten Ende der Liegewiese wettrennen. Dem Sieger winkt das größte Eis, das es am Kiosk gibt. Oliver liebäugelt schon lange damit, aber da er gut kopfrechnen kann, weiß er, dass das Eis mehr als ein Drittel seines Taschengeldes verschlingen würde. Seinen Anteil an der Siegerprämie, so schlussfolgert er messerscharf, kann er sich dagegen locker leisten. Dabei wird er vor allem mit Carsten, seinem besten Freund, um das Eis wetteifern müssen, aber wenn er beim Schwimmen und beim Radfahren seine Ausdauer ausspielt und beim Laufen durch ein lang gezogenes Finish Carsten im Sprint übertreffen könnte, müsste es klappen. Olivers Siegesgewissheit wächst: Eigentlich braucht er nur seine Leistungen vom letzten Vereinssportfest zu wiederholen, dann gewinnt er das supergroße Eis! Alle sind startklar. Und — los ins Wasser. Brrr, ist das kalt!*
Da hört er jemanden laut lachen. Seine Mutter hat ihn mit einem kräftigen Wasserschwall aus der Gießkanne geweckt. Schade um das Eis. Aber vielleicht kann er seine Mutter überreden, ihm ein Eis auszugeben.

Weitere Beispiele aus dem (erweiterten) Wortschatz:
– für Zusammensetzungen von **Verb und Adjektiv**: vollenden, weissagen.
– für Zusammensetzungen von **Nomen und Verb**: brandmarken, maßregeln, schlafwandeln, wehklagen.

Auch die Verben der folgenden Gruppe zählen zu den untrennbaren Zusammensetzungen von Nomen und Verb, doch werden sie fast nur im Infinitiv oder substantivisch, in Einzelfällen auch im Partizip I und im Partizip II gebraucht: brustschwimmen, kopfrechnen, sonnenbaden, wettrennen sind bereits im Aufgabentext enthalten.
Das Gleiche gilt für: bauchreden, bergsteigen, bruchlanden, bruchrechnen, notlanden, sandstrahlen, schutzimpfen, segelfliegen, seiltanzen, vollbringen, weissagen.
Entgegen der Behauptung der Duden-Grammatik wird brustschwimmen als Beispielwort zunehmend problematisch, weil sich, jedenfalls in der Sprache der Sportreportage, allmählich die Formulierung durchsetzt „Er schwamm 100 Meter Brust" analog zu „Sie hat die 400 Meter Lagen gewonnen".
Hier ergibt sich zwanglos eine Gelegenheit zur Reflexion des Sprachwandels durch Verwendung einer Fachterminologie (oder im allgemeinen Sprachgebrauch).

5 a) Die Gruppe der untrennbaren Zusammensetzungen von Verben mit Präpositionen ist vorrangig über das Betonungssignal identifizierbar. Bewusstes lautes Sprechen ist hier also notwendiger Bestandteil des Lernprozesses. Kontrastive Übungen (úmfahren – umfáhren) ergeben sich im Unterrichtsgespräch. Wenn man sie in Beispielsätze einbindet (Wir umfahren den See. aber nicht: Wir fahren den See um), können sie helfen, die untrennbaren von den trennbaren Zusammensetzungen zu unterscheiden.

b) Wortbeispiele: überlegen, überreden, umfahren.

6 a/b) Diese Aufgabe ist auch zur **Überprüfung des Lernstandes** geeignet. Dabei ist von den Schülerinnen und Schülern durchaus zu erwarten, dass sie – im unmittelbaren Unterrichtszusammenhang – den Wörterkorpus selbst aus dem Gedächtnis bereitstellen.

9.2 Schule war früher anders als heute – die Rechtschreibung auch

S. 149   **Schul-Gesetze, welche denen Kindern in den Teutschen Schulen vorzulesen**

In der Auseinandersetzung mit den Schulgesetzen dürfte sich zeigen, dass Grundstrukturen dieser Schulgesetze heute noch gelten, allerdings erheblich mehr Großzügigkeit hinsichtlich der Umgangsformen herrscht und die religiöse Grundorientierung zurückgetreten ist zugunsten eines allgemeinen Konsens, der auf gegenseitiger Achtung und Fairness im Umgang miteinander basiert.
Die Aufforderung, in heutiger Sprache zu formulieren, entspricht nicht nur dem normalen Bedürfnis und Vermögen der Schüler/innen, sondern soll auch Distanz zur früheren Stufe der Rechtschreibung erzeugen, damit keine unnötigen Interferenzen provoziert werden.

Möglicher Zusatztext:
Der Text aus Franken, 75 Jahre nach der württembergischen Schulordnung entstanden, kann als Paralleltext eingesetzt werden. Dabei reizt ein inhaltlicher Vergleich sowie ein Vergleich hinsichtlich der Rechtschreibung.

Vom guten Verhalten der Kinder in und außer der Schule.

1. Stehe gern früh auf; liebe den Schlaf nicht allzusehr, er macht dich träge und faul; er ist oft Ursache von manchen Krankheiten. Wer viele Stunden durchschläft, lebt weniger Stunden; weil Schlafende nicht wissen, daß sie leben.

2. Sobald du aus dem Bette aufgestanden bist: so reinige dein Angesicht und deine Hände, mache deinen Kopf zurechte und kleide dich auf eine anständige Weise an; dann aber sey das erste Geschäft das Gebet zu deinem Gott.

3. Nun übersiehe noch einmal, was du in der Schule aus dem Gedächtnis hersagen sollst. Denke dabey: Gütiger Gott, gib mir die Gnade, daß ich auch heute in der Schule viel Gutes lerne, daß ich immer weiser, frömmer und dir gefälliger werde.

4. Tritt nicht mit einem Getöse, sondern still und langsam, mit Ehrerbietung gegen den Lehrer in die Schulstube; setze dich dann in aller Bescheidenheit an deinen Platz, ohne andere Kinder neben dir zu stossen und zu beunruhigen.

5. Bete mit aller Andacht die Worte mit, welche vorgebetet werden; denke daran, daß die wahren Verehrer Gottes ihn in der Seele und nicht bloß mit dem Leibe anbeten sollen.

6. Bey dem Unterricht, den der Lehrer gibt, höre mit aller Aufmerksamkeit zu;

denn wer nicht Acht gibt, wird auch nichts lernen; und wer die Lehrer nicht hört, höret Gott nicht.

7. Laß dich von keinem Kinde, das neben dir sitzt, in der Aufmerksamkeit stören und störe du auch keines durch Plaudern oder durch Muthwillen. […]

8. Antworte dem Lehrer laut, langsam und mit aller Ehrerbietung, wenn er dich fragt; antworte nicht leicht, wenn ein anderer gefragt wird, damit es nicht scheint, als wenn du dich über deines gleichen erheben wolltest.

9. Sage anderen nicht ein, wenn sie das nicht wissen, was der Lehrer sie fragt. Denn du hilfst sonst zu ihrer Unwissenheit und Faulheit, und versündigest dich also an ihnen und ihren Aeltern.

10. Wenn du aus der heiligen Schrift oder aus einem andern Buche etwas lesen darfst: so denke zugleich über den Verstand der Worte nach, damit du immer weiser und klüger werdest.

11. Siehe dich wohl vor, daß du nicht mit Dinte oder einer anderen Unreinigkeit, die Hände oder Kleider deiner Mitschüler befleckst. Dieß zeigt von einem leichtsinnigen oder auch bösen Herzen, verursacht Hader und kann dir gerechte Strafe zuziehen.

12. Begegne allen deinen Mitschülern liebreich und freundlich, nachgebend und friedsam: so werden sie dich lieb gewinnen […].

13. Gehe nicht mit einem andern zugleich hinaus an den Ort, wo ihr etwa der Nothdurft des Leibes wegen hingehen müsset, du könntest von einem unverschämten Menschen geärgert oder zur Unverschämtheit gewöhnet werden.

14. Wenn die Schule aus ist: so lerne nicht auf der Straße, wie die ungezogenen Knaben und Mädchen zu thun pflegen, sondern gehe sittsam und stille dahin, wie es Kindern der Christen anständig ist. […]

16. Aber, mein Kind! willst du wahrhaftig glückselig werden: so mußt du das nun auch ausüben, was du in der Schule gelernt hast.

Selig sind die Gottes Wort hören und es behalten in einem feinen, guten Herzen, und bringen Frucht in Geduld. Luk. 8, 15.
Seyd Thäter des Worts, und nicht Hörer allein. Jac. 1

(aus: Volker Werb [Hg.]: Allgemeines Lesebuch. Schöningh, Paderborn 1980)

1 Überlege, ob sich das Bewusstsein und somit die Forderungen an die Lernenden im Verlauf der 75 Jahre geändert haben.

2 Mache die Unterschiede zwischen Württemberg und Franken deutlich.

Ludwig Tieck: Erinnerungen   S. 150

Der Abschnitt aus einer Tieck-Biografie reflektiert das Regelwerk der Schulordnungen des 19. Jahrhunderts im Rahmen einer auktorialen Erzählung, die einerseits den Bewusstseinsstand des jungen Schülers Tieck wiederzugeben versucht, andererseits, da 1855 entstanden, das Verhalten der Quintaner selbst im Geist der Zeit beurteilt.

2 Die Quintaner verstoßen gegen alle Regelungen, die sie innerhalb und außerhalb der Schule zum Wohlverhalten und zur Friedfertigkeit anleiten, ggf. auch zum Petzen auffordern. Die württembergische Schulordnung von 1729 beschäftigt sich damit in mindestens vier Ziffern (12, 14, 21, 24).
Für unsere heutigen Jugendlichen dürfte der Zugang zum damaligen Ordnungsdenken am ehesten im Rollenspiel zu erschließen sein.

S. 152   *Erhard Weigel:* **Die Tätigkeit des Geistes**

Das Verblüffende an Weigels Begründung besteht darin, dass er sich bei der Abwehr des Aberglaubens ebenso auf eine Glaubensposition – wenn auch von anderer Qualität – stützt. Auch die Reihung der Begriffe „Rechner – rechenschaftlich – Rechenschaft – Rechen-Schulen" erscheint uns heute nicht mehr schlüssig, da hier eine formal-rationale Operation (Rechnen) mit Begriffen aus der Ethik gleichgesetzt und damit moralisch aufgeladen wird. Daran ist etymologisch richtig, dass mhd. *rech(en)en* (von ahd. *rebhanon*, urspr. = ordnen) und spätmhd. *rechinschaft* = (Geld)berechnung, Rechnungsablegung nahe beieinander liegen.

S. 152   *Gottlieb Conrad Pfeffel:* **Der Papagey**

In dieser Fabel wird der Papagei zusammen mit dem „Rector", seinem Lehrer, der Lächerlichkeit preisgegeben. Indem er das, was er sagt, nicht versteht, stellt er die bloß noch rhetorische Wiedergabe auswendig gelernter lateinischer Texte bloß. So besteht die lateinische Gelehrtensprache für Pfeffel nur in der Fähigkeit, „laut" und ohne Verstand „im Cicero, Virgil und Cäsar" zu lesen. Darum fällt es dem Häher auch so leicht, den Papagei lächerlich zu machen: Der weiß nicht, was er sagt, als er dümmlich-angeberisch auf das Angebot des „brüderlichen Gruß(es)" hin die „Aeneide" zitiert.
An der Frage nach dem Sinn muss er stotternd scheitern. Der „Lehrling", den sein „Patron" schon grundlos (innerhalb von drei Zeilen) zum „Magister" promoviert, wird nach seinem misslungenen Auftritt vom Vogelchor gar als „Gelehrter" bezeichnet, doch der Ehrentitel ist in spöttischer Verkehrung zum höhnenden Spitznamen geworden.
„Der Mann in Us" (Z. 9) ist eine verballhornende Anspielung auf den Namen „Magister Psittacus", den der Papagei vom Rektor erhält.

5   Die Formulierungen in den Teilaufgaben vermeiden absichtlich den Begriff „Fehler", denn es geht darum, ein Bewusstsein dafür zu erzeugen, dass Sprache und Rechtschreibung sich in einem Wandlungsprozess befinden, in dem die Kategorien „richtig" oder „falsch" unangemessen sind. Wertungen dieser Art, denen die Schüler/innen ja ihrerseits unterliegen, gelten immer nur innerhalb eines zu einem bestimmten historischen Zeitpunkt gegebenen Ordnungssystems. Dieses gibt es für die Rechtschreibung im deutschen Sprachraum verbindlich erst seit der von Konrad Duden entscheidend mit vorbereiteten und beeinflussten Orthografischen Konferenz von 1901, in deren Gefolge der Duden zum Leitmedium der deutschen Rechtschreibung wurde. Die jüngste Rechtschreibreform, die seit 1998 greift, ist, anders als die Konferenzergebnisse von 1901, ein Resultat der Absprachen aller deutschsprachigen Länder.
Kategorien zur Ordnung der Abweichungen in der Rechtschreibung:
– Groß- und Kleinschreibung
– Laut-Buchstaben-Beziehung: Konsonantenverdopplung, Vokaldehnung, s-Laut
   Darunter lassen sich auch Sonderfälle wie Schreibung von Orts- und Herkunftsbezeichnungen, Tageszeiten usw. subsumieren.
Das Kriterium Silbentrennung wird zwar auch bedient, ist aber insgesamt wenig ergiebig, das Kriterium Getrennt- und Zusammenschreibung ist unterrichtlich noch nicht gründlich genug behandelt, um es hier systematisch zu erfassen. Einzelbeobachtungen der Arbeitsgruppen können natürlich in einer weiteren Spalte aufgelistet werden.

Deutsche Rechtschreibung im Wandel   **S. 153**

Der kurze historische Abriss zur Entwicklung des Regelwerks für die deutsche Rechtschreibung rundet das Teilkapitel mit Textbeispielen unterschiedlicher Stadien in der (bis
dahin noch ungeregelten) Rechtschreibung ab. Die Darstellung weist hin auf die Rolle von
Konrad Duden. Sie verdeutlicht abschließend, dass Rechtschreibregelungen als Konventionen auf Verabredungen beruhen, daher nur relative Gültigkeit besitzen, dass es jedoch
legitim ist, die Beachtung der jeweils geltenden Regelungen einzufordern.

6 Der Auftrag, eine Wandzeitung zu fertigen, resultiert aus der Erkenntnis, dass gerade relativ abstrakter Stoff handelnd bearbeitet werden sollte, damit der Lernerfolg abgesichert
werden kann.

9.3 Rechtschreibschwächen erkennen und bearbeiten

Wolfgang Amadeus Mozart: Brief an seinen Vater   **S. 154**

1 Das laute Lesen dient dazu, die Verständnisklippen zu umschiffen, die sich beim stummen
Lesen in vielen Köpfen ergeben dürften. Außerdem werden dabei die französischen Ein-
schläge in der Sprache deutlich hervorgehoben und können für die folgende Aufgabe aus-
gegliedert werden.

2 Die Suche nach Fallgruppen und dazu passenden Oberbegriffen ist der erste Schritt zu
einer selbstständigen Fehlerdiagnose. Ein „Fehlerschwerpunkt" ist der Bereich der Groß-
und Kleinschreibung; hier kann sogar differenziert werden nach: Großschreibung von
Nomen und Eigennamen, Großschreibung am Satzanfang, Großschreibung von nominalisierten Verben und Adjektiven, z. T. nach Indefinitpronomen.
Ein weiterer Schwerpunkt ist die Laut-Buchstaben-Beziehung, da im Mozart-Text Dehnung
und Schärfung vielfach anders als in der heutigen Schreibung gehandhabt werden; hier
könnte man den s-Laut als Sondergruppe hervorheben.

S. 155

Die Arbeit mit dieser Berichtigungs-Checkliste kann einen wichtigen Beitrag zur zunehmend selbstständigen Bearbeitung von individuellen Fehlern leisten, denn sie leitet ihre
Benutzer nicht nur dazu an, die Qualität der beobachteten Fehler zu diagnostizieren, sondern sie liefert auch jeweils Rechtschreiboperationen für konkrete Übungsschritte. Diese
sind ihrerseits verallgemeinerbar, können also in ähnlichen Fällen analog angewendet
werden.
Die Fehlerzeichen der Checkliste weichen von den „offiziellen" Fehlermarkierungen
mehr oder minder deutlich ab, aus folgendem Grund: Indem sie inhaltlich und in der
Begrifflichkeit die aus dem Unterricht bekannten Regelungen aufnehmen, d. h. auch innerhalb der Fehlergruppen (z. B. „R") zusätzlich differenzieren, sind sie für die Schü-
ler/innen einsichtiger und aussagekräftiger. Sie sind genauer auf den Lernstand abgestimmt.

Wenn der Lehrer/die Lehrerin und die Klasse die Nutzung dieser Fehlermarkierungen vereinbaren, sind damit nach einer gewissen Übungsphase Eigen- und Fremdkorrekturen und binnendifferenzierte Berichtigungen realisierbar. Die Überprüfung durch den Unterrichtenden leistet dabei im Sinne der Methodenübergabe Hilfe zur Selbsthilfe.

3| a)		
L–P, St–P	*Meine Mutter ist berufstätige Hausfrau. Sie schimft stendig*
WB	*darüber, wie rücksichtsloß manche Leute sind. Ich kann ihre*
R	*Fragen verstehen: Weshalb müssen Pänsionäre, ältere Haus-*
R	*frauen, jüngere Hausfrauen mit Kleinkindern, also Persohnen,*
N	*die den Zeitpunkt ihres einkaufens selbst bestimmen können,*
S	*die Geschäfte oft noch kurz vor Ladenschluß stürmen?*
N	*Meine Mutter hat Wochentags jeweils nur eine Stunde Zeit,*
N, Tr	*das notwendige für uns alle einzukaufen. Gerade diese Feiera-*
N	*bendzeit sollte doch zum einkaufen für Berufstätige reser-*
N, Z	*viert bleiben. Es wäre doch das beste wenn sich alle bei der*
	Wahl der Einkaufszeit weniger gedankenlos verhielten.
St–P	*Noch besser wäre es natürlich, wenn sich die Parteien entlich*
	entschließen könnten, die Ladenschlusszeiten zu lockern, da-
	mit dieser ganze Stress überflüssig wird. Die Arbeitszeit der
S, G–Z	*Verkäuferinnen und Verkäufer muß dadurch janicht länger*
	werden. Jedenfalls würde sich dann in unserer Familie die
N	*Stimmung Abends deutlich heben.*

|4| a/b) Im nächsten Übungsschritt arbeiten die Schüler/innen bereits individuell und selbstständig mit eigenen Diktaten, können sich dabei aber durch Vergleich mit der Textvorlage hinsichtlich der korrekten Schreibung absichern. Danach soll das Augenmerk der Schüler/innen auf ihre eigenen Arbeiten und damit die individuellen Fehlerschwerpunkte gerichtet werden.

Zum Tipp: Zu denken ist dabei z. B. an die Funktion der Rechtschreibkartei als persönlicher Fehlerkartei. Fehler mit der Kennzeichnung R werden auf einer neu anzulegenden Karte vermerkt; Bei St-P, WB, S, G-Z kann es sinnvoller sein, Begriffe einer Phänomengruppe gemeinsam zu notieren und mit bereits in der Kartei vorhandenen Begriffe zu kombinieren. Der Rückgriff auf schon eingetragene Wörter bietet die Möglichkeit der vertiefenden Wiederholung und erschließt auch zusätzliche Beispielwörter. Dies kann besonders dann nützlich sein, wenn die Schüler/innen ihre Kartei zum eigenständigen Üben nutzen oder sich gegenseitig aus dem Fundus der Kartei Aufgaben, z. B. in Partnerdiktaten, stellen.

S. 157 | **Groß- und Kleinschreibung**

1	-heit	-keit	-nis	-schaft	-tum	-ung
	Rohheit	*Heiterkeit*	*Erlebnis*	*Rechenschaft*	*Eigentum*	*Belohnung*
	Sicherheit	*Traurigkeit*	*Ergebnis*	*Gemeinschaft*	*Wachstum*	*Ordnung*
	Fremdheit	*Eitelkeit*	*Wagnis*	*Bekanntschaft*	*Heiligtum*	*Tröstung*
					Brauchtum	

2 *Im Großen und Ganzen war der Lehrer mit den Leistungen der Klasse zufrieden. Er war sich allerdings darüber im Klaren, dass der Eifer nur bis zur nächsten Arbeit anhalten würde. Im Allgemeinen fiel die Aufmerksamkeit der Klasse nach einer Arbeit für einige Stunden deutlich ab. Da half dann auch kein Reden oder lautes Zetern. Darum dachte er nicht im Entferntesten mehr daran, die Klasse jedes Mal zu ermahnen, dafür war ihm die Zeit zu schade – sollten sie doch ihre Erfahrungen selber machen. Wenn dann der nächste Test bei den meisten wenig Gelungenes aufwies, begannen sie fast von selbst wieder zu arbeiten.*

Hier treten noch einmal Präpositionen, z. T. mit integrierten Artikeln, Adjektivattribute und unbestimmte Zahlwörter als **Nomensignale** in Erscheinung.

Fremdwörter – fremde Wörter? S. 158

Die Übung bietet eine kurze Beschäftigung mit dem komplexen Thema „Fremdwörter". Der Zeitungstext enthält zahlreiche, oft auch unnötige Fremdwörter, die den Schülerinnen und Schülern alle geläufig sein dürften.

1 / 2 englisch	lateinisch	französisch	griechisch
cool	Intelligenz	Maschine	Telefon
Computer	Super(-markt)		automatisch
clever	intelligent		logisch
(Strich-)Code			

Die erste Übung führt möglicherweise zu differierenden Ergebnissen, da neben den klar erkennbaren Fremdwörtern auch einige Begriffe enthalten sind, die wahrscheinlich gar nicht mehr als Fremdwörter erkannt werden, z. B. Telefon oder Supermarkt. Hieran kann man die Integration von Fremdwörtern in die deutsche Sprache thematisieren. Dennoch wird hier bewusst noch auf eine Systematisierung der Anpassungstendenzen in der Schreibung verzichtet, weil der überwiegende Teil der aus dem Lateinischen oder Griechischen übernommenen Fremdwörter seltener zum aktiven Wortschatz der Schüler/innen gehört. Dabei handelt es sich oft um abstrakte Begriffe und es besteht keine Notwendigkeit, die Jugendlichen an den Fremdworteinsatz zu gewöhnen, bevor er sich aus dem eigenen Ausdrucksbedürfnis, z. T. in Fachsprachen, entwickelt.

Darum kann man als Zusatzübung die Aufgabe stellen, den Text sprachlich zu überarbeiten und unnötige Fremdwörter zu ersetzen.

3 Im nächsten Aufgabenschritt ist die gesamte Palette des Speiseangebots aus den klassischen Reiseländern oder auch den Fastfood-Restaurants erfragt. Wichtig ist hier die jeweils korrekte Schreibung. Ausländische Mitschüler/innen können ihre Erfahrungen einbringen.

5 Zusammen mit den Erfahrungen aus den vorangegangenen Aufgaben lassen sich folgende Gründe für die hohe Frequenz an Anglizismen und Amerikanismen nennen:
- Mit dem Fremdwort bezeichnen wir das, was in einem anderen Land/einer anderen Sprache erfunden, entwickelt, entdeckt wurde. Oft ist auch die führende Stellung eines Landes auf einem bestimmten Gebiet der Grund für die Übernahme der Begriffe.
- Das Phänomen der Lehnworte stellt die Jugendlichen vor große Probleme bei der Identifizierung und sollte genau wie das Thema „Fremdwörter" insgesamt erst in Klasse 8 behandelt werden.

S. 159 **Getrennt- und Zusammenschreibung**

1. Bei Übungen zum Getrennt- und Zusammenschreiben anhand von Wörterlisten ist die Gefahr der Verunsicherung durch die Ähnlichkeitshemmung besonders groß. Daher bekommen die Schüler/innen hier Wortgruppen vorgelegt, die in sich jeweils Beispiele einer Regelungsgruppe enthalten. Bei der Suche nach der richtigen Schreibung können sich Wiedererkennung einzelner Beispielwörter und Erinnerung an die Schreibregelung wechselseitig ergänzen. Von einem Wort kann dann auf die Schreibung aller Wörter einer Gruppe geschlossen werden.

2./3. Die Aufgaben verpflichten dazu, beim Erzählen die kritischen Wörter besonders im Blick zu behalten. Auch hier kann wechselseitiges Korrekturlesen einen zusätzlichen Übungseffekt erzeugen.

4. a/b) Die Aufgabe kombiniert eine weitere Übung zu Verbindungen mit *sein* mit einem sprachreflektorischen Zugriff: Zu unterscheiden sind solche Begriffe, die einander inhaltlich entgegengesetzt sind, wie z. B. frustriert sein – begeistert sein, und solche, die im logischen Widerspruch zueinander stehen, wie z. B. da sein – nicht da sein. Für das unterrichtliche Gespräch ist die Beobachtung wichtig, dass es zu bestimmten Begriffen klare Gegensätze gibt, zu anderen dagegen mehrere Kontrastbegriffe.

5. Die Aufgabe kombiniert Methodenübergabe und Rechtschreibübung:
   - *Übung macht den Meister und die Meisterin.*
   - *Rechtschreiben lernt man durch Schreiben.*
   - *Übe in kurzen Lerneinheiten.*
   - *Nutze viele verschiedene Arbeitsformen.*
   - *Schreibe ordentlich und übersichtlich.*
   - *Übe in regelmäßigen Abständen.*
   - *Spielen macht Spaß, auch Spielen mit Sprache.*
   - *Erkenne deine persönlichen Rechtschreibschwächen.*
   - *Halte das Rechtschreibwörterbuch immer griffbereit.*
   - *Aus Fehlern kannst du lernen.*

Übungsmaterial im „Deutschbuch 7 Arbeitsheft"

- Groß- und Kleinschreibung: S. 48–58
  - Nominalisierte Verben: S. 49–51
  - Nominalisierte Adjektive/Partizipien: S. 52–53
  - Großschreibung nach Indefinitpronomen: S. 54
  - Tageszeiten und Wochentage: S. 55
  - Geografische Namen und Herkunftsbezeichnungen: S. 56–57
- Getrennt- und Zusammenschreibung: S. 59–61
- Fremdwörter: S. 62–64
- Silbentrennung: S. 65–67
- Kurze Vokale (Konsonantenverdopplung): S. 68–69
- Lange Vokale: S. 70–76
  - mit einfachen Buchstaben: S. 70
  - mit nachfolgendem h: S. 71–73
  - langes i: S. 74–76
- s-Laut: S. 77–78

Lernerfolgskontrolle/Themen für Klassenarbeiten

Instruction
für die Lehrer der Gymnasien und Realschulen der Rheinprovinz. (1867)

§ 1. Den Direktor der Anstalt hat der Lehrer in allen sein Lehramt angehenden Verhältnissen als seinen nächsten Vorgesetzten zu betrachten, sich an denselben in allen, sein Amt betreffenden Angelegenheiten zunächst zu wenden, demselben zu jeder Zeit die gebührende Achtung zu erweisen und dessen Erinnerungen, Anordnungen und Anweisungen in jeder amtlichen Beziehung Folge zu leisten; etwaige Gegenvorstellungen aber mit bescheidener Achtung seiner Stellung zu demselben vorzutragen [...]. Eingaben an die Staats- und Localbehörden, zu denen er in seinen amtlichen Verhältnissen Anlaß findet, hat er dem Direktor zur Beförderung zu übergeben.

§ 2. Er hat die ihm nach seiner Vocation wöchentlich obliegenden Unterrichtsstunden, nach der vom Direktor beim Anfange eines jeden Cursus zu gebende Bestimmung in den ihm zugewiesenen Klassen und Fächern zu ertheilen und wenn er seine Stunden zu halten verhindert ist, den Direktor zeitig davon zu benachrichtigen; auch falls einer der übrigen Lehrer erkrankt oder anderweitig verhindert ist, nach Anordnung des Direktors über seine vocationsmäßige Stundenzahl hinaus Aushülfe zu leisten.
An den Schulandachten und Gottesdiensten seiner Confession [...] und an der Aufsicht über die Schüler bei denselben, wie auch an der Beaufsichtigung der Turn- und Schwimm-Uebungen und an der Schulaufsicht vor dem Unterricht und während der Pausen, hat er nach Anwei-

sung des Direktors Theil zu nehmen. Ueberträgt ihm der Direktor die Aufsicht über die Bibliothek oder eine Sammlung der Anstalt, so hat er dieselben nach Anweisung und unter Oberaufsicht des Direktors zu verwalten [...]. Den Conferenzen [...] hat er pünktlich beizuwohnen, auch in denselben auf Aufforderung des Direktors ein Referat für dieselben zu übernehmen oder das Protokoll zu führen. [...] In Abwechslung mit den übrigen wissenschaftlichen Lehrern hat er nach Bestimmung des Direktors die Festrede bei Schulfeierlichkeiten zu halten. Wenn ihm der Direktor das Ordinariat einer Klasse anvertraut, so hat er dasselbe nach den dafür bestehenden Vorschriften zu führen.

§ 3. Das Wohl und den Ruf der Anstalt hat er in jeder Beziehung nach Kräften zu fördern, sich eines achtungsvollen, einträchtigen und freundschaftlichen Verhaltens gegen alle seine Mitarbeiter zu befleißigen, die individuellen Verhältnisse der Anstalt gebührend zu berücksichtigen, und jedes eigenmächtige Eingreifen in dieselbe zu meiden.

§ 4. Was die Methode und Ziele des Unterrichts und die Lehrmittel anbetrifft, so hat er die von dem Direktor ihm hierüber zu ertheilenden Weisungen genau zu befolgen und allen Fleiß anzuwenden, daß das ihm für die einzelnen Unterrichtsfächer in jedem Schuljahre gesetzte Ziel, auf dem bezeichneten Wege wirklich erreicht werde. [...]

(aus: Gymnasium Borbeck 1905–1995. Chronik einer Schule im 20. Jahrhundert.
Hg. v. Verein der Freunde und Förderer des Gymnasiums Borbeck. Essen 1995, S. 8)

1 Formuliere die Anweisung an die Lehrer in eigenen Worten.

2 Markiere und klassifiziere die Abweichungen in der Rechtschreibung und setze sie in die heute gültige Schreibung.

10 Junge Heldinnen und Helden: Geschichten von heute

Konzeption des Gesamtkapitels

Die Arbeit am eigenen, noch nicht gefestigten, immer wieder bedrohten Selbstbewusstsein ist eine zentrale lebensgeschichtliche Aufgabe für Jugendliche in der Klasse 7. Seit jeher gibt es in dieser Altersstufe daher eine besondere Sensibilität für heldenhafte Vorbilder, mit deren Hilfe man das eigene, labile Ich verlassen und sich in ein fiktives stärkeres Ich hineinfantasieren kann; in der modernen Kommunikationsgesellschaft werden klassische Helden in dieser Funktion allerdings zunehmend von Medienhelden oder den Stars der Musik- und Lifestyle-Branche ersetzt.

Die Textauswahl dieses Kapitels setzt drei Schwerpunkte:

Im ersten Teilkapitel (**„Heldengeschichten"**) finden die Schülerinnen und Schüler zunächst jugendliche Helden/Heldinnen vor, die im 20. Jahrhundert leben und deren Alltag deshalb gut nachvollziehbar ist, deren geografische Herkunft (Südamerika) und gesellschaftliche Kontexte für junge deutsche Leserinnen und Leser jedoch zugleich ein Moment interessanter Fremdheit mit sich bringen.

Im zweiten Teilkapitel (**„Heldinnen und Helden des Alltags"**), das die Vorstellung des Helden von der modernen Figur des Stars abgrenzt, werden die Schülerinnen und Schüler angeregt, eigene Vorstellungen vom Helden aus Alltagssituationen heraus zu entwickeln. Hier ist der Lernbereich „Sprechen und Schreiben" integriert.

Im dritten Teilkapitel (**„Ein junger Star im Werbefernsehen"**) geht es um einen jugendlichen Medienstar. Die Textauswahl zeigt sowohl das Verführerische des Star-Lebens als auch die damit drohenden Verluste an Authentizität und Selbstbestimmung.

Die Auseinandersetzung mit den Texten regt die Schülerinnen und Schüler an, Merkmale wie Ausdauer, Mut, Selbstständigkeit und Aufmerksamkeit wahrzunehmen, über sie nachzudenken und so die eigene Persönlichkeitsentwicklung zu unterstützen. Im fachlichen Bereich wird damit der Schwerpunkt „Figurencharakterisierung" verbunden.

Literaturhinweise

Klaus Doderer (Hg.): Neue Helden in der Kinder- und Jugendliteratur. Juventa Verlag, Weinheim und München 1986

Dieter Schnack/Rainer Neutzling: Kleine Helden in Not. Jungen auf der Suche nach Männlichkeit. Rowohlt, Reinbek 1990

10.1 Heldengeschichten

„Flickflack auf dem Schwebebalken": Kanada 1991; Regie: Elisabeta Bostan; Buch: Elisabeta Bostan, Vasilica Istrate; Produktion: Rock Demers; 90 Minuten
Die Autorin und Regisseurin nimmt sich in diesem Film den Aufstieg der legendären rumänischen Olympiasiegerin Nadia Comaneçi zum Vorbild. Spektakuläre Aufnahmen atemberaubender Turnkunst in Wettkämpfen verstellen nicht den Blick auf die harte Trainingsarbeit der ganz jungen Turnerinnen.

S. 161

1 Mit dem Foto sind Ausdauer, systematische Übung und Selbstdisziplin als Voraussetzungen für persönliche Erfolge angesprochen. Solche Tugenden geraten bei Schülerinnen und Schülern der Klasse 7 oft in einen starken Zielkonflikt mit Wünschen nach spontaner Bedürfnisbefriedigung. Dieser Konflikt kann zur Eröffnung der Sequenz intensiv diskutiert werden.

2 a–c) Die Liste der Gelegenheiten kann auf die bei Aufgabe 1 geführte Diskussion bezogen werden. Fragestellung: Hinter welchen Erfolgen, die ihr benannt habt, stecken viel Anstrengung, Ausdauer und Selbstdisziplin?

S. 162

Joao Ubaldo Ribeiro: Geraldos Auftritt

Der Text von Ribeiro greift den Aspekt der Ausdauer wieder auf: „… Nur die Ausdauer macht den wahren Zauberer aus" (Z. 21 f.).

1 Geraldos Selbstbewusstsein ist bedroht, weil er in dem Moment, in dem er erstmals mit einem Mädchen verliebte Blicke austauscht, vom Lehrer hinausgeworfen wird und sich damit evtl. demütigen lassen muss. („Maria Helena schaute ihn von dort oben an, während er sich erhob, um das Klassenzimmer zu verlassen, wie Cicero befohlen hatte."/Z. 163 ff.). Geraldos innere Verunsicherung wird äußerlich durch seine Zerfahrenheit („Als er sich nämlich erhob, um hinauszugehen, … verhedderte er sich mit seiner Schultasche und den Heften … "/Z. 125 ff.) und sein Stolpern ausgedrückt („… dass Geraldo leicht über die Schwelle stolperte, bevor er hinausging …"/Z. 175 ff.).

2 Mögliches Tafelbild:

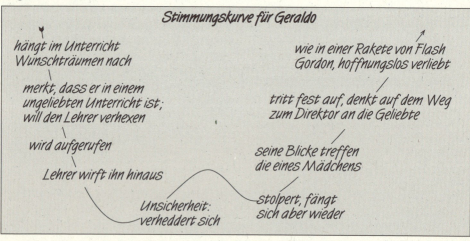

Stimmungskurve für Geraldo

hängt im Unterricht
Wunschträumen nach

wie in einer Rakete von Flash
Gordon, hoffnungslos verliebt

merkt, dass er in einem
ungeliebten Unterricht ist;
will den Lehrer verhexen

tritt fest auf, denkt auf dem Weg
zum Direktor an die Geliebte

wird aufgerufen

seine Blicke treffen
die eines Mädchens

Lehrer wirft ihn hinaus

Unsicherheit:
verheddert sich

stolpert, fängt
sich aber wieder

3 a) Mögliche weitere Gegensatzpaare:

empfindlich	*dickfellig*
selbstherrlich/arrogant	*bescheiden*
friedlich	*aggressiv*
leichtfertig/leichtsinnig	*kontrolliert*
beherrscht/besonnen	*aufbrausend/jähzornig*
draufgängerisch	*vorsichtig*
durchschnittlich	*exzentrisch*
leidenschaftlich	*kühl*
gesprächig	*zurückhaltend*
vernünftig	*töricht*

4 Hier können – wenn nötig – Übungen zum Zitierverfahren angeschlossen werden.

Monica Zak: Pumas Tochter
S. 165

Der Jugendroman erzählt von einer in Europa wenig bekannten Tragödie in Mittelamerika: der Verfolgung der Indígena-Einheimischen in Guatemala. Während der letzten 30 Jahre sind in diesem vergleichsweise kleinen Land mehr als 100 000 Menschen ermordet und mindestens 35 000 vom Militär festgenommen worden und dann spurlos verschwunden. In dieser Zeit wurden 70 000 Indígenas umgebracht. Bedrückender realer Hintergrund des Buches ist ein Massaker, das Regierungstruppen in Guatemala am 17. Juli 1982 auf der landwirtschaftlichen Kooperative San Francisco verübten. Dabei wurden 352 unbewaffnete Zivilisten, meist Indígena-Familien, umgebracht. Offensichtlich wollte das Militär mit dem Massenmord die Lebensmittelversorgung der Guerillabewegung in dem kleinen Dorf unterbinden.
Monica Zaks Erzählung wurde mit dem Deutschen Jugendbuchpreis ausgezeichnet.

1 – 3 Diese Übungen nutzen nonverbale Resonanzen auf den Text, um eine Interpretation aufzubauen. Die Musikvorschläge der Schüler/innen sollten nicht zu schnell auf ihren interpretatorischen Zweck reduziert werden. Auf das kombinierte Präsentieren von Musik und Text kann zunächst mit eher assoziativen Verfahren wie Blitzlicht – jede/r sagt reihum einen Satz, der ihm beim Anhören von Text und Musik durch den Kopf gegangen ist – oder Brainstorming sprachlich reagiert werden.

Möglichkeit der Weiterarbeit:
Nach der Erarbeitung des Textes kann der Film „Die Tochter des Puma" vorgeführt werden: Dänemark/Schweden 1994, 101 Minuten; Regie: Ulf Hultberg, Asa Faringer; Drehbuch: Bob Foss frei nach Monica Zaks Roman; 16 mm und Video.
Ausleihadresse: Kinder- und Jugendfilmzentrum in der Bundesrepublik Deutschland, KJF Medienverleih, Postfach 3004, 55020 Mainz; Tel.: 06131/28788-20; Fax: 06131/28788-25. Zu dem Film sind ein ausführliches Begleitheft und Unterrichtsmaterialien erhältlich.
Der Regisseur Ulf Hultberg war früher Generalsekretär des Kinderhilfswerks „Rettet die Kinder" für Mittelamerika.

Der Film wurde bei Jugendlichen in Skandinavien ein großer Erfolg. Im ersten Jahr sahen ihn allein in Schweden 300 000 Jugendliche. Rigoberta Menchú, die Friedensnobelpreisträgerin des Jahres 1992, schrieb zu dem Film: „Leider ist die Wirklichkeit noch viel schrecklicher und man kann sie nicht dokumentieren. Das Wichtigste ist, dass das guatemaltekische Volk an einem Film teilgenommen hat, wozu man noch nie Gelegenheit hatte.

‚Die Tochter des Puma' wird einem gewissen Widerstand begegnen, weil der Film ein kraft-
voller Akt der Anklage gegen die Überschreitung der Menschenrechte ist. Der Film ‚Die
Tochter des Puma' ist auch eine Huldigung an die Flüchtlinge aus dieser Welt – auf der
Flucht während des Krieges." (Pressemitteilung des KJF)
Michael Bloech schrieb in „medien & erziehung": „Wenn ein ‚Kinderfilm' das Thema Bür-
gerkrieg in Guatemala aufgreift und dabei auch die Grausamkeiten des dortigen Militärs in
aller Deutlichkeit zeigt, dann ist das für behütete deutsche Kinder sicher zunächst sehr er-
schütternd. […] Von der exzellenten Kamera über komplexe Montageformen bis hin zum
packenden Einsatz von Geräuschen und Musik orientiert sich der Film am erfolgreichen
Politfilm in der Tradition von Costa Gavras, Francis Ford Coppola, Robert Spotiswood oder
Oliver Stone."

10.2 Heldinnen und Helden des Alltags

S. 168 **Helden oder Stars?**

[1] Bekannter als die klassischen Helden sind inzwischen Heldenfiguren wie James Bond
oder He-Man. Evtl. müssen traditionelle Helden wie Siegfried oder Odysseus durch die
Nacherzählung einiger Episoden kurz vergegenwärtigt werden, damit die Schüler/innen
den traditionellen Helden vom modernen „Star" (Popgrößen etc.) abgrenzen können.
Mögliche weitere Angaben:
– *rettet andere*
– *ist oft stark und gewitzt*
– *bekämpft oft das Böse*
– *handelt uneigennützig*
– *wird von vielen bewundert*

[3] a) Siehe hierzu die Eintragung im Schülerduden „Die Literatur" (S. 193), die weiterführen-
des literaturwissenschaftliches Know-how vermittelt, das Schülerinnen und Schülern
der 7. Klasse in der Regel noch nicht zur Verfügung steht und das an dieser Stelle vermittelt werden kann.

Held: ursprünglich ein Mann, vornehmlich ein Krieger, der sich durch hervorragende Tapferkeit und besonders ruhmreiche Taten auszeichnete. In
5 dieser Bedeutung erscheinen v. a. die Hauptpersonen in der Heldensage. Als Held wird darüber hinaus auch eine Person betitelt, die im Mittelpunkt eines Geschehens steht oder durch vorbildliches Verhalten Bewunderung und
10 Anerkennung hervorruft. – In epischen und dramatischen Dichtungen meint „Held" im Allgemeinen die Hauptperson. War diese im Barockdrama bzw. -roman noch durch ihre soziale Fallhöhe, Willenskraft und ihr vorbildhaftes heroisches Auftreten gekennzeichnet, so wird später auch die unheldisch auftretende Hauptfigur, die aus sozial niederen Schichten stammt, als Held bezeichnet. Als Verkörperung positiver Ideale (positiver Held) begegnet der Held seit etwa 1850 fast nur noch in der Trivialliteratur […].

4 Oft treffen folgende Eigenschaften nicht zu:
- *riskiert etwas, vielleicht sogar das eigene Leben*
- *bewährt sich in großen Gefahren*
- *rettet andere*
- *ist oft stark und gewitzt*
- *bekämpft oft das Böse*
- *handelt uneigennützig*

6 a) Mögliches Tafelbild:

> **Ein Star**
> - *hat etwas, das viele andere auch gerne hätten*
> - *ist oft im Fernsehen und in Illustrierten zu sehen*
> - *wird von vielen bewundert oder sogar „angehimmelt"*
> - *kann etwas, das viele andere auch gerne beherrschen würden*
> - *wird von Plattenfirmen, Illustrierten und Fernsehsendungen mit hohen Einschalt-*
>   *quoten „aufgebaut"*
> - *verdient viel Geld*
> - *muss damit rechnen, dass sein Privatleben veröffentlicht wird*
> - *wird oft nach wenigen Jahren schon wieder vergessen*

b) **Star:** (engl.: Stern) eine bekannte Person in den Bereichen Film, Theater, Sport usw., die von den Medien einem breiten (internationalen) Publikum bekannt gemacht worden ist, die über besondere Eigenschaften verfügt und die bei „Auftritten" viele Fans anzieht. Medien wie das Fernsehen oder Illustrierte steigern mit Hilfe von Stars ihre Einschaltquoten bzw. Auflagen. Etwa 1920 begann die amerikanische Filmindustrie mit dem planmäßigen Aufbau eines Starkults mittels Werbung und Public Relations.

Möglichkeit der Weiterarbeit:
Manche Klassen neigen dazu, sich von Stars, die sie kennen, durch Übertreibung und Zuspitzung satirisch zu distanzieren. Diese Grundhaltung kann in Form von „Star-Satiren" umgesetzt werden. Ein Beispiel:

Star-Satire

André von „Limestone Pipe" hat eine nette, freundliche, glockenhelle Stimme, die er zu einer umwerfenden Hardcore-Hiphop-Musik einsetzt und die ihn zum
5 Schwarm aller Mädchen macht. Wo er auftaucht, steckt er nach wenigen Minuten im Fan-Stau, beschützt von zwanzig bärenstarken Leibwächtern. Jeden Morgen muss André eine äußerst schwierige
10 Entscheidung treffen, wenn er vor seinen Hosen, T-Shirts und Socken steht und sein Outfit für Linda und Corinna, Carina, Melody und all die anderen Millionen dahinschmelzender Mädchen wählen
15 muss …

1 Warum haben Andre M. und Jan F., zwei 13-jährige Schüler, wohl den Star André erfunden und diesen Text über ihn geschrieben?

2 Welche weiteren Verhaltensweisen von Stars und ihren Fans könnte man in dieser Satire darstellen?

3 Schreibe eine Fortsetzung, in der besonders viele witzige Übertreibungen vorkommen.

4 Entwickelt selbst eine Star-Satire. Darin könnt ihr auch einen euch bekannten Star „durch den Kakao ziehen".

S. 169   Helden-Plots

1 Weitere charakterisierende Adjektive, die zur Diskussion stehen können: naiv, mutig, draufgängerisch, geistesgegenwärtig, überlegt, unüberlegt

2 a/b) Die Plots können in der Klasse ausgehängt werden, sodass sich jeder eine Vorlage aussuchen kann.

S. 169   Dilemma-Geschichten

2 Mögliches Tafelbild:

> *Inneres Geschehen*
>
> - *Mir war langweilig. (Z. 1/2)*
> - *Ich war verdutzt, aber auch froh. (Z. 7)*
> - *Sie hatten mich gefragt! Ich fühlte, wie vor Freude der Puls hoch ging. (Z. 10/11)*
> - *Mir wurde mulmig. (Z. 15)*
> - *Sollte ich das machen? Es war ja schließlich nur eine einzige Tafel Schokolade! Eine Mark! Das war doch kein Verbrechen! Oder doch? Immerhin war es Diebstahl! (Z. 15/16)*
> - *Was sollte ich bloß machen? Eine Mark Schaden war für den ... Aber wenn ich es nicht machte, konnte ich die Clique vergessen und ich galt als Feigling. (Z. 17–20)*

10.3 Ein junger Star im Werbefernsehen

S. 170   *Wolfram Eicke:* Blitzlicht (1)

1 a) Plümper versteht es vermutlich schon, aber seine provozierend naiven Fragen („Und dann?", „Nur für's Springen?", „Und dafür wäschst du dir vorher die Haare?") sollen Immo wohl deutlich machen, dass er von der Veränderung, die er und Sascha an ihrem Freund feststellen müssen („Du bist anders geworden."), nicht viel hält.

b) Sie vermissen sein Interesse daran, mit den Freunden spontan herumzuziehen, und seine Begeisterungsfähigkeit für gemeinsame Unternehmungen. Jetzt ist Immo verplant.

2 a) Immo wird von einem Fahrer abgeholt. (Z. 12 f.)
Immo kommt ins Fernsehen (Z. 51 f.) und ist in vielen Zeitschriften abgebildet. (Z. 92 f.)
Immo wird von Mädchen „angehimmelt". (Z. 116 f.)

Wolfram Eicke: Blitzlicht (2) – Der große Durchbruch | S. 172

5 a) Die Werbeleute stürzen sich auf ein Wort aus der Jugendszene („superbonzig"), das Immos Freund Plümper in Gesprächen öfters verwendet hat und das Immo in einer Probeaufnahme nebenbei fallen lässt. Immo muss dieses Wort in einer ganzen Serie von Werbespots immer wieder sagen. Damit wird er zum – wiedererkennbaren – Ein-Wort-Medienstar mit einem „Künstlernamen" („Bonzo").

2 _– Die Mutter will sich im Erfolg ihres Sohnes sonnen und seine Berühmtheit mitge-nießen._
– Die Werbeleute wollen eine Kampagne gestalten, die für guten Absatz eines Pro-dukts (Videospiele) sorgt und hohe Honorare erwarten lässt.
– Immo selbst will noch mehr Selbstbewusstsein gewinnen und stolz auf sich sein kön-nen. Er denkt auch an den finanziellen Vorteil.

7 Siehe die Liste charakterisierender Adjektive zu Aufgabe 3 (S. 165) und die entsprechen-den Ergänzungen im diesem Handbuch S. 139.

Lernerfolgskontrolle/Themen für Klassenarbeiten

Wolfram Eicke: Der große Durchbruch (S. 172–174)

1 Schreibe einen Aufsatz zu diesem Text. Darin sollst du
  – einen Einleitungssatz mit Angabe von Autor, Titel und Thema schreiben; *{ Inhaltsangabe*
  – den Inhalt in wenigen Sätzen wiedergeben;
  – unter Verweis auf einige Textstellen zeigen, wie Immo „groß herauskommt" und was das bei ihm bewirkt;
  – unter Verweis auf einige Textstellen zeigen, in welchem inneren Konflikt Immo sich be-findet;
  – klären, ob Immo eher ein Star oder ein Held ist.
(Je nach zeitlichem Rahmen können einzelne Aufgabenteile gestrichen werden.)

11 Erzählungen aus alter und neuer Zeit

Konzeption des Gesamtkapitels

Das Erzählen und die Beschäftigung mit Erzähltexten bleiben auch nach der Orientierungsstufe der Klassen 5 und 6 ein wichtiger Gegenstand des Deutschunterrichts. Dabei wird das Repertoire der Gattungen und Genres über die traditionell als kindgemäß angesehenen Formen von Märchen, Lügengeschichte und Fabel hinaus erweitert. In diesem Kapitel werden epische Kleinformen vorgestellt, die eine lange Tradition haben und einen festen Bestandteil der Erzählliteratur bilden: Kalendergeschichte, Anekdote und novellistische Erzählung. Im Umgang mit den Textbeispielen geht es nicht primär um die Vermittlung gattungspoetologischen Wissens, sondern darum, Einsichten in das Zusammenspiel von Erzählinhalten, Erzählstrukturen und Darbietungsformen zu ermöglichen. Das soll durch einfache textanalytische Aufgaben, vor allem aber durch Anregungen zu einem produktiven Umgang mit den Beispieltexten geschehen.

Im ersten Teilkapitel (**„Unterhaltsames Erzählen"**) wird zunächst die Entstehung einer literarischen Tradition am Beispiel der Kalendergeschichte deutlich gemacht. Geschichten von Johann Peter Hebel werden ergänzt durch Texte des modernen Autors Bertolt Brecht, der einen Band „Kalendergeschichten" herausgegeben hat. Die Verbindung von Unterhaltsamkeit und Lehrhaftigkeit in der Wirkungsabsicht der Geschichten beider Autoren, die wesentlichen darstellerischen Mittel, die diese Verbindung schaffen, und die Auseinandersetzung mit den vermittelten Lehren stehen bei den Arbeitsvorschlägen im Vordergrund. – Die Einführung der Anekdote erfolgt über den Autor Brecht, den die Schüler/innen als Kalendergeschichtenschreiber kennen gelernt haben und der jetzt als Junge Held einer Anekdote ist. – Das novellistische Erzählen schließlich wird am Beispiel von Kleists „Bettelweib von Locarno" eingeführt, in dem eine wahrhaft unerhörte Begebenheit dargestellt wird.

Das zweite Teilkapitel (**„Das Spiel mit den Zeiten: Erzähltempora"**) fokussiert die Betrachtung der Erzählweise Kleists auf die Tempusgestaltung, die bei allem Erzählen von grundlegender Bedeutung ist. Damit verlagert sich der Untersuchungsschwerpunkt in den Lernbereich „Reflexion über Sprache". Es wird bei dieser Gelegenheit integrativ das Plusquamperfekt als Tempusform wiederholt sowie das System der adverbialen Bestimmungen und Adverbialsätze durch die entsprechenden Temporalformen komplettiert.

Das dritte Teilkapitel (**„Wir schreiben Kalendergeschichten"**) greift vertiefend und erweiternd einen Gegenstand des ersten Teilkapitels auf, indem es an einem Beispiel die anschauliche Ausgestaltung eines kurzen Berichts aus einem Magazin zu einer Kalendergeschichte entwickelt und in einen Projektvorschlag zur Gestaltung eines Kalenders einmündet.

Literaturhinweise

Ludwig Rohner: Kalendergeschichte und Kalender. Wiesbaden 1978

Kurze Geschichten. Praxis Deutsch, Nr. 75/1986

Texte/Gegenstände

Intentionen

– Kalendergeschichten als unterhaltsame und lehrhafte Texte kennen lernen

– sich mit den Lehren auseinandersetzen, dabei die Geschichten aktualisieren und auf den eigenen Lebensbereich beziehen

– typische Strukturmerkmale und Darstellungsmittel der Kalendergeschichten herausfinden

– Wirkungsabsicht und wesentliche Erzählmerkmale der Anekdote kennen und anwenden lernen

– den Erzählaufbau, den Tempuswechsel und die Gestaltung der Sätze als wesentliche Mittel zur Spannungserzeugung in Kleists Geschichte erkennen

– andere Beispiele novellistischen Erzählens von unerhörten Begebenheiten vortragen

– anhand des Tempusgebrauchs in Kleists Erzählung die Funktion von Tempuswechseln und den Einsatz der verschiedenen Tempusformen beim Erzählen reflektieren

– das Plusquamperfekt in seiner Funktion und seinen Formen kennen lernen

– Sicherheit im Gebrauch des Tempussystems in Erzählungen gewinnen, dabei auch auf den unterschiedlichen Gebrauch von Präteritum und Perfekt bei schriftlichem und mündlichem Erzählen achten

– adverbiale Bestimmungen der Zeit und Temporalsätze identifizieren, in ihrer Funktion erkennen und bewusst anwenden

– die Umsetzung eines kurzen Magazinberichts in eine Kalendergeschichte untersuchen: auf den Einsatz wörtlicher Rede und detailgenauer Beschreibung, den Wechsel von Außen- und Innensicht und auf Erzählerkommentare achten

– Kalendergeschichten nach Zeitungsmeldungen schreiben

– einen Kalender (evtl. fächerübergreifend mit dem Fach Kunst) gestalten

11.1 Unterhaltsames Erzählen

S. 175 **Kalendergeschichten**

1 / 2   Das Gespräch über die Eindrücke, die die alten Kalender vermitteln, sollte deutlich machen, dass sie sehr viel mehr enthielten als heutige Wand-, Taschen- oder Terminkalender. Sie boten praktische Lebenshilfe, geistige und ethische Orientierung, aber auch Unterhaltung. So bündelten sie in einer Zeit, da der Mediengebrauch aufgrund der technischen und finanziellen Gegebenheiten im Vergleich zu heute noch wenig entwickelt war, die Funktion mehrerer moderner Medien: Zeitungen, Fachzeitschriften, Ratgeber-Sachbücher, Bücher mit Kurzgeschichten, Magazinsendungen im Rundfunk und im Fernsehen.

S. 176   *Johann Peter Hebel:* **Das Mittagessen im Hof/Der geheilte Patient**

Zwei in der Struktur und in der Intention typische Geschichten des Kalendermanns Johann Peter Hebel. Problematisches menschliches Verhalten wird in einer kurzen Reflexion thematisiert und in einer Beispielgeschichte, die die Problemlösung demonstriert, verarbeitet. Die historische Distanz zur Welt, in der die Geschichten spielen, sollte in der Auseinandersetzung mit ihnen ebenso deutlich werden wie die fortwährende Aktualität der hier problematisierten Verhaltensweisen. Auf beides zielen die Arbeitsvorschläge.

1   Deutlich werden sollte in der Erzählung des Herrn, dass er den lebensklugen, listigen Einfall seines Dieners lobt, der ihn ohne unangemessene, das Herr-Diener-Verhältnis in Frage stellende, direkte Belehrung auf sein Fehlverhalten hingewiesen hat, und dass er in selbstironischer Distanz seine Launenhaftigkeit als unerträglich für seine Mitmenschen, aber auch als schädlich für sich selbst einsieht. Der Diener sollte in seinem Erzählen den Stolz auf seinen Einfall erkennbar werden lassen und dem übrigen Dienstpersonal vermitteln, dass weder ein zu eigensinnig ablehnendes noch ein stets nachgebendes Verhalten (s. Z. 8/9) gegenüber launenhaften Zumutungen weiterhilft.

2   Launenhaftem, cholerischem Verhalten begegnet man am besten weder mit eigenem Eigensinn noch mit Nachgiebigkeit, sondern so, dass man das launenhafte Verhalten in seiner Unsinnigkeit lächerlich macht und den Betreffenden damit zur Besinnung bringt.

3   Beispiele könnten sein der Lehrherr, der ein Werkstück des Lehrlings wegwirft, woraufhin der Lehrling alles von der Werkbank hinterherwirft mit den Worten: „Ich dachte, ich sollte jetzt mit dem Aufräumen beginnen", oder der Chef, der einen Schriftsatz der Sekretärin zerreißt und in den Papierkorb wirft, woraufhin sie dasselbe mit allen Schriftstücken auf dem Schreibtisch macht und kommentiert: „Ich dachte, die Firma zieht um und wir beseitigen vorher allen unnötigen Papierkram.". Zu achten wäre darauf, dass die Personen in einem Abhängigkeitsverhältnis stehen bzw. dass eine komplementäre Kommunikationssituation zwischen ihnen besteht.

S. 177   *Johann Peter Hebel:* **Der geheilte Patient**

1   a) Eine auf regelmäßige Mahlzeiten beschränkte, dem Kalorienverbrauch angemessene Ernährung; keine unnötigen Medikamente; viel Bewegung in frischer Luft

b) Die Diätpläne und Fitnessprogramme, die heute allenthalben zu finden sind, verweisen deutlich auf die Aktualität der Geschichte; sie könnten gesammelt und mit den Lehren der Geschichte verglichen werden.

2 Zur Vorbereitung der Aufgabe müsste überprüft werden, welche Erfahrungen die Schüler/innen mit solchen Magazinsendungen haben.
Übernommen werden könnte aus der Geschichte die Ausgangssituation, wobei deutlich werden müsste, dass das Problem der zu reichhaltigen Nahrung bei geringer körperlicher Bewegung und Anstrengung heute nicht mehr nur auf die Reichen beschränkt ist. Auch der Versuch, dem Unwohlsein mit allerlei Pillen und Arzneien Abhilfe zu schaffen, kann beibehalten werden, ebenso der nächste Schritt, dass sich der Patient an einen Arzt wendet, von dessen ungewöhnlichen Heilerfolgen er gehört hat. Ab hier werden für die Umarbeitung der Geschichte Änderungen vorgenommen werden müssen: Der Patient telefoniert (statt einen Brief zu schreiben); der Arzt wird sich eine andere List als die mit dem Lindwurm einfallen lassen müssen und auch nicht dem Patienten einen mehrtägigen Fußmarsch bis zu seiner Praxis empfehlen.

3 a) **Einleitung:** Ein allgemeines Problem menschlichen Verhaltens wird kurz beschrieben.
Hauptteil: Dazu wird eine Beispielgeschichte erzählt.
Schluss: Die Konsequenzen, die die Figuren in der Beispielgeschichte gezogen haben, werden kurz berichtet.

b)

Unterhaltung	*Belehrung*
Verlebendigung durch wörtliche Rede *Beispiele: S. 176, Z. 27–35; S. 177, Z. 38–41, S. 178, Z. 91 ff.* *Lustige Vergleiche und sprachliche Bilder* *Beispiele: S. 176, Z. 34/35; S. 177, Z. 1, 25, 33/34* *Unerwartete witzige Einfälle der Personen* *Beispiele: S. 176, Z. 21 ff.; S. 177, Z. 52 ff.*	*Betrachtungen und Kommentare des Erzählers* *Beispiele: S. 176, Z. 1–10, 36 ff.; S. 177, Z. 1–7*

Bertolt Brecht: Herrn K.s Lieblingstier/Der hilflose Knabe S. 179

Die Texte sind Beispiele dafür, dass die Tradition der Kalendergeschichte bis in die Moderne fortbesteht. Auch hier wird kurz in der Einleitung ein Thema aus dem Bereich menschlichen Verhaltens angerissen und dann mit Hilfe einer Beispielgeschichte eine Lehre in unterhaltsamer Form erteilt. Nur sind die Lehren, die Herr Keuner, abgekürzt Herr K., erteilt, häufig nicht im Einklang mit den gängigen bürgerlichen Moralvorstellungen und Lebensweisheiten, wie das bei Hebel in der Regel der Fall ist. Brechts Kalendergeschichten sind vom Grundkonzept her dialektisch angelegt, d. h. sie widersprechen in den angebotenen Lösungen und Lehren den Erwartungen des Lesers. Von daher bedeutet ihr Einsatz in Klasse 7 bis auf wenige Ausnahmen eine Verfrühung und Überforderung. Zu diesen Ausnahmen gehören die im Schülerbuch abgedruckten Beispiele, da sie, auf unterschiedliche Weise, in enger Beziehung zur kindlichen Lebens- und Erfahrungswelt stehen. So kann hier die dialektische Grundstruktur aufgearbeitet werden. In der ersten Geschichte wird die Schüler/innen nicht überraschen, dass der Elefant als Lieblingstier angegeben wird; unerwartet werden für sie die meisten Gründe sein, da sie nicht in die Kategorien fallen, nach denen sie selbst über die Beliebtheit eines Tieres befinden. In der zweiten Geschichte wird die völlig unerwartete, allen Verhaltensnormen widersprechende, schockierende Hartherzigkeit des Mannes beim genauen, wiederholten Lesen der Einleitung als pädagogische Maßnahme verstehbar.

1 a–c) Viele der befremdlichen Gründe, die Herr K. anführt, werden verständlich, wenn erkannt wird, dass Herr K. die Frage nutzt, um zu zeigen, welches Verhalten und welche Eigenschaften er beim Menschen am meisten schätzt, d. h. es geht um Herrn K.s Menschenbild. Darin steckt die Lehre dieser Kalendergeschichte.

2 Aufzählung in Form unverbundener kurzer Sätze: Parallelismus und Anapher (Z. 28 ff.); häufige Wiederholung der Konjunktion „auch"; erklärende Nachsätze, die durch einen Doppelpunkt eingeleitet werden (Z. 21 f., 33 f.); Antithesen, erkennbar an den Signalwörtern „dennoch", „doch", „aber".

3 Zu betrachten wären die Geschichten unter den Fragen: Nach welchen Kategorien erfolgt die Bewertung der Tiere? Werden auch hier bestimmte Menschenbilder transportiert?

S. 180 1 / 2 Erwartbar ist, dass die spontanen Entscheidungen für die Schlüsse A und C gefällt werden, da hier normgerechtes Verhalten gezeigt wird, das zu einem Happyend führt. Erst nach wiederholter, genauer Lektüre des Einleitungssatzes (Prinzip des verzögerten Lesens) gewinnt der von Brecht verfasste Schluss B seine Stringenz und setzt das Nachdenken über die unreflektiert angenommenen Verhaltensmuster aus A und C in Gang.

S. 181 | **Anekdote**

S. 181 | *Herbert Ihering:* **Die schlechte Zensur**

Die Schüler/innen lernen hier ein Beispiel der epischen Kleinform Anekdote kennen. Ausgewählt wurde dieser Text, da er einen direkten Bezug zur Lebenswirklichkeit der Schüler/innen hat und ein Schlaglicht auf eine Persönlichkeit wirft, die sie kennen gelernt haben. Die Behandlung der Gattung verfolgt hier das Ziel (s. Arbeitsauftrag 3), den Begriff Anekdote hinsichtlich der traditionellen Assoziationen – historische Größen, vorbildliches Verhalten, „Denkmalspflege" – kritisch zu überprüfen.

1 a/b) Brechts Fähigkeit zu divergentem, dialektischem Denken, seine List und seine Vorliebe für das Unerwartete werden auch in den Kalendergeschichten sichtbar. Auf sein unangepasstes Verhalten, seine Respektlosigkeit gegenüber Institutionen und Autoritäten wird schon im Kurzporträt (S. 179) hingewiesen.

3 Kriterien für die Auswertung der Familienanekdoten sollten sein: die auf alles epische Beiwerk verzichtende, knappe, pointierte Erzählweise und die Konzentration auf das Verhaltensbeispiel einer Person.

Erzählung von einer unerhörten Begebenheit · S. 181

Heinrich von Kleist: Das Bettelweib von Locarno · S. 181

Kleists Text ist das vorbildhaft gelungene Beispiel novellistischen Erzählens. Er schildert eine unerhörte Begebenheit in einem streng komponierten Aufbau und einem gedrängten, gradlinigen Erzählduktus. Der Bezug zu einem historisch verbürgten Wirklichkeitsmoment wird zumindest behauptet. Die Lektüre erschöpft sich nicht in spannender Unterhaltung, sondern lenkt den Blick durch die Oberfläche der symbolträchtigen Handlung auf tiefere Bedeutungsschichten. All das unterscheidet diese Erzählform von einfachen Gespenstergeschichten, wie sie die Schüler/innen aus verschiedenen Medien kennen, und stellt vergleichsweise hohe Anforderungen an den Verstehensprozess.

2 Deutlich werden sollte der streng komponierte Aufbau:

a) **Einleitung** und **Schluss** bilden den Rahmen, der den historisch verbürgten Wirklichkeitsbezug herstellt. Die präsentischen Fügungen („… das man jetzt … in Schutt und Trümmern liegen sieht" – „und noch jetzt liegen … seine weißen Gebeine …") zeigen an, dass die Auswirkungen der erzählten Geschichte, von jedem überprüfbar, in die Wirklichkeit von Erzähler und Leser hineinragen.

b) Klimax in Umfang und Ausgestaltung der drei (magische Zahl in Märchen) **Besuche**:
   1. Besuch: der Marchese allein, kurzer Bericht
   2. Besuch: Marchese, Marquise und Bedienter, kurzer Bericht
   3. Besuch: Marchese bewaffnet, Marquise und Haushund, ausführliche Schilderung der Szene mit Wiedergabe der Geräusche und wörtlicher Rede

c)

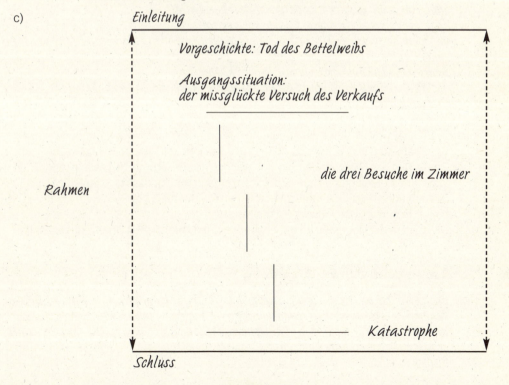

Einleitung

Vorgeschichte: Tod des Bettelweibs

Ausgangssituation:
der missglückte Versuch des Verkaufs

Rahmen

die drei Besuche im Zimmer

Katastrophe

Schluss

3 Erkannt werden sollte, dass der Satzbau bei Kleist nicht von einem distanziert-übersichtlichen Ordnen nach den gängigen Syntaxregeln geprägt ist, sondern von dem Versuch, den Ablauf der Geschichte so, wie er sich dem Erzähler in den Einzelmomenten aufdrängt, unmittelbar wiederzugeben, wodurch eine Sogwirkung, eine atemlose Spannung, erzeugt wird.

4 Bei dem Vergleich mit Kleists Geschichte könnte noch einmal vertiefend auf deren Besonderheiten im Vergleich mit einfachen Gespenstergeschichten eingegangen werden. Zum Vorlesen gut geeignet wäre Edgar Allan Poes „Die Maske des Roten Todes" u. Ä.

11.2 Das Spiel mit den Zeiten: Erzähltempora

S. 184 Tempuswechsel

2 a/b) Hier reicht, anknüpfend an die Vorkenntnisse der Schüler/innen, die Erklärung, dass der Erzähler zum einen auf etwas Vergangenes zurückblickt, zum anderen auf etwas Gegenwärtiges verweist und zum dritten einen Vorgang in der Vorvergangenheit einbezieht.

4 ..., *nachdem (weil, als) er das Gespenst gesehen hatte.*
..., dass dort einmal ein Schloss gestanden hatte.
..., nachdem der verzweifelte Graf es angezündet hatte (das der verzweifelte Graf angezündet hatte).
..., wenn (nachdem) man sie einmal gehört hatte.
..., der das unheimliche Zimmer verlassen hatte (nachdem er das unheimliche Zimmer verlassen hatte) ...

6 a/b) Erkannt werden sollte der spannungssteigernde Charakter des Tempuswechsels vom Präteritum ins Präsens (Z. 103–129). Hier könnte festgestellt werden, dass im Deutschen der Sprecher das Tempus wechseln kann, obwohl das, was er vermitteln will, in ein und derselben Zeit spielt (hier der Vergangenheit), dass also reale Zeit und Tempusgebrauch keine festen Bezugsgrößen sind etwa nach dem Muster: Vergangenheit ➞ Präteritum, Gegenwart ➞ Präsens etc.
Damit wäre der Übergang zu der folgenden ausdifferenzierten Übersicht geschaffen.

S. 186 Der Tempusgebrauch des Erzählers

2 a) *passierte/ist passiert – geht – war, musste, aufgestanden war – war – war angekommen, stehen blieb – standen/stehen – schienen/scheinen – starrte an/starre an – da standen/da stehen – habe gemacht/machte – ging, sah – habe erzählt/erzählte – sagte, haben erschossen – hatte gehört – muss – schaue, sehe – wird bleiben*

3 c) Die Schüler/innen erkennen, dass sie folgenden Tempusgebrauch offensichtlich inter-
nalisiert haben: schriftliches Erzählen ➤ Präteritum, mündliches Erzählen ➤ Perfekt.
Deutlich wird dabei, dass im Deutschen der Tempusgebrauch ganz wesentlich von
Kommunikationssituation und Textsorte abhängig ist. Das erklärt, warum innerhalb
schriftlicher, literarischer Erzählungen bei wörtlicher Rede oder bei Wendungen an den
Leser bzw. fiktiven Zuhörer ins Perfekt gewechselt wird.

Zeitangaben: Adverbiale Bestimmungen und Temporalsätze   S. 187

2 **Wann?:** nach dem Essen, bald, schließlich, vor etwa zwanzig Jahren, tagsüber, gleich,
während einer Geschäftsreise
Seit wann?: seit jenem Ereignis, seit jenem Tag im November 19..
Wie lange?: den ganzen Abend über, zeitlebens
Wie oft?: in jeder Nacht

5 b) Bei den Umformungsversuchen sollte deutlich werden, dass die Entscheidung für adverbiale Bestimmung oder Nebensatz nicht beliebig ist, sondern dass die Ökonomie
der Sprache und der Erzählfluss die Entscheidung des Sprechers in den meisten Fällen
festlegen.
Mögliche Umformungen:
– adv. Bestimmung ➤ Nebensatz:
Bald darauf ➤ Als nur eine kurze Zeit verstrichen war, …
eine halbe Ewigkeit lang ➤ Während eine halbe Ewigkeit verging, …
– Nebensatz ➤ adv. Bestimmung:
…, nachdem mir … die Tür geöffnet worden war ➤ nach dem … Öffnen der Tür
kaum dass eine halbe Stunde vergangen war ➤ vor einer halben Stunde

11.3 Wir schreiben Kalendergeschichten

Eine Vorlage ausgestalten   S. 189

Der engländische Räuber   S. 189

Johann Peter Hebel: Böser Markt   S. 190

2 Z. 1–12: Betrachtung über die Häufigkeit von Raub und Diebstahl in London und Umgebung
Zeile 12–Ende: Beschreibung der Ausgangssituation der Beispielgeschichte: das könig-
liche Gartenfest und der wohlgekleidete Herr mit Pistole

3 Durch den ersten Teil seiner Einleitung rückt der Erzähler seine Geschichte in den größeren Zusammenhang ethischer und gesellschaftlicher Fragen: Raub und Diebstahl werden
hier nicht als Verbrechen verurteilt, sondern als Narreteien, also menschliche Schwächen,

angesehen; allerdings wird mit dem Hinweis auf den Kerkermeister und den Scharfrichter eine unüberhörbare Warnung vor aller Verharmlosung eingeflochten. Die Erzählabsicht wäre also, ein unterhaltsames Beispiel einer Spitzbüberei zum Besten zu geben, gleichzeitig aber vor allen Nachahmungen zu warnen.

4 Durch die konkret anschauliche Aufzählung der Zeichen seines Reichtums (Z. 32–34), wobei Auge (funkelndem, diamantnen, goldnem) und Ohr (klingenden) angesprochen werden.

5 Mittel der Ausgestaltung:
   - Der Geselle bedroht den Herrn mit seiner Pistole (Z. 38–48): indirekte Rede des Räubers, Erzählerkommentar: „Man muss …", Gedanken des Herrn in direkter Rede
   - Der Geselle verlangt die Uhren des Herrn (Z. 48–57): direkte Rede des Räubers, in der der Raub der Uhren ironisch begründet wird; witziger Vergleich: „ … so man kaum ein Schöpplein dafür kann trinken"
   - Der Spitzbube nimmt dem Herrn alle Wertsachen weg (Z. 57–62): Reihung der Details
   - Der Bursche zieht seinen Kleinkram aus der Tasche (Z. 64–75): direkte und indirekte Wiedergabe der Gedanken des Herrn, wörtliche Rede von Räuber und Herr, witzige Beschreibung der Herkunft der Sachen
   - Der Herr will schießen, doch nichts passiert (Z. 86–94): Dialog zwischen Herr und Räuber, Beschreibung der Überprüfung der Pistole durch den Herrn

6 Sechs wörtliche Reden und drei Gedankenwiedergaben in wörtlicher Rede; sie dienen der Vergegenwärtigung (szenisches Erzählen) und steigern die Lebendigkeit des Erzählens.

7

Innensicht	Erzählerkommentar
… will spazieren gehn im kühlen Schatten und denkt an nichts (Z. 34 / 35)	Man muss übel dran sein, wenn man vor einer Pistole steht, weil man nicht weiß, was drinsteckt. (Z. 43 ff.)
Der Herr dachte vernünftig: Der Leib ist kostbarer … (Z. 45 ff.)	Will der reiche Herr wohl oder übel, so muss er dem Halunken die Uhren verkaufen … (Z. 53 ff.)
Als endlich der Herr dachte: Jetzt bin ich absolviert … (Z. 62 ff.)	
Der Herr denkt an das Sprichwort, dass man müsse … (Z. 67 ff.)	
Der Herr dachte in der Überraschung: Du dummer Dieb! (Z. 83 ff.)	
… der vornehme Engländer ging schamrot zurück, dass er sich also habe in Schrecken setzen lassen, und dachte an vieles (Z. 96 ff.)	

Lernerfolgskontrolle/Themen für Klassenarbeiten

Ende vorigen Jahres ließ ein Fremder, der gerade im Wirtshaus von Segringen angekommen war, durch den Wirt einen Barbier holen. Dem erklärte der Fremde, der von der Armee kam und ein recht wildes Aussehen hatte, er wolle seinen Vollbart abgenommen haben; dafür zahle er vier Taler, sollte ihm jedoch der Barbier auch nur den kleinsten Schnitt zufügen, würde er ihn auf der Stelle erstechen. Zur Bekräftigung seiner Drohung legte er einen Dolch auf den Tisch. Der Barbier zog sich eiligst zurück und schickte seinen Gesellen. Auch dieser ließ sich nicht auf das Wagnis ein und schickte den Lehrjungen. Der kam, dachte wohl an die vier Taler, viel Geld für einen Lehrling, und begann den seltsamen Kunden zu rasieren. Kaltblütig nahm er dem Fremden den Bart bis zum letzten Härchen sauber ab, ohne ihn auch nur einmal zu ritzen. Der Herr stand auf, gab dem Jungen das Geld und fragte ihn erstaunt, wieso er so viel mutiger gewesen sei als Meister und Geselle. Der Lehrling bedankte sich lächelnd für die vier Taler und erklärte dem Herrn, er wäre ihm, wenn er ihn verletzt hätte, zuvorgekommen, indem er ihm mit dem Rasiermesser sofort die Kehle durchgeschnitten hätte. Der fremde Herr wurde blass vor Schreck und schenkte dem Burschen noch einen Taler extra.

1 Überarbeite den Bericht über den Barbierjungen von Segeringen, um daraus eine Kalendergeschichte zu machen. Nimm dazu folgende Arbeitsschritte vor:

a) Finde eine Überschrift.

b) Gib der Geschichte eine Einleitung und einen Schluss, wobei die Lehre, die dem Leser gegeben werden soll, deutlich wird.

c) Suche dir jeweils eine geeignete Textstelle heraus, an der du eine Innensicht (Wiedergabe von Gedanken und Gefühlen), eine genaue Außensicht (detaillierte Beschreibung) und szenisches Erzählen (wörtliche Rede) verwendest.

2 Gib zwei Stellen an, an denen du einen Tempuswechsel vornehmen würdest, und begründe diese Tempuswechsel.

Johann Peter Hebels Kalendergeschichte „Der Barbierjunge von Segringen" ist abgedruckt in: Johann Peter Hebel: Schatzkästlein des rheinischen Hausfreundes. Hg. v. Winfried Theiss. Reclam, Stuttgart 1981, S. 159–161

12 Moritaten und Balladen

Konzeption des Gesamtkapitels

Das Kapitel nutzt die motivierende, spannende Handlungsstruktur der Ballade, um die Auseinandersetzung der Schülerinnen und Schüler mit ästhetisch anspruchsvollen, komplexen Texten zu vertiefen. Kreative Aufgabenstellungen sichern die Anwendung der Kenntnisse, die bei der Gedichtanalyse erworben wurden, lenken den Blick aber auch auf grundlegende Merkmale epischer Texte.

Gattungspoetologische Fragestellungen und erst recht inhaltliche Klassifizierungen müssen in dieser Altersstufe zurücktreten. Dennoch wird im ersten Teilkapitel (**„Von Mordtaten und anderen Verbrechen"**) die Geschichte der Gattung zum Thema, wenn Bänkelsang und Moritat beispielhaft die Entwicklung der deutschen Kunstballade aus volkstümlichen Formen belegen. Die Zusammenhänge werden auch dadurch sichtbar, dass in bewusster didaktischer Reduktion die Schicksalsballade im Vordergrund steht, bei der, wie in der Moritat, Normverletzung und sittliche Sanktion die beiden Pole der dramatisch zugespitzten Handlungsstruktur bilden. So können wesentliche inhaltliche und formal-strukturelle Gattungsmerkmale von Ballade und Moritat vergleichend herausgearbeitet werden.

Das zweite Teilkapitel (**„Balladen untersuchen: den Inhalt wiedergeben"**) integriert den Lernbereich „Sprechen und Schreiben". Die überwiegend einsträngige, zielgerichtete Handlungsstruktur der Ballade, ihre Kürze und Überschaubarkeit erscheinen als besonders günstige Voraussetzungen, um die Schülerinnen und Schüler in verschiedene Formen der Textwiedergabe einzuführen. Die dadurch gewonnene Objektivierung und Distanzierung ermöglicht ihnen den Eintritt in den interpretatorischen Diskurs über den Text.

Das dritte Teilkapitel (**„Bänkellieder und Balladen – Ein Vortragsabend"**) akzentuiert aus dem Lernbereich „Sprechen und Schreiben" den Aspekt des Sprechens. Vortrag und produktiv-kreativer Umgang mit den Texten, bildliche und szenische Gestaltung ermöglichen die Anwendung des Gelernten und eröffnen eine neue Verstehensdimension. Die Schülerinnen und Schüler erfahren auch, dass die Ballade keine museale Gattung ist. Nicht nur Brecht trägt mit seiner Belebung des legendenhaften Typs der Ballade zur Erneuerung der Gattung im 20. Jahrhundert bei, auch moderne Liedermacher greifen in ihren balladesken Songs bewusst auf die Tradition von Bänkelsang und Moritat zurück.

Literaturhinweise

Wolfgang Braungart (Hg.): Bänkelsang. Texte – Bilder – Kommentare. Stuttgart 1985

Winfried Freund (Hg.): Deutsche Balladen. Reclam, Stuttgart 1982 (= Arbeitstexte 9571)

Harald Frommer: Die Fesseln des Odysseus. Anmerkungen zu den Stilnormen für die Inhaltsangabe. In: Deutschunterricht, Nr. 2/1984, S. 37 ff.

Gunter E. Grimm (Hg.): Gedichte und Interpretationen. Deutsche Balladen. Stuttgart 1988

Themenheft Ballade. Praxis Deutsch, Nr. 35/1979

Hans-Herbert Wintgens: Inhaltswiedergabe. Das Verfassen eines Kurztextes für ein literarisches Schullexikon. In: Praxis Deutsch, Nr. 65/1984, S. 59 ff.

Texte/Gegenstände

Intentionen

– Merkmale der Moritat erkennen
– Formmerkmale der Moritat bei einer eigenen
Textproduktion anwenden
– Gründe für den schlechten Ruf des Bänkel-
sängers benennen
– Intention und Form von Moritat und Boulevardzeitung vergleichen
– Text und Gemälde Rembrandts in Beziehung
setzen
– biblische Vorlage und Ballade vergleichen
– signifikante Formmerkmale eines Textes in
ihrer Bedeutung für die inhaltliche Aussage
beschreiben
– den Vortrag einer Ballade üben
– durch Simulation einer Gerichtsverhandlung
die Intention einer Ballade erschließen
– durch den Vergleich von Ballade und Moritat
wesentliche Gattungsmerkmale vieler balla-
desker Texte herausarbeiten

– den Inhalt von Balladen wiedergeben
– die unterschiedlichen Verwendungszwecke
einer Inhaltsangabe kennen lernen
– als Folge der objektivierenden Einstellung des
Rezipienten wesentliche Sprach- und Formmerkmale der Inhaltsangabe kennen lernen
– in den Balladen Schillers, Fontanes und
Brechts Beispiele für die Darstellung eines
geläuterten, „stillen" Heldentums erfahren

– gestaltendes Lesen und Vortrag als Möglichkeit der Texterschließung erproben
– Formen inhaltlicher und szenischer Gestaltung als neue Verstehensdimension erfahren
– die Wiederbelebung von Motiven und sprachlichen Ausdrucksformen des Bänkelsangs bei
z. T. unterschiedlicher Intention (Gesell-
schaftsstabilisierung/Gesellschaftskritik)
kennen lernen

12.1 Von Mordtaten und anderen Verbrechen

S. 195 | **Ein Lied**

S. 196 | **Das schreckliche Ende einer Kindsmörderin**

1 – 3 Das Kindsmord-Motiv ist seit der Frühaufklärung und dem Sturm und Drang ein beliebtes Sujet der Dichtung bis ins 20. Jahrhundert. Während die Moritat des 18. Jahrhunderts jede sozialkritische Perspektive vermissen lässt, heißt es in Schillers Ballade „Die Kindsmörderin" mit viel Verständnis für die Notlage der Mutter: *Weh! Vom Arm des falschen Manns umwunden / schlief Luisens Tugend ein.*

In der vorliegenden Moritat will der Bänkelsänger sein Publikum zum einen durch die sensationell aufgezogene Nachrichtenverbreitung und durch die Kombination visueller und akustischer Reize (Bild, Sprache, Musik) unterhalten, zum anderen geht es ihm um dessen moralische Aufrüstung. Die Schreckens- und Schauerberichte enden immer wieder mit einem deutlichen Appell an das Publikum, die Lehre aus dem Gezeigten zu ziehen und sich vor dem Bösen in der Welt in Acht zu nehmen. Die gesellschaftlichen Ursachen der Verzweiflungstat interessieren nicht, der einfache „Schuld-Sühne-Schematismus als Demonstration der Funktionstüchtigkeit des göttlichen Ordo" (Braungart, S. 415), die holzschnittartigen, daher eingängigen Erklärungen und Deutungsmuster finden angesichts der sich rasch verändernden, komplexer werdenden gesellschaftlichen Verhältnisse vor allem in der zweiten Hälfte des 19. Jahrhunderts ein dankbares Publikum.

Während die Chronik sich weitgehend auf die **Faktizität** der Ereignisse bezieht (W-Fragen) und eher verhalten durch **Wertung** („freiwillig", „aufrichtige Reue") die bestehende Ordnung bekräftigt, zieht der Bänkelsänger alle Register seiner **Gebrauchskunst**, um sein Publikum zu erreichen und daraus einen persönlichen wirtschaftlichen Nutzen zu ziehen (Verkauf der Bänkelsängerhefte).

Mögliches Tafelbild:

Typische inhaltliche und sprachliche Merkmale einer Moritat

- *direkte Anrede an das Publikum (Z. 1) und Ankündigung des grausigen Geschehens zu Beginn*
- *Verweis auf das Exemplarische des Falls (Z. 3/4)*
- *genaue Ortsangaben: Betonung der Faktizität der Ereignisse (Z. 9)*
- *appellative Schlussstrophe („moralische Aufrüstung")*
- *Typisierung der Personen (z. B. Z. 13 ff.)*
- *volkstümliche Sprache („Tiger-Herz")*
- *formelhafte Vereinfachungen/floskelhafte Wendungen/Übertreibungen (z. B. Z. 24)*
- *regelmäßige Strophenform: vierhebige Verse mit Paarreim*

---

4 a/b *th — t:*

thut	*tut*	*bey*	*bei*
bethören	*betören*	*seyn*	*sein*
that	*tat*	*frey*	*frei*
thun	*tun*	*Freyheit*	*Freiheit*

y — i:

i – ie:		*äu – eu:*	
examinirt	*examiniert*	*läugnete*	*leugnete*

ß – ss:	
daß	*dass*
Überfluß	*Überfluss*
muß	*muss*

Johann Christoph Adelung: **Der Bänkelsänger**   S. 197

5 Die Bänkelsänger entstammten den untersten sozialen Schichten, sie galten als politisch verdächtig. Braungart geht der Frage nach, warum die Bänkelsänger der behördlichen Zensur unterlagen, und kommt zu dem Ergebnis: „Die ungeheuerlichen Schilderungen könnten ja auch – ex negativo – zur Kritik an der Obrigkeit ermuntern, die nicht in der Lage sei, für Ruhe und Ordnung zu sorgen, ganz zu schweigen von den immer wieder geäußerten Bedenken, die schlechten Vorbilder würden zur moralischen Verwahrlosung des Volkes führen." (S. 418)

6 Heutige Lexikonartikel betonen vor allem die Rezeption von Motiven und Formen des Bänkelsangs in Balladendichtung, Kabarett, Chanson, Folksong und Protestsong-Bewegung des 20. Jahrhunderts und belegen dadurch die schon im 18. Jahrhundert greifbare Wertschätzung volkstümlicher Kunst.

Eine wahrhafte Begebenheit   S. 198

7 *Eine schlimme Tat*

Ihr Christen kommt und hört genau,
was geschehen ist der armen Frau.

Sie gab dem Sohn zu wenig Geld,
als dass er sich zufrieden stellt.

Und hat er sie nach Geld gefragt.
sie hat ihm nimmer ‚Ja' gesagt.

Er wollt sich ihr' Gewalt befrei'n;
so stieß er sie in den Ofen hinein.

Alsbald hat man ihn schnell ertappt.
Als Mörder wurde er geschnappt.

Der Kopf wurde ihm abgeschlagen.
Man wird seiner gedenken in jenen Tagen.

Und die Moral von der Geschicht:
Ermordet eure Mutter nicht!

Ihr frommen Leute hört genau,
wie es erging 'ner armen Frau.
In Rentzburg lebt' sie lange schon
mit ihrem liderlichen Sohn.

Die Mutter wollt' der Sohn verbrennen.
Man wagt die Mordtat kaum zu nennen.
Das fromme Weib um Hilfe schrie,
der böse Sohn erdolchte sie.

Doch Gottes Strafe ihn erreicht.
Der schlimme Bube schnell erbleicht.
Der Magistrat ihn hart befragt,
der Unhold bald die Wahrheit sagt.

Zum Galgen ward' er abgeführt.
Der Hals, der ward' ihm zugeschnürt.
So hört denn Leut und gebet Acht,
denn Gottes Auge immer wacht.

(verfasst von Schülerinnen der Klasse 7)

8 Methodische Anregungen:
- Hauptschlagzeile als Blickfang mit Übertreibungen, Verallgemeinerungen, umgangs-
  sprachlichen bzw. sprichwörtlichen Wendungen und Unterschlagzeile
- kurzer Nachrichtenbericht (W-Fragen)
- Reportage mit eingestreuten Interviews

Die Erarbeitung der wesentlichen Kriterien erfolgt durch Besprechung eines aktuellen Artikels einer beliebigen Boulevardzeitung.

9 Mögliches Tafelbild:

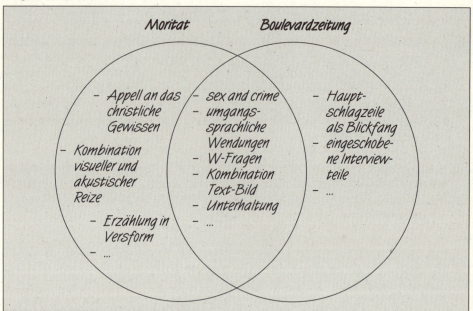

S. 199   *Heinrich Heine:* **Belsazar**

S. 200   **Die biblische Geschichte von Belsazar**

S. 200   *Rembrandt van Rijn:* **Das Gastmahl des Belsazar**

Als Quellen für Heines Ballade gelten in der Literatur allgemein Lord Byrons Gedicht
„Vision of Belshazzar" (1815), Rembrandts Gemälde „Mene Tekel", vor allem aber der im
Schülerbuch abgedruckte Auszug aus dem 5. Buch Daniel des AT. In vielen Interpretationen wird betont, dass sich Heine in seinem historischen Exempel mit den politischen und
gesellschaftlichen Zuständen seiner Zeit auseinandersetzt. Inwieweit die Lehrerin/der
Lehrer diese in der Fachliteratur aber nicht einhellig der Ballade zugesprochene politische
Dimension des Textes in einer 7. Klasse ausleuchten möchte, muss offen bleiben. Im Kontext der Moritat und der Ballade „Die Vergeltung" von Annette von Droste-Hülshoff kann
inhaltlich vorrangig die Schuld-Sühne-Struktur der Schicksalsballade herausgearbeitet
werden. „Die Hochstimmung des Balladenanfangs steht im Kontrast zum Tod am Ende.
Dem ausschweifenden Fest der Menschen folgt das unerbittliche Strafgericht Gottes"
(Woesler, in: Grimm, S. 191). Die besondere Stellung der 13. Strophe als Höhe- und Wen-
depunkt des Geschehens (wörtliche Rede, metrische Brechung im 2. Vers durch Auflösung des Auftakts, antithetische Gegenüberstellung Jehova – ich etc.) lenkt den Blick auf

die grundlegende antithetische Struktur der Ballade, die sich z. B. an den Veränderungen in Mimik, Gestik, Stimmung, Geräuschkulisse festmachen ließe. Neben dem analytischen Zugriff auf den Text kommt der Sinnerfassung der Ballade durch das gestaltende Lesen ein besonderes Gewicht zu.

1 a/b) Größe des Bildes im Original: 167,6 x 209,2 cm. Das Bild ist bezeichnet: Rembrand fecit 163 (die letzte Ziffer der Jahresangabe fehlt). Rembrandt gibt in seinem Gemälde genau jenen Kulminationspunkt des Geschehens wieder, in dem die ausgelassene Stimmung umschlägt. Belsazar fährt erschreckt auf, wendet sich der geheimnisvollen Schrift zu und stößt dabei seinen Pokal mit Wein um. Eine ähnliche Reaktion erleben wir bei der rechten Repoussoirfigur, während die linke die geheimnisvolle Schrift offensichtlich noch nicht wahrgenommen hat und zu zwei angstvoll aufschauenden Teilnehmern der Festgesellschaft blickt. Beide Rückenfiguren ziehen den Betrachter ins Bild und lenken die Blickrichtung auf die deutlich im Zentrum stehende Figur Belsazars (der von der geheimnisvollen Schrift als Lichtquelle angestrahlte Kopf bildet die Spitze der Dreieckskombination), der mit ausladender Gebärde der Arme (Bilddiagonale) und mit aufgerissenen Augen sich der geheimnisvollen Schrift zuwendet. Auch der Blick des Bildbetrachters wird so auf das Hauptgeschehen gelenkt. Im Unterschied zu Bild und Bibelbericht, wo der Einbruch des Göttlichen eher überraschend kommt, tritt bei Heine der Stimmungsumschwung unmittelbar nach der Gotteslästerung und vor dem Auftauchen der Flammenschrift ein. Es herrscht gleichsam Ruhe vor dem Sturm. Die schlotternden Knie versagen Belsazar den Dienst: Er kann sich nicht mehr erheben.

2 Mögliches Tafelbild:

Bibeltext	Ballade	Bedeutung der Änderung
Gastmahl mit den Großen des Reichs	Gastmahl mit den Knechten	Betonung der gesellschaftlichen Standesunterschiede
Trinken aus den geraubten Tempelgefäßen, Anbetung der babylonischen Gottheiten	Trinken aus den geraubten Tempelgefäßen und Lästerung des Judengottes	Betonung der Freveltat des Herrschers und der daraus folgenden Bestrafung (Sühne)
Deutung der Schrift durch Daniel	keine Deutung der Schrift	Verstärkung der Rätselhaftigkeit und Unheimlichkeit des Geschehens
Tötung Belsazars durch unbekannte Mörder	Tötung durch die eigenen Knechte	Warnung aller Machthaber vor Selbstüberhebung

4 a/b) Z. B. Strophe 5:
Es klirrten die Becher, es jauchzten die Knecht'
x | x́ x x | x́ x x | x́   x   x | x́   Ausgelassenheit der Zecher

z. B. Strophe 11:
Und der König ergriff mit frevler Hand
x   x | x́ x x | x́   x | x́ x | x́   Zunehmende innere Erregung des Königs;
Einen heiligen Becher, gefüllt bis am Rand.
x x | x́ x x | x́   x   x | x́   x x | x́   Steigerung seiner frevelhaften Handlungen

Strophe 15 bietet sich für eine genauere Untersuchung an:

Das gellende Lachen verstummte zumal;

x | x́ x x | x́ x   x | x́   x x | x́

Es wurde leichenstill im Saal.

x   x́ | x x́ | x x́ | x x́

Dem Wechsel im Versmaß korrespondiert die inhaltliche Aussage. Das gellende Lachen, Ausdruck von höchstem Übermut, weicht der Leichenstille, die sich in der Gleich-
förmigkeit des vierhebigen Versmaßes spiegelt.

[5] „Dunkle Vokale, vorwiegend a- und o-Laute, in der 1.–3. Strophe. Die e-, i- und ei-Laute der
3.–6. Strophe spielen hinein, den Lärm des Gelages andeutend… Erregendes Moment in
der 16.–17. Strophe: i-Laute in dem mehrfach wiederholten und dadurch zu starker Ein-
dringlichkeit gesteigerten ‚schrieb' … 18.–19. Strophe: Übergang von den i-Lauten zu a-,
o- und au-Lauten, der Angst und dem Grauen der Gotteslästerer entsprechend." (Edgar
Neis: Interpretationen von 66 Balladen, Moritaten und Chansons. Hollfeld [7]1994, S. 75 f.)

S. 202   *Annette von Droste-Hülshoff:* Die Vergeltung

[1] Bei der inhaltlichen Erschließung sollten die Schüler/innen die Zweiteilung der Ballade
und den damit verbundenen Schauplatzwechsel nutzen:

Schiffbruch auf See

1. Kapitän sieht Sturm voraus.
2. Schiff sinkt im Sturm.
3. Ein Kranker, geklammert an einen
   Mast mit der Aufschrift „Batavia 510",
   und ein Passagier auf einer sinkenden
   Lade können sich retten.
4. Der Kranke ruft Passagier heran,
   um ihn zu retten.
5. Der Passagier ermordet den Kranken,
   indem er ihn vom Balken stößt.
6. Er wird durch ein Piratenschiff gerettet.

Aburteilung der Seeräuber an Land

1. Das Korsarenschiff ist gestrandet.
2. Der Passagier wird für einen Seeräuber
   gehalten.
3. Trotz Unschuldsbeteuerungen soll er
   gehängt werden.
4. Alle Räuber sagen gegen ihn aus.
5. Gott höhnend entdeckt er als Baumaterial
   seines Galgens den Balken mit der Aufschrift „Batavia 510".

Die Ballade kann als zusätzlicher Text für das Einüben der Inhaltsangabe in 12.2. herangezogen werden.

Möglicher Zusatztext

In der Ballade „Vergeltung" von Annette
von Droste-Hülshoff wird gezeigt, dass
alles Böse irgendwann bestraft wird.
Der Frachter „Batavia. Fünfhundert
5 Zehn" sinkt bei einem Sturm. Ein Kranker rettet sich auf eine Planke mit der
Aufschrift des Schiffsnamens und ein
Passagier klammert sich an eine morsche
Kiste. Als sie sinkt, flieht er zum Kranken
10 von der Planke. Ein Schiff nimmt ihn auf.

Nach drei Monaten zerschellt es, doch
sie retten sich an Land. Dort werden sie
alle als Piraten hingerichtet. Als der Passagier gehängt wird, sieht er die Aufschrift „Batavia. Fünfhundert Zehn".
Nun weiß er, dass er zwar für das Falsche
gehängt worden ist, er es aber trotzdem
verdient hat.

(verfasst von einer Schülerin der Klasse 7)

1 Überarbeite die Inhaltsangabe und verbessere die Fassung.

2   a–c) Die Produktionen der Schüler/innen sollten im Unterricht besprochen, die Ergebnisse könnten in einem Tafelbild festgehalten werden, wobei die Schülerbeiträge überschreitende Argumente und Interpretationsansätze aufgenommen werden sollten.
Mögliches Tafelbild:

Die Hinrichtung des Passagiers – Unrecht oder höhere Gerechtigkeit?

Argumente des Passagiers	Stellungnahme des Zeugen	Urteil des Richters
– kein Pirat, Schiffbrüchiger	– kein Pirat, Schiffbrüchiger	– Verbrechen am Nächsten in einer außergewöhnlichen Situation
– unbeteiligt an den Verbrechen der Seeräuber	– Mörder eines Wehrlosen	– Verstocktheit und Selbstgerechtigkeit
– Anspruch auf Barmherzigkeit	– Verweigerung der Barmherzigkeit	– Verheimlichung des schweren Verbrechens durch Beteuerung der Unschuld im leichteren
	– keine Zwangssituation („Land in Sicht")	
↓	↓	↓
unschuldig	schuldig	schuldig

Das „Unrecht" der irdischen Verurteilung erweist sich als höhere, göttliche Gerechtigkeit.

---

3   a/b) Mögliches Tafelbild:

Vergleich der Balladen von Heine und Droste-Hülshoff

Inhalt	Form
– Begehen einer Freveltat: Gotteslästerung/Mord	– Eine spannende Geschichte wird **erzählt**.
– Bestrafung des Täters und Wiederherstellung der göttlichen Ordnung	– Die Geschichte strebt in **dramatisch zugespitzter** Form (Zielgerichtetheit; Dialog; Monolog) dem Ende zu.
	– Das Geschehen wird in **lyrisch gebundener** Form (Strophe, Vers, Reim) berichtet.
↓	↓
Schuld-Sühne-Ballade	Ballade als episch-dramatisch-lyrische Mischform

---

4 c) Auch die Moritat ist eine episch-dramatisch-lyrische Mischform. Auch in ihr geht es um die Sanktionierung einer Normverletzung, wobei allerdings im Unterschied zu vielen modernen sozialkritischen Balladen des 20. Jahrhunderts, die an Motive und Formen des Bänkelsangs anknüpfen, die Moritat als ein konservatives, gesellschaftsaffirmatives Medium anzusehen ist (s. hierzu Braungart, S. 41).

12.2 Balladen untersuchen: den Inhalt wiedergeben

Das Teilkapitel 12.2 führt mit der Inhaltsangabe literarischer Texte eine Schreibform ein, für die in der didaktischen Literatur im Wesentlichen drei Spielarten angegeben werden:
- die **argumentierende** Inhaltsangabe (Erarbeitung und Dokumentation des Textverständnisses)
- die **informierende** Inhaltsangabe (Vermittlung des Textverständnisses an Leser, z. B. Lexikoneintrag)
- die **appellierende** und **wertende** Inhaltsangabe (Rezension/Klappentext)

In diesem Teilkapitel wird vor allem die Form der informierenden bzw. in Ansätzen der argumentierenden Inhaltsangabe eingeführt. Die schriftliche Form der Inhaltsangabe befördert einen in vielen Kommunikationssituationen (z. B. Meldungen, Mitteilungen, Protokolle) unerlässlichen Konzentrations- und Abstraktionsprozess, indem die Schülerin/der Schüler die nach ihrem/seinem Verständnis wesentlichen Aussagen eines Textes in kurzer Form herausarbeitet.

Relative Kürze und Überschaubarkeit, das dramatische, handlungsreiche Geschehen sowie die im Wesentlichen einsträngige Handlungsstruktur von Balladen lassen diese Literaturgattung für das Einüben der Inhaltsangabe als besonders geeignet erscheinen. Rigide Handlungsanweisungen zur Verfertigung der „richtigen" Inhaltsangabe werden vermieden. Die Inhaltsangaben der Schülerinnen und Schüler sollten verglichen werden, um eine Korrektur der ersten Verstehensansätze zu ermöglichen. Die Inhaltsangabe leistet so einen wichtigen Schritt für die Erarbeitung des Textverständnisses. Der Formulierung des einleitenden Satzes der Inhaltsangabe mit Angabe des Themas kommt ein besonderes Gewicht zu.

Methodisch können über die Arbeitsaufträge im Schülerbuch hinaus folgende Anregungen von Nutzen sein:
- Unterstreichung der als wesentlich erkannten Textpassagen
- Auflisten/Kennzeichnen des nicht Verstandenen
- Nutzung von Informationsquellen im Anschluss an die Lesephase (Lexika)
- Anfertigung einer Nacherzählung und einer Inhaltsangabe (Klasse teilen) und Vergleich der Ergebnisse

S. 205	*Friedrich Schiller*: Die Bürgschaft

3 *2. Strophe:*   *Damon bittet um eine Frist von drei Tagen für die Verheiratung seiner Schwester und stellt seinen Freund als Bürgen.*

3. Strophe: *Dionys gewährt die Frist unter der Bedingung, dass bei Nichteinhaltung der Frist der Freund sterben muss.*

4. Strophe: Der Freund stellt sich als Bürge zur Verfügung.

5. Strophe: Damon verheiratet seine Schwester und tritt die Rückreise an.

6–9. Strophe: Schwere Regenfälle lassen den Fluss über die Ufer treten, die Wassermassen zerstören die Brücke. Damon erreicht schwimmend das andere Ufer.

10–11. Strophe: Eine Räuberbande überfällt Damon. Damon tötet drei Räuber und schlägt die anderen in die Flucht.

12–13. Strophe: Ein Quell rettet Damon vor dem Verdursten.

14. Strophe: Zwei in der Abenddämmerung vorüberkommende Wanderer berichten vom Kreuzestod des Freundes.

15. Strophe: Damons Diener Philostratus versucht seinen Herrn zur Flucht zu überreden.

16–17. Strophe: Damon will aber seinem Freund in den Tod folgen.

18. Strophe: Damon trifft doch noch rechtzeitig an der Hinrichtungsstätte ein.

19. Strophe: Dem Tyrannen wird Damons Rückkehr gemeldet.

20. Strophe: Er begnadigt Damon und bittet um Aufnahme in den Freundschaftsbund.

4 Das Schülerbuch gibt in der dort angelegten Spannungskurve (S. 207) insofern ein vereinfachtes Modell vor, als Spannung dort **Handlungsspannung** meint, sich also auf den Handlungsverlauf im Sinne einer Finalspannung bezieht. Höhepunkt ist die Ankunft von Damon in Syrakus im Augenblick der Hinrichtung des Freundes. Die Spannung löst sich letztlich in dem Augenblick, als die Wesensverwandlung des Tyrannen zugleich auch die Rettung Damons und seines Freundes bedeutet. Ist dagegen mit Spannung die **seelische Spannung**, die sich auf das Denken, Entscheiden und Empfinden der Personen bezieht, gemeint, so ist der Schlusssatz als der eigentliche Höhepunkt der Ballade anzusehen: Der Leser erfährt die bezwingende und verwandelnde Macht der Freundschaft.

In besonders interessierten Klassen ließe sich die Kurve also noch erweitern (mögliche Ergänzungen in eckigen Klammern).

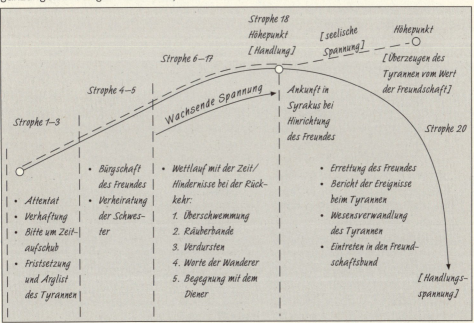

5 a/b) Eine überarbeitete Fassung könnte so aussehen:

Bei einem Mordanschlag auf Dionys, den Tyrannen von Syrakus, wird der Freiheits-kämpfer Damon gefangen genommen und zum Tod am Kreuz verurteilt. Damon bittet um eine dreitägige Frist, um seine Schwester zu verheiraten. Er lässt seinen Freund als Bürgen zurück. Voll Arglist verspricht Dionys Damon bei einer verspäteten Rück-kehr die Freiheit.

Auf dem Rückweg wird Damon durch zahlreiche Hindernisse, z. B. durch eine Über-schwemmung oder schließlich durch die Nachricht vom Tod seines Freundes, an der fristgerechten Heimkehr gehindert. Obwohl ihm sogar sein eigener Diener zur Flucht rät, liefert sich Damon aus. Er bewahrt doch noch seinen Freund vor dem sicheren Tod und bezwingt die Bosheit des Tyrannen, der sogar seine Freundschaft anbietet.

6 a) – rein inhaltlich, ohne Aussage über die Handlung
     – geeignete Formulierung, das Thema der Ballade wird erfasst
     – ähnlich wie die erste Variante, allerdings bessere Verdeutlichung der Handlungsstruk-tur

b) Schiller verdeutlicht in seiner Ballade „Die Bürgschaft", dass Freundschaftstreue und Pflichtgefühl Bosheit und Grausamkeit besiegen können.

7 a/b) *Verwendungszweck*   *Form*
        – eine Rezension verfassen   *eher sachlicher Berichtsstil*
        – ein Buch vorstellen   *Wiedergabe der wesentlichen Erzählschritte*
        – einen Lexikonartikel verfassen
        – eine Filmankündigung für eine
        Fernsehzeitung formulieren

c) Bei der appellierenden Inhaltsangabe (z. B. bei einer Buchempfehlung) soll der Leser gerade durch Auslassungen und rhetorische Mittel zur Lektüre angeregt werden. Bei der Rezension beurteilt und kommentiert der Schreiber zusätzlich den Inhalt. Bei der informierenden Inhaltsangabe (z. B. Lexikonartikel) wird dagegen eine neutrale, objek-tive Darstellungsweise des Schreibers erwartet.

S. 209 *Theodor Fontane:* John Maynard

1 / 2   Auch Fontane stilisiert in seiner Ballade den Steuermann der Erie zu einem Märtyrer, wie es vor ihm schon der Engländer J. B. Gough in seiner Erzählung, die auf einen Zei-tungsbericht in der Bostoner Tageszeitung vom 12. September 1845 zurückgeht, und Ho-ratio Alger in seiner volkstümlichen Ballade des Maynard-Stoffs (1868) vorgegeben hatten. Dass die Schiffskatastrophe nicht wie in Wirklichkeit zum Tod der meisten Passagiere führt, unterstützt diese Absicht, ist aber auch bezeichnend für eine gewandelte Einstellung Fon-tanes zur beschleunigten technischen, vor allem auch verkehrstechnischen Revolution in der zweiten Hälfte des 19. Jahrhunderts. Die „skeptische Dämonisierung der Technik", wie sie noch in Fontanes Ballade „Die Brück' am Tay" begegnet, erscheint insofern gemildert, als der Mensch durch sein entschlossenes Eingreifen die schlimmsten Auswirkungen ver-hindert (Karl Richter, in: Grimm, S. 352). Thema der Ballade bei Fontane ist das Verhältnis des Einzelnen zur Gemeinschaft. „Die Ballade wird zur Parabel einer sozialen Verpflichtung des Einzelnen gegenüber einer Gemeinschaft, aber auch der Gemeinschaft gegenüber dem Einzelnen" (ebd., S. 357), wie er im Opfertod John Maynards und dem ehrenden An-denken der Passagiere an ihren Lebensretter sinnfällig wird.

Die Hauptschlagzeile der Schülerreportage müsste diesen Sinnzusammenhang aufgreifen (z. B. Heldenhafter Opfertod des Steuermanns der Erie). In den Aussagen der überlebenden Passagiere könnte das stille Heldentum des Steuermanns deutlich werden. „Gewiss bleibt auch John Maynard auf seine Weise ein Held, sein selbstloses Opfer für das Leben anderer eine große Tat. Doch hat sein Handeln wenig mit den spektakulären Taten geschichtlicher Helden zu tun … Es bleibt eingebettet in das Arbeitsverhältnis, das in der selbstverständlichen Ausrichtung auf die Befehle des Kapitäns, das Wohl der Passagiere und die einmal übernommene Funktion des Steuermanns Bedingungen einer modernen Dienstleistungsgesellschaft reflektiert" (ebd., S. 352).

Bertolt Brecht: **Legende von der Entstehung des Buches Taoteking**   S. 211

1 Mögliches Tafelbild:

Brechts Ballade „Legende von der Entstehung des Buches Taoteking" – ein Schlüsselgedicht?

Laotse		Brecht
Güte … schwächlich/ Bosheit nahm an Kräften … zu	BEDROHUNG	nationalsozialistische Unrechtsherrschaft in Deutschland seit 1933
gürtete den Schuh …, packte ein	FLUCHT	Emigration Brechts nach Dänemark (1938)
freute sich des Tals noch einmal und vergaß es	VERLUST	Aufgeben der Heimat
der wissbegierige Zöllner: „Was ist das mit diesem Wasser?"	FRAGE	der Leser, der das Werk mitproduziert
81 Sprüche	AUFKLÄRUNG	Werke der Emigration (z. B. Legende …)

LEHRE

Daß das weiche Wasser in Bewegung / Mit der Zeit den mächtigen Stein besiegt.

Änderung der politischen und gesellschaftlichen Verhältnisse, Aushöhlung der Macht der Mächtigen

---

2 Sicherlich ist der alte Weise kein Held im Sinne der heroischen Ballade. Mit Walter Hinck (Die deutsche Ballade von Bürger bis Brecht. Göttingen 1968) bleibt festzuhalten, dass es sich aber auch in dem Sinne nicht um eine verkappte Heldenballade handelt, dass das „Bild des kämpferischen oder vitalen Helden durch das Bild des Geisteshelden ausgetauscht wäre" (S. 143). Groß ist der Weise nur als der Lehrende, der Wirkende, und insofern ist der eigentliche Held der Ballade der arme, wissbegierige, fragende Zöllner, der dem Weisen die Wahrheit abverlangt. „So wird die Ballade zum Schlüsselgedicht für die Poetik des Dichters selbst, eines Autors, der dem Autonomieanspruch von Dichtung enge Grenzen wies und immer auch den Adressaten mitdachte, der lehrend wirken und kritische Erkenntnisse vermitteln und herausfordern wollte" (S. 144).

12.3 Bänkellieder und Balladen – ein Vortragsabend

Die in 12.3 vorgestellten „Bänkellieder und Balladen" können natürlich auch als Unterrichtsgegenstände für die Teilkapitel 12.1 und 12.2 genutzt werden, wie sich andererseits auch alle Moritaten und Balladen der beiden ersten Teilkapitel für einen Vortragsabend eignen.

Die Balladen von Reinig und Biermann ließen sich auch unmittelbar mit der Moritat auf Seite 195 f. kontrastieren, um den Schülerinnen und Schülern die Rezeption dieses Genres in moderner Dichtung besonders akzentuiert vor Augen zu führen.

Drostes Ballade „Der Knabe im Moor" könnte in 12.1 als typisches Beispiel einer **naturmagischen Ballade** besprochen werden, wobei der Wechsel zwischen personaler und auktorialer Erzählperspektive, vor allem aber die Auswirkungen der optischen und akustischen Sinneswahrnehmungen auf die Psyche des Kindes weitere Besprechungspunkte sein könnten.

S. 212   *Annette von Droste-Hülshoff*: Der Knabe im Moor

1   b/c)   O schaurig ist's, übers Moor zu gehn, |

Wenn es wimmelt, vom Heiderauche, |

Sich wie Phantome die Dünste drehn

Und die Ranke häkelt am Strauche, |

st	sp	sch	s
Strauche	springt	schaurig	singt
starret	gespenstige	raschelt	sauset
gestohlen	gespannt	diebische	Sohlen
	Speere	Moorgeschwele	Seufzer
	Spinnerin	Scheide	
	Spinnenlor		
	spät		

2   Dunkle Vokale a (ä), o (ö), u: Bedrohung, Angst, Unheimlichkeit
helle e- und i-Laute: Erregung des Knaben, Unruhe, „Angriff" der Natur

S. 213   **Eine Pantomime**

S. 213   *Johann Wolfgang Goethe:* Der Zauberlehrling

1   Im Unterschied zu den bisher behandelten Balladen berichtet im „Zauberlehrling" eine Person (Rollengedicht). Die einzelnen Handlungsabschnitte lassen sich so bestimmen:
Strophen 1–2:   Lehrling nutzt die Abwesenheit seines Meisters, um mit Hilfe des abgelauschten Zauberspruchs einen Besen in einen Wasserträger zu verwandeln.
Strophe 3:   Der magische Spruch gelingt, der Besen schleppt zur Freude des Lehrlings das Wasser zum Bade herbei.

Strophen 4–5: Der Lehrling hat die Zauberformel, die den Besen stoppt, vergessen. Der Stolz des Lehrlings schlägt um in Angst und Wut.

Strophen 6–7: Der Lehrling spaltet den Besen und verdoppelt dadurch das Unheil. Erst der Meister bereitet dem Spuk ein Ende.

2 Strophen 1–2: Selbstsicherheit, Überlegenheitsgefühl (zahlreiche Imperative)

Strophe 3: Stolz, Triumphgefühl, Freude (Ausrufe, Enjambements), jähes Umschlagen in Verzagtheit (Interjektion *ach*)

Strophen 4–5: Angst, Entsetzen, Wut (anaphorische Reihung der Interjektion *ach*, Ellipsen)

Strophe 6: Erleichterung, Hoffnung, Verzweiflung (Ausrufe, Anapher *und*, Enjambement über 4 Verse)

Strophe 7: Verzweiflung, Hilflosigkeit, Kleinmut (Alliterationen, Ellipse, Ausrufe)

Mimische Darstellungsmittel: aufgerissene Augen, gerunzelte Stirn, zusammengekniffene Lippen etc.

3 a) Der Zauberlehrling verfolgt den Lauf des Besens durch Nachschauen, Drehen des Kopfes etc.

b) Der Zauberlehrling rettet sich vor den Wassermassen, indem er zuerst auf einen Stuhl, dann auf einen Tisch steigt etc.

c) Ausstrecken der Arme, Spreizen der Finger, Auf- und Abwärtsbewegung der ausgestreckten Arme, Wiegen des Oberkörpers etc.

d) einzelne Strophen mit den Vortragszeichen bearbeiten lassen (s. S. 201)

Eine Bilderfolge S. 215

***Christa Reinig:* Die Ballade vom blutigen Bomme** S. 215

***Klaus Scheibner:* Der Maulwurf muss weg!** S. 216

1 a/b) Beim Vergleich beider Fassungen wird deutlich, dass die durchgehende Interpunktionslosigkeit und Kleinschreibung den lakonischen Bänkelsängerstil der Ballade unterstützt. Ob bei der von zahlreichen Interpreten betonten interpretatorischen Offenheit der Ballade weitergehende Zusammenhänge mit der inhaltlichen Aussage (Negierung gesellschaftlicher Normen und Institutionen durch Bomme, Banalisierung des Schicksals, Entlarvung der Trivialität der Welt etc.) angebahnt werden sollen, muss auf dieser Altersstufe offen bleiben.

2 a–c) **Reinig:**
1) Bomme vor Gericht 2) Bomme in seiner Gefängniszelle 3) Essensausgabe durch den Wärter 4) Besuch des Pfarrers 5) Aufrichtung des Galgens 6) Hinrichtung Bommes
Scheibner:
1) Herrn Kremers Eigenheim 2) der Maulwurfshügel im Garten 3) Gartenschlauch und Auspuffgase als untaugliche Versuche der Ausrottung des Maulwurfs 4) Abbrennen von Garten und Haus
Die Entlarvung der spießigen, kleinbürgerlichen Ordnungs- und Sauberkeitswut wird durch Vortrag und bildliche Darstellung geleistet.

1 / 2   Beim Vortrag des Songs müssen die Schüler/innen vor allem den Refrain *„arbeits-los – das ist das Leben"* differenziert sprechen. Scheint der Sprecher in den beiden ersten Strophen noch ein Gefühl der Befreiung von der alltäglichen Last der schweren Arbeit zu verspüren (Optimismus), so klingen in der 3. Strophe schon Zweifel an der aufgezwungenen Lebenssituation an (aufkommender Pessimismus: Langeweile, Verlust sozialer Kontakte etc.), die in der 4. Strophe mit der durch die Positionierung am Versende herausgehobenen Konjunktion aber auch unmittelbar ausgesprochen werden. Parallele Versstruktur, Anaphern und Epipher spiegeln formal die tiefe Resignation und Verzweiflung (Geldsorgen, verringertes Selbstwertgefühl), die in dem abgewandelten Refrain der 4. Strophe mit den selbstbeschwörerischen Anreden Mann und Mensch vollends greifbar werden. Der abschließende Refrain kennzeichnet wie im Zeitraffer das Umschlagen von Pessimismus in eine eher fatalistische Grundhaltung, die auch die Grafik (S. 218) als vorläufigen Endpunkt im seelischen Leidensprozess eines arbeitslosen Menschen beschreibt.

Möglicher Zusatztext:

Erich Kästner: **Kurt Schmidt, statt einer Ballade**

In: Erich Kästner: Ein Mann gibt Auskunft. Atrium, Zürich 1960, S. 183

1   Erich Kästner geht in seiner Ballade auf die Lebenssituation der Menschen in Deutschland in den 20er Jahren des 20. Jahrhunderts ein. Informiert euch in einem Geschichtsbuch über das Leben der Menschen zur Zeit der „Weimarer Republik".

2   Worin seht ihr Gemeinsamkeiten, worin Unterschiede im Lebensalltag von K. Schmidt und dem des arbeitslosen Stahlarbeiters in Biermanns Lied „Arbeitslos – schöner Mai in Duisburg"?

3   Sprecht über den Titel „Kurt Schmidt, statt einer Ballade".

Übungsmaterial im „Deutschbuch 7 Arbeitsheft"

Inhaltsangabe und Lesetraining: S. 79–87

Lernerfolgskontrolle/Themen für Klassenarbeiten

Bei der Lernerfolgskontrolle sollte auf Balladen zurückgegriffen werden, die im Unterricht bereits besprochen worden sind oder die durch einen ähnlichen Aufbau den Schülerinnen und Schülern Transfereinsichten ermöglichen. Bei Wahl von Vorschlag 2 ist es günstig, den Text zunächst nacherzählen zu lassen, bevor die schriftliche Zusammenfassung in Form der Inhaltsangabe erfolgt.

Vorschlag 1

Heinrich Heine: Belsazar (s. S. 199)

1 Schreibe zu der Ballade einen reißerischen Artikel für die Boulevardzeitung *Babylon Express*.

   a) Formuliere eine Hauptschlagzeile, in der du die tiefere, beispielhafte Bedeutung des Geschehens festhältst.

   b) Gib zu Beginn deiner Reportage einen knappen inhaltlichen Überblick über das Geschehen (W-Fragen).

   c) Bau in deine Reportage kurze Interviews mit Teilnehmern des Festgelages ein.

Vorschlag 2

Friedrich Schiller: Der Ring des Polykrates

In: Karl Otto Conrady (Hg.): Das Buch der Gedichte. Deutsche Lyrik von den Anfängen bis zur Gegenwart. Cornelsen, Berlin 1987, S. 194 f.

1 Fasse den Inhalt der Ballade in einer Inhaltsangabe zusammen.

2 Weise nach, dass ähnlich wie in Schillers Ballade „Die Bürgschaft" die Spannung bis zum Schluss ständig anwächst. Untersuche dazu die Glücksfälle genau, die Polykrates erlebt.

13 Reisen: Berichte und Reportagen

Konzeption des Gesamtkapitels

An dem thematischen Feld Reisen, Herausforderung durch das Fremde sollen wichtige publizistische Textsorten (Reisebericht, Reisetagebuch, Reportage, Fernsehreport und Buch zum Film) bekannt gemacht werden. Dazu werden im ersten Teilkapitel (**„Reiseberichte: Über Entdeckungen informieren"**) wichtige Beispiele aus der Tradition der europäischen Reiseliteratur und Entdeckerberichte vorgestellt und mit kritischen Texten anderer Autoren verbunden, damit die Schülerinnen und Schüler den Problemgehalt des Themas Entdeckung – Eroberung – Kolonialisierung erkennen und als Gesprächsanlass nutzen können.

Im zweiten Teilkapitel (**„In Schnee und Eis: Über Expeditionen berichten"**) geht es um die Anwendung von Formen des Erzählens beim Schreiben über Reiseerfahrungen. Auch die Formen der Bildreportage und der fiktiven Reiseerzählung können schreibend erprobt werden. Insbesondere stellt sich dabei die Frage nach Wirklichkeitsanspruch und Erfindung. Hier sind nicht nur das Erzählen und Berichten selbst, sondern auch das Begründen von Urteilen über das Berichtete als Schreibtätigkeiten gefragt. Das Thema, das es zu erörtern gilt, ist die bewusst in Kauf genommene Extremsituation, die Risikobereitschaft der Expeditionsteilnehmer. Damit wird zugleich ein Beitrag zu dem bereits mehrfach angesprochenen Problem der Helden und Idole als Vorbildangebot der Literatur und der Medien geleistet.

Im dritten Teilkapitel (**„Bildreportagen: Fremdes anschaulich dokumentieren"**) können die in den Arbeitsbereichen „Umgang mit Texten" und „Sprechen und Schreiben" neu gewonnenen Einsichten und Fähigkeiten gefestigt und geübt werden. Der kritische Blick auf Reiseprospekte hilft, Wirklichkeitsanspruch und Fiktion alltagsnah zu prüfen; das Beispiel einer Fernsehreportage im „Buch zum Film" ermöglicht es, auch in dieser Textsorte eigene Schreibversuche zu unternehmen. Die Bildreportage aus einem Magazin schließlich ist Gegenstand einer genaueren Analyse des Zusammenspiels der Bilder mit unterschiedlichem Textteilen (Überschriften, Bildunterschriften, Fließtext).

Literaturhinweise

Edmund Morris u. a.: Auf den Spuren der Entdecker. Abenteurer – Forscher – Pioniere. Das Beste, Stuttgart 1980

Heinrich Pleticha (Hg.): Entdeckungsgeschichte aus erster Hand. Arena, Würzburg 1990

C. C. Bergius (Hg.): Die großen Entdecker. Präsentverlag, Gütersloh o. J.

Christel Mouchard: Es drängte sie, die Welt zu sehen. Reisende Frauen im 19. Jahrhundert. Econ Taschenbuchverlag, Düsseldorf 1995

Reinhold Messner: Bis ans Ende der Welt. Alpine Herausforderungen im Himalaya und Karakorum. BLV, München/Wien/Zürich ⁴1996

Wolfgang Ebert (Hg.): Könige in Afrika. Fürsten, Feste, Fetische. vgs Verlagsgesellschaft, Köln 1996

Texte/Gegenstände

Intentionen

– einen historischen Reisebericht analysieren
– den Bericht durch treffende Überschriften un-
tergliedern
– die Intentionen des Verfassers feststellen
– die Sicht des Autors kritisch würdigen
– eigene Bewertungen begründet vortragen
– die in Reiseberichten enthaltenen Bestätigun-
gen allgemeiner Urteile reflektieren
– die Außenperspektive des Berichterstatters
gegenüber der eigenen Lebenswelt nachvollziehen
– in Beschreibung und Erzählung eigene
Bewertungen und Urteile einfügen

– Argumente pro und kontra suchen und vertreten
– spannungssteigernde Schreibformen der
Reportage kennen und anwenden lernen

– den Fiktionscharakter und den Wirklichkeitsanspruch des Erzählens in Reiseprospekten
als widersprüchliche Erzählnormen kritisch
reflektieren
– anhand von Bildvorlagen oder Quellenmate-
rial die Erlebniserzählung zur Abenteuer-
geschichte oder zur Reportage erweitern
– einen Reisebericht erfinden
– die Textsorte „Buch zum Film" untersuchen
– das Verhältnis von Bild und Text erkennen
– unterschiedliche Schreibhaltungen als Mittel
der Spannungssteigerung nutzen
– Gliederung und Zwischenüberschriften sowie
das Layout der Texte als Form der Wertung
erkennen

13.1 Reiseberichte: Über Entdeckungen informieren

S. 219   *Marco Polo:* **Bei Tataren und Mongolen**

Im Gegensatz zur Helden- und Abenteuerliteratur, in der auch Reisen beschrieben wurden (Homer, die Fahrten des Odysseus), ist die Reiseliteratur im engeren Sinn von Anfang an Gebrauchsliteratur gewesen. Aus den Aufzeichnungen des Marco Polo entnahm man jahrhundertelang in Europa das Wissen über den Fernen Osten. Seine in der Gefangenschaft der Genueser diktierten Berichte sind leidenschaftslos und objektiv, wenngleich sie von vielen Zeitgenossen als fantastisch abgetan wurden. Damit stellt sich auch für den Unterricht über Reiseliteratur schon die zentrale Frage der Glaubwürdigkeit und der Übereinstimmung des Berichts mit der Wirklichkeit.

Der ausgewählte Abschnitt aus Marco Polos Aufzeichnungen beschäftigt sich mit dem „Fremden" der Tataren, über die in Europa nur ungenaue und mit Angst besetzte Vorstellungen (Hunnen) existierten. Es fehlt diesem Bericht ganz der „Blick von oben", der oftmals Erzählungen von Europäern über „Eingeborene" anhaftet. Die nomadische Lebensweise ist einerseits technisch gesehen, andererseits mit einem genauen Blick für die sozialen Verhältnisse betrachtet, die deutlich von dem in Europa Gewohnten abweichen. Marco Polos Blick auf die Tataren ist nicht interesselos. Er entwirft im Fremden ein Bild mit Vorbildcharakter: Ruhe und Einigkeit herrscht in Gruppen, man beleidigt einander nicht, man kümmert sich gemeinsam um Handel, Kindererziehung und Hausarbeit. Die Männer gehen freundlich mit ihren Frauen um. Würde man eine „Gegenprobe" machen, so fände man genau die an der eigenen Gesellschaft (in Venedig, in Genua oder anderswo in Europa) zu kritisierenden Eigenschaften.

Vor diesem Hintergrund eines vorbildlich funktionierenden Sozialwesens kann Marco Polo dann auch die wichtigste Abweichung von der christlichen Lebensordnung beschreiben, die Vielehe und den Brautkauf. Dass Marco Polo hier ohne Abwertungen oder auch nur Erstaunen berichtet, weist ihn als einen vorurteilsfreien Beobachter aus.

Dieser Aspekt kann vertieft werden, wenn im Unterricht der folgende kurze Textausschnitt über Glauben und Religiosität der Tataren hinzugezogen wird und die Frage gestellt wird, welche Unterschiede zur bekannten eigenen Tradition bestehen.

Die Tataren sagen, es gebe einen großen und erhabenen Gott. Für ihn verbrennen sie täglich Weihrauch. Sie beten zu ihm für eine geistige und körperliche Gesundheit.
5 Sie verehren noch einen andern Gott, der Natigay heißt. Dessen Bild, mit Filz oder Tuch bedeckt, steht in jedem Haus. Zu diesem Götzen stellen sie noch eine Frau und Kinder. Ihn betrachten sie als die Gottheit,
10 die sich um ihre irdischen Angelegenheiten kümmert, ihre Kinder schützt und über ihr Vieh und Getreide wacht. Sie erweisen ihm große Verehrung. Bei ihren Mahlzeiten unterlassen sie es nie, ein fettes Stück Fleisch zu nehmen und damit den Mund des Götzen sowie den seiner Frau und seiner Kinder einzuschmieren. Anschließend gießen sie etwas von der Brühe, in der das Mahl bereitet wurde, zur Tür hinaus, als Opfer für die anderen Geister. Dann glauben sie, dass ihr Götze und seine Familie ihren Anteil erhalten haben, und essen und trinken ohne weitere Zeremonie.

(aus: Geert Demarest [Hg.]: Die Reisen des Marco Polo. Nach seinen Aufzeichnungen aus dem 13. Jahrhundert. Lübbe, Bergisch Gladbach 1983, S. 68 f.)

1 a/b) Die Aufgabe verlangt von den Schülerinnen und Schülern zunächst eine inhaltliche Ordnung des Textes. Marco Polo spricht über die Wohnungen der Nomaden, über ihre

Ernährung, die Beziehungen von Männern und Frauen, die Gruppen und Familien, über die Eigenschaften der Männer und Frauen. Sodann geht es darum, den gewählten Lebensbereich über den Text hinausgehend erzählerisch auszugestalten. Das kann in Form einer Erlebniserzählung geschehen (Eine Reise im Kamelkarren) oder auch in Form eines Berichts, in dem die Schreibenden ihre eigenen Vorstellungen über ein derart fremdes Leben einfließen lassen (Kindsein in einer tatarischen Großfamilie). Mögliches Tafelbild:

Nomaden sind keine „Hunnen"	Männer/ Frauen	Vorbilder für Europa?
Leben in Zelten und Wagen/ Leben ohne festen Wohnsitz	freundliche Männer – treue Frauen	Man achtet sich gegenseitig; Schweigsamkeit, Tapferkeit
die schnellsten Pferde, die besten Hunde der Welt	viele Frauen – viele Kinder	Die Fähigkeit, Entbehrungen zu ertragen, macht sie zu den Herren der Welt.
Ihr Reichtum sind die Herden	Krieg und Jagd für die Männer – Handel Sache der Frauen	Unsere Urteile über die Fremdheit anderer sind oft Vorurteile.

2 a/b) Die Aufgabe ist für einzelne Schülerinnen und Schüler gedacht, die gern Reisebeschreibungen lesen oder die vielleicht schon von Marco Polo gehört haben. Sie soll vor allem dazu anregen, Lesebuchstücke als Ausschnitte aus umfangreicheren Lektüreangeboten für Jugendliche zu sehen und weitere interessante Einzelaspekte in den Unterricht einzubeziehen. Gerade das genannte System der Poststationen (vgl. Hermann Schreiber: Marco Polo. Karawanen nach Peking. Ueberreuter, Wien/Heidelberg 1974, S. 150–157) zeigt einen hohen Grad an Organisiertheit, den es zur damaligen Zeit in Europa noch nicht gab und den Marco Polo daher anerkennend hervorhebt. Ein Gleiches gilt für das chinesische Papiergeld (ebd.). In Europa wird es erst in der Französischen Revolution eingeführt. Die von den Schülerinnen und Schülern selbstständig ausgewählten Stücke des Berichts zeigen das fremde System als ein dem eigenen überlegenes. Interessant ist es dabei zu beobachten, dass es immer wieder diese „fortschrittlichen" Teile sind, die das Interesse der Leser wecken.

3 a/b) Als Schreibende eine Außensicht auf Bekanntes einzunehmen, ist für Schülerinnen und Schüler dieses Alters nicht einfach. Es verleitet zu fantastischen Exkursen. Deshalb soll die Aufgabe sich auf möglichst konkrete Sachverhalte beziehen: die Situation der Kinder in Kleinfamilien, bestimmt durch sporadische Abwesenheit der Eltern, durch Auto und Medien. Der Reiz dieses Erzählens besteht darin, dass das Alltägliche (Zubereitung der Speisen mit modernen Geräten, Wohnen in geheizten Wohnungen aus Stein, Erwerben von Nahrung und Kleidung in Geschäften, Regelung des öffentlichen Lebens durch Ämter, Schulen, Zeitungen, des privaten Lebens durch Telefon und Fernsehen) auf diese Weise verfremdet und dadurch neu gesehen werden kann. Die Schreibenden müssen sich dabei stets vor Augen halten, dass ihr Publikum das alles nicht kennt. Als Kriterien für das Gelingen der Schreibaufgabe gelten Glaubwürdigkeit, Wahrscheinlichkeit und wiedererkennbare Lebenswirklichkeit. Beim Vergleich der Lösungen wird es vor allem darum gehen, die Nähe zu der objektiven und verstehenden Schreibweise des Marco Polo als Merkmal des guten Reiseberichts zu erarbeiten.

S. 221   *Francisco de Xeres:* **Francisco Pizarro nimmt den Inkaherrscher Atahualpa gefangen**

Francisco de Xeres hatte nicht nur die Aufgabe, als unparteiischer Beobachter den Kriegszug des Francisco Pizarro zu begleiten, sondern auch die des offiziellen Chronisten der Expedition, der die Handlungsweise seines Feldherrn in einem günstigen Licht erscheinen lassen sollte. Diese Aufgabe wird im Text besonders deutlich bei der Beschreibung der Gefangennahme des Inka. Sie wird als ein Akt der Notwehr und des gerechten Zorns über die Verachtung der Heiligen Schrift durch Atahualpa dargestellt. Auch der Schlusssatz des Berichts, der die Erniedrigung eines mächtigen Herrn zum Gefangenen als etwas „Wundervolles" hervorhebt, zeigt, dass der Berichterstatter das Geschehen parteilich wertet. Dabei kann der Schreiber einige Widersprüche nicht vollkommen glätten. Er spricht zwar von dem gewaltigen Schrecken, der die Indianer ergriffen hatte, von dem Überfall und dem Blutbad, das die Spanier anrichteten. Aber das erklärt nicht, warum „in der ganzen Zeit kein Indianer eine Waffe gegen einen Spanier erhob", während er doch zuvor berichtet hatte, dass die Indianer unter ihren Röcken Waffen verborgen hielten. Hinzu kommen Auffälligkeiten bei der Formulierung. Francisco de Xeres hält es für erwähnenswert, dass der Feldherr Pizarro den Inka persönlich schützt und dabei verwundet wird, während er von den Häuptlingen, die die Sänfte tragen, nur sagt: „Sie wurden ebenso getötet wie die Träger der anderen Sänften." Es ist die gleiche Aufmerksamkeitslenkung, wie sie Schülerinnen und Schüler aus Abenteuerfilmen kennen: Während die Situation der Hauptfiguren alle Aufmerksamkeit auf sich zieht, sterben Statisten in großer Zahl, ohne dass dem weitere Beachtung geschenkt würde.

1.   Es soll eine kritische Lektüre des Berichts erreicht werden. Bei der Begründung ihrer jeweiligen Ansichten müssen die Schüler/innen den Text noch einmal genau durchmustern und die einzelnen Aussagen prüfen. Wenn es z. B. von Pizarro heißt, er „ging zu seiner Unterkunft, und mit ihm sein Gefangener Atahualpa, der seiner Kleider beraubt war" (Z. 133 ff.), so klingt das, als habe der Feldherr der Spanier persönlich nichts mit dem Handgemenge zu tun, in dessen Zentrum er selbst während der ganzen Aktion gestanden hatte und bei dem er sogar von den eigenen Leuten verwundet worden war.

2.   Es wird nicht nur eine inhaltliche Gliederung verlangt, sondern auch – über die Zwischenüberschriften – dazu angeregt, die Einzelheiten des Geschehens noch einmal genau zu betrachten. Die Schüler/innen können hier die Perspektivlenkung, die in Zeitungsreportagen üblicherweise angewendet wird, an den eigenen Formulierungen erproben.

3.   Bei der Lösung dieser Aufgabe wird ebenfalls der Perspektivwechsel für das kritische Lesen genutzt. Hier könnten Überlegungen darüber angestellt werden, warum die Indianer sich nicht zur Wehr setzten, sondern sich töten ließen, warum der Inkaherrscher sich den Spaniern auf diese Weise auslieferte.

4.   a) Ortsangaben können auf unterschiedliche Weise realisiert werden, durch Ortsadverbien, durch Präpositionalobjekte, durch Nebensätze. Hier können die Schüler/innen am Text stilistische Unterschiede unterschiedlicher grammatischer Formulierungsentscheidungen beobachten. Dazu müssen sie die Raumangaben (s. nachstehende Tabelle) ordnen und entscheiden, wo etwa Präpositionen, die meist zur Angabe eines Ortes dienen (über, unter, zwischen …), in einer anderen Bedeutung (z. B. Beziehung zwischen Personen, soziale Stellung) gebraucht werden.

Auch die Textstellen, an denen zeitliche und räumliche Anordnungen einzelner Ereignisse ineinander übergehen, sind interessant: „Zuerst kam eine Abteilung … dann kamen drei Abteilungen … danach eine Anzahl von Leuten" (Z. 23 ff.). Die Indianer besetzen den Platz des Geschehens, das zeitliche Nacheinander verwandelt sich in ein räumliches Nebeneinander. Das wirkt bedrohlich.

Formulierungen, die zur räumlichen Anordnung des Geschehens gewählt werden, enthalten Bewertungen. Ein Beispiel ist die Gefangennahme Atahualpas:

Text	Variante
„Pizarro hielt Atahualpa noch immer am Arm fest, konnte ihn aber nicht **aus der Sänfte herauszerren**, weil er so **hoch über ihm** stand. Da aber richteten die Spanier unter den Trägern ein solches Blutbad an, dass die Sänfte **zu Boden fiel**."	Atahualpa **saß in seiner Sänfte auf den Schultern der Träger**. Pizarro konnte daher nur seinen Arm ergreifen. Er hielt ihn fest, bis die Spanier unter den Trägern ein Blutbad angerichtet hatten, sodass sie **zu Boden fielen** und die Sänfte **abrutschte**.

Im Originaltext enthalten die Ortsangaben als „zweite Bedeutung" die soziale Beziehung zwischen dem Inka und dem Eroberer, auf die der Berichterstatter am Ende explizit eingeht: „Es war etwas Wundervolles zu sehen, wie ein so mächtiger Herr, der in solcher Macht gekommen war, in so kurzer Zeit zum Gefangenen gemacht wurde."

Adverbiale Bestimmungen des Ortes
gebildet durch:

Ortsadverb
dorthin (Z. 10)
hierher (Z. 80)

zusammengesetzte Verben
(= Raumadverbien + Verb)
(vor den Inka) hintreten (Z. 8)
zurückkehren (Z. 14 f.)
(vom Boden) wegräumen (Z. 27)
(von sich) wegwerfen (Z. 36)
(aus der Sänfte) herauszerren (Z. 113 f.)

Präpositionalgruppen
unter ihren Gewändern (tragen) (Z. 18)
vom Boden weg(räumen) (Z. 27)
in einer Sänfte (erscheinen) (Z. 32)
auf den Schultern (tragen) (Z. 36)
(sich) an die Seiten stellen (Z. 42)
neben dem freien Platz (Z. 48)
auf Atahualpa zu(gehen) (Z. 56)
aus meinen Vorratshäusern (stehlen) (Z. 81 f.)
auf den Boden (werfen) (Z. 92 ff.)
unter die Indianer (treten) (Z. 95)
zu seiner Unterkunft (gehen) (Z. 133)

---

b) Z. B. durch Nebensätze: wo der Statthalter wartete (Z. 10 f.); unter denen sie hielten (Z. 19 f.)

Georg Forster: Begegnung mit „Wilden" – Bericht von Kapitän Cooks Reise um die Welt S. 224

Die Rolle des Francisco de Xeres hat bei der Weltumseglung des Kapitäns Cook der siebzehnjährige Georg Forster. Auch er berichtet das Geschehen aus der Perspektive der Mannschaft. Aber er fügt Vermutungen über die Absichten und die Gedanken der Eingeborenen ein.

1 a) – Als der Indianer sich anders als erwartet verhält, schießt er und lässt schießen (Z. 27)
– er verlangt, was die Eingeborenen als Zumutung empfinden müssen, die Waffen abzulegen (Z. 56 ff.)

b) – er deutet den Handel Cook – Eingeborener als Europäer (Z. 18–26)
– er ist auf der Seite des Kapitäns: „er schien dies auch wohl zu verstehen …" (Z. 26–36)
– er billigt die Maßnahmen des Kapitäns (Z. 70 ff.)

c) – er beobachtet genau (Z. 4–17)
– er zeigt Sympathie für friedliche Eingeborene (Z. 40–52)
– er ist misstrauisch gegenüber den „Wilden", stellt Vermutungen über ihre (bösen) Absichten an (Z. 80 ff.)

2 Die Schüler/innen sollen dazu aufgefordert werden, das im Bericht Ausgesparte (nämlich die Einschüchterung auch der zur Zusammenarbeit mit den Fremden Bereiten) zu formulieren.

S. 226   *Egon Erwin Kisch:* **Kapitän Cook betritt Schwarz-Australien**

Kisch spricht den Unterschied zwischen der Fiktion der Abenteuerliteratur und der Wirklichkeit der Entdeckungsexpeditionen an. Damit thematisiert er das grundsätzliche Problem des Wahrheitswerts der „Berichterstattung aus fernen Ländern", die die Leser ja nicht vor Ort kontrollieren können. Es geht ihm dabei vor allem um das heimliche Mitspielen der Leser, die Fiktionen, in denen Helden Abenteuer bestehen, spannender, befriedigender finden als die Realität. Insofern enthält dieser Text nicht nur ein Angebot zur Reflexion über die Textsorte „Reisebericht", sondern auch über das Thema Leserbedürfnis.

1 Der Gegensatz zwischen Lesererwartung und historischen Fakten:
Der „Junge", an den sich Kisch wendet, hat vielleicht viel über Indianer und andere Wilde gelesen. Es waren aber immer Abenteuerbücher und vielleicht auch Abenteuerfilme, in denen die Wilden oft edel und heldenhaft sind. Von ihnen werden erstaunliche Taten vollbracht. Immer wieder wünscht sich ein junger Leser, „dabei gewesen" zu sein. Demgegenüber macht der Reporter Kisch darauf aufmerksam, dass es bei den Begegnungen der Weißen mit den „Wilden" nicht immer so abenteuerlich und heldenhaft hergegangen ist, wie es in den Büchern steht. Im Gegenteil: Die genaue Lektüre der Berichte, wie Forster sie abgefasst hat, zeigt, dass sich vieles anders abgespielt hat. Die „Wilden" wurden provoziert, damit man einen Grund hatte, auf sie zu schießen – und sich dann ihrer Habe (als Eroberung) zu bemächtigen.

2 Folgende Elemente der Beschreibung könnten in der Art Kischs in Fragen an das „wirklich Geschehene" umgewandelt werden:
– Cook beteiligt sich am Tauschhandel, der zwischen Besatzung und Eingeborenen im Gang ist. Aber sind die Waffen für die Insulaner Handelsware wie die Früchte? Wenn Forster schreibt, „so wurden sie handelseinig" (Z. 20), kann das auch ein Missverständnis sein. Der Eingeborene nimmt das Stück Tuch vielleicht für ein Geschenk. Als er nicht in gewünschter Weise reagiert, schießt ihm der Kapitän „eine Ladung Schrot ins Gesicht" (Z. 28 f.) und vom Schiff wird zudem „mit einer Muskete ein paarmal hinter ihnen dreingefeuert" (Z. 31 ff.). Die feindlichen Zusammenrottungen am Ufer sind also deutlich die Reaktionen auf den ersten Angriff durch den Kapitän.

– Ein zweites Mal provoziert Cook die Eingeborenen. Was in Forsters Darstellung wie ein sprechendes Zeichen zum Niederlegen der Waffen aussieht, könnte auch als entehrende oder verächtliche Handlung (Entwaffnung und Wegwerfen der Keulen) verstanden werden. Offensichtlich ist alles auf Verblüffung und Einschüchterung angelegt.

Die Neuformulierung des Berichts sollte derartige Überlegungen einbeziehen und Formulierungen wie: „Wir hätten uns einem Angriff ausgesetzt, bei dem viele dieser unschuldigen Leute, aber auch mancher von uns sein Leben gelassen hätte" (Z. 99 ff.) so umschreiben, dass das Bewusstsein der Europäer kenntlich wird, die sich als die Überlegenen sehen.

Flora Tristan: **Ein Erdbeben in Peru**   S. 228

„Ein Erdbeben in Peru" kontrastiert die überlegene, ruhige Haltung der Erzählerin, die bereits eine monatelange anstrengende Schiffsreise auf einem kleinen Segler hinter sich hat, mit der aufgeregten und ängstlichen Reaktion der Sklaven und Sklavinnen und der Kusine. Das eigentliche Thema der Unterhaltung zwischen den beiden Frauen ist nicht das Erdbeben, sondern die Möglichkeit einer Frau, ein Land, in dem sie sich nicht wohlfühlt, aus eigenem Entschluss zu verlassen. Damit ist das Thema Reisen in das Thema Freiheit und Mut zu selbstständigen Entscheidungen übergeleitet. Flora Tristan ist eine Frau, die sich über die den Frauen ihrer Zeit gesetzten Grenzen hinwegsetzt. Für sie ist es vor allem Furcht vor Unannehmlichkeit und Willensschwäche, wenn man Kompromisse schließt und bleibt, wo man nicht sein möchte.

2 Die Aufgabe fordert die Schüler/innen auf, die Gedanken, die eine selbstständig reisende, selbstbewusste Frau vorbringen könnte, um ihr Fortgehen von zu Hause oder ihr Leben als eine Reisende zu begründen, selbst zu formulieren. Es ist zu erwarten, dass sie dabei auf die historische Differenz stoßen, die zwischen ihnen und der Schreiberin des Reiseberichts im 19. Jahrhundert existiert. Sie können relativ „selbstverständlich" denken, was damals ausgereicht hätte, um eine Frau für „verrückt zu erklären".

Margaret Courtney-Clarke: **Im Innern Afrikas**   S. 229

Die Autorin ist Fotografin und Journalistin. Sie reist durch Westafrika, um Volkskunst von Frauen zu dokumentieren. Ihr Ziel ist es, die Frauen als ländliche Künstlerinnen kennen zu lernen, ihre Arbeiten zu fotografieren und ihr Leben zu beschreiben. Die Reisen sind trotz der allgemein verbesserten Verkehrsmöglichkeiten in der Gegenwart durch zahlreiche und schwere Strapazen gekennzeichnet. Der abgedruckte Auszug beschreibt eindringlich die Krankheiten, unter denen Einheimische wie Fremde zu leiden haben, aber auch die menschliche Hilfe und die Offenheit der Frauen, denen die Autorin begegnete. Wichtig ist es festzustellen, dass in diesem Reisebericht die Reisende nicht aus der Position der Überlegenen, sondern aus der einer Lernenden schreibt. Das zeigt den Schülerinnen und Schülern auf überzeugende Weise, wie sehr sich die Perspektive der reisenden Forscher seit dem 19. Jahrhundert gewandelt hat. Diese Afrika-Reisende ist keine Touristin. Sie versucht, die fremden Lebensformen zu studieren, indem sie an ihnen teilnimmt, sie ist nicht mehr davon überzeugt, dass sie es als „zivilisierter Mensch" mit „Wilden" zu tun hat.

1 Um der Gefahr einer Schwarz-weiß-Malerei zu entgehen, sollte vor allem herausgestellt werden, dass die Autorin als Frau zu den Frauen kommt, sich für eine Kunst interessiert,

die vorher nicht wahrgenommen worden ist, und mit ihrer Reise keine In-Besitznahme und keinen Herrschaftsanspruch verbindet.

4 Mögliches Tafelbild:

Courtney-Clarke	Cook	Pizarro
will lernen	will erforschen	will erobern
lebt das Eingeborenenleben	treibt Handel	tötet und raubt
empfindet die Frauen als Freundinnen, erfährt Hilfe	sieht die Eingeborenen als „Wilde"	erkennt in Atahualpa den militärischen Gegner
vertritt die Interessen der Frauen in einer diesen fremden Gesellschaft	lässt über seine Forschungen Berichte anfertigen	lässt über seinen Kriegszug einen Bericht verfassen

13.2 In Schnee und Eis – Über Expeditionen berichten

S. 232 **_Robert Falcon Scott:_ Eingeschlossen im Eis – Aus dem Tagebuch**

Über den „Wettlauf zum Südpol" ist nach Scotts Scheitern viel geschrieben worden. Es ging vor allem um die Frage nach dem „Sinn" solcher Abenteuerexpeditionen. Die Tagebuchaufzeichnungen, die Scott auf seiner letzten Reise niederschrieb, zeigen in beeindruckender Weise die Haltung eines Menschen, der sich diese Sinnfrage nicht stellt, sondern das Protokoll seines eigenen (und seiner Gefährten) erwartbaren Todes als Teil des eingegangenen Risikos anfertigt. Gerade angesichts der Faszination, die die Suche nach dem „Kick" auf Jugendliche ausübt, ist eine Diskussion dieser Art Reiseberichte nötig.

1 Es kommt nicht darauf an, dass die Schüler/innen – in schneller Anpassung anerwartete Schulnormen – die Helden- und Abenteuermentalität zurückweisen, sondern dass sie möglichst zahlreiche vergleichbare Beispiele anführen und daraus das allgemeine Muster der Faszination durch Grenzerfahrungen herausarbeiten. Die eigene Stellungnahme sollte also nicht auf das Schema Akzeptanz vs. Verurteilung hinauslaufen, sondern auf den Versuch einer Erklärung rational nicht hinreichend begründbarer Haltungen von Menschen. Mögliche Gesichtspunkte der Pro-Kontra-Diskussion: Ruhm, allgemeine Anerkennung gewinnen; dem Fortschritt dienen; die eigene Nation vertreten; sportlicher Ehrgeiz; Grenzerfahrungen machen.

2 Bild- und Textmaterial zu anderen Expeditionen finden sich bei Morris, Pleticha und Bergius (s. Literaturhinweise S. 170 in diesem Handbuch).

Reinhold Messner: Sturm am Manaslu | S. 233

Messners Berichte über seine Bergbesteigungen sind Erfolgsbücher. Fernsehreportagen, Interviews und Vortragsreisen des Autors machen seine Expeditionen zu Medienereignissen. Dabei versucht Messner immer, gegenüber der Guinness-Sucht nach Rekorden Abstand zu wahren. Es geht ihm um die in der Belastung mögliche Selbsterfahrung. Mit dieser Philosophie passt er gut in eine Gesellschaft, in der Belastung, Leistung und die Annahme von Herausforderungen einen sehr hohen Stellenwert haben.

[1] Erzählaufgabe, die nahe bei einer Fantasiegeschichte angesiedelt ist. Wenn auf dem Bild zu Beginn der Expedition noch zwei Mitglieder zu sehen sind, die die „Tragödie" nicht überleben, werden die Schüler/innen sich nach der Lektüre des Berichts gut vorstellen können, wie Schneesturm oder Absturz, unerwartete Naturkatastrophen das Scheitern der Expedition bewirkt haben. Die von ihnen in der Fantasie ausgearbeiteten Geschichten sind dann gar nicht so weit entfernt von Messners eigener Erzählung, die die wirklichen Erlebnisse wiedergibt.

[2] Messners Bericht „Sturm am Manaslu" ist spannend geschrieben. Er vereint Innensicht und Außensicht, d. h., anders als Scott berichtet Messner auch von seinen Gedanken, Gefühlen und Ängsten. Dadurch lädt er den Leser stärker zur Perspektivübernahme ein, als es Scotts nüchtern und zurückhaltend abgefassten Tagebucheinträge tun.

[3] Zeitleisten werden bei Reportagen oft als spannungssteigerndes Element eingesetzt. Sie suggerieren dem Lesern das Gefühl der unmittelbaren Präsenz in den Ereignissen. Schon Scotts Tagebuch hatte durch die fortlaufenden Tagesangaben diese Wirkung. Eine Bergbesteigung oder die Ereignisse bei einer Expedition lassen sich auf diese Weise präsentisch darstellen. Die Schüler/innen sollen diese Technik der Reportage durch eigene Schreibversuche kennen und einschätzen lernen.

13.3 Bildreportagen: Fremdes anschaulich dokumentieren

Mit der Ferne locken: Reiseangebote | S. 236

Schon die Prospekte, die für einen Erlebnisurlaub Jugendlicher werben, gehen davon aus, dass das individuelle Erleben standardisierbar ist. Sie übermitteln textlich die Vorstellung von Abenteuer, Expedition, Aufbruch ins Unbekannte. Entsprechend können aus verschiedenen Materialien Reisen so zusammengestellt werden, dass nicht mehr zu entscheiden ist, wo die Realitätshaltigkeit des Berichts in Fiktion übergeht. Zudem sollen die Schüler/innen die unterschiedlichen Stillagen der Reportage – sachlicher Bericht, Erlebniserzählung mit Einblick in Gedanken und Gefühle des Erlebenden, Bericht aus der unabgeschlossenen Situation – an selbst gewählten (und durch Bilder belegten) Konstellationen üben.

S. 237 Sprechende Bilder aus aller Welt: Fernsehreportagen

Schüler/innen der Klasse 7 kennen Reportagen vor allem aus dem Fernsehen. Expeditionsberichte, abenteuerliche Reiseschilderungen mischen als Magazinsendungen Wissenswertes mit Unterhaltung, erheben fast immer den Anspruch, authentisch über Wirklichkeit zu berichten, und sind doch oftmals gestellt. Die Aufgaben zu den Ankündigungen solcher Reports in Fernsehzeitschriften sollen bewusst machen, dass das, was den Zuschauern als außerordentliches Einzelerlebnis entgegentritt, ein hoch nachgefragtes Produkt der Unterhaltungsindustrie ist.

[3] Der eigene Entwurf von Reklametexten für eine Fernsehzeitschrift soll dazu dienen, ein Gespür für die „Gemachtheit" und Künstlichkeit solcher Texte zu vermitteln. Es zeigt sich, dass das Verfassen solcher Werbetexte keineswegs einfach ist. Sie sollen Spannung erzeugen, nicht eigentlich berichten. Deshalb dürfen sie nicht zu viel Inhaltliches vorwegnehmen (das vermindert die Spannung), sie dürfen nicht zu genau sein (dann „weiß" man von vornherein schon alles), aber auch nicht zu ungenau (dann wäre der Anspruch, etwas Einmaliges zu bieten, verspielt). Sie müssen kurz und mit einem Neugier erweckenden Bild versehen sein, damit auf einen Blick die Wahl-Entscheidung für das Einschalten der Sendung getroffen werden kann.

S. 238 „Könige in Afrika": Das Buch zur Fernsehdokumentation

S. 238 *Helga Lippert/Ruth Omphalius:* Der Große Elefant und der Goldene Stuhl

Nicht nur die vorauseilende Reklameinformation in der Fernsehzeitschrift, auch die nacharbeitende Vertiefung dient der Werbung für den Verbund von Unterhaltung und Information (Infotainment). Die Schüler/innen wissen, dass erfolgreiche Fernsehsendungen nachträglich – und zuweilen bereits parallel zur Ausstrahlung – als Buch ein zweites Mal vermarktet werden.

Die ausgewählte Serie „Könige in Afrika" stammt von zwei Journalistinnen, die die gleiche Gegend bereisten, aus der auch Margaret Courtney-Clarke berichtet. Insofern eignen sich diese Reportagen in besonderem Maße zum Vergleich. Sie zeigen den Unterschied zwischen der Berichterstattung, die sich auf eine Herausarbeitung des Verborgenen konzentriert, und der, die auf die Darstellung von Spektakulärem Wert legt. Bei beiden spielen die kunstvoll aufgenommenen Fotos eine entscheidende Rolle. Sie dienen nicht nur der Illustration der Texte, sondern sind ihrerseits Informationsträger. Einmal zeigen sie einzelne Frauen bei ihrer schweren künstlerischen Arbeit, und zwar so, als ob diese in einem eigenen Frauen-Reich lebten, ein andermal bezeugen sie die exotischen Reichtümer vergangener Gold-Reiche, über die berichtet wird: Sie beglaubigen die erzählten Legenden.

[1] a/b) Die Standfotos im „Buch zum Film" müssen zweierlei leisten: Sie dienen Lesern, die die Sendung gesehen haben, als Erinnerungsspuren, und sie dienen zugleich – ähnlich wie die Fotos in Fernsehzeitschriften – zur Erweckung von Interesse bei Lesern, die die Sendungen nicht verfolgt haben. Für beide Aufgaben müssen sie jeweils ganze Handlungen in sich zusammenziehen. Sie wählen daher fast immer den fruchtbaren Moment der noch nicht zum Abschluss gelangten Handlung, um in der Statik des Bildes den Prozess des Geschehens einzufangen.

Bilder dienen als „pictura", der ihnen zugeordnete Sachtext als „subscriptio". Damit erfüllen die Bild-Text-Kombinationen in den Fernsehzeitschriften und den „Büchern zum Film" ihre Aufgabe als Embleme, die Zusammenhänge inhaltlich verkürzt, aber emotional ansprechend darstellen.

Das erste Bild (S. 238) zeigt den König in seiner exotischen Prachtentfaltung als Folklore. Zugleich belegt es, dass es neben dem modernen Afrika (Krieg, Hunger) ein traditionsreiches Afrika gibt, das (manchmal) Touristen zu sehen bekommen.

Das zweite Foto (S. 239) zeigt den Träger des Goldenen Stuhls. Er wird als „Greis" bezeichnet, der sich „unter den Stuhl beugt". Zu sehen ist indes ein jüngerer Mensch, der etwas Undefinierbares auf den Schultern trägt. Man erkennt daran die pathetische Redeweise des „Texters".

Das dritte Bild zeigt ein Detail: den Frosch, der angeblich (so die Unterschrift) auf einem Stab sitzt. Hier kann man erkennen, dass das Bild „illustriert", die Unterschrift mehr Informationen enthält, als auf dem Bild zu sehen sind.

2 Es sollen noch einmal unterschiedliche Schreibweisen, die in der Reportage vorkommen, beobachtet und geübt werden:
- der aktualisierende Erlebnisbericht (der Reporter spricht von sich selbst als einem teilnehmenden Beobachter der Szene);
- der informierende historische Rückblick (der Reporter hat sich sachkundig gemacht und informiert seine Leser über Hintergründe und Vorgeschichten);
- der repräsentative Einzelfall des „human interest" (der Reporter spricht mit einem Betroffenen, dessen Schicksal repräsentativ für viele sein kann).

„Kinder des Mondes": Bildreportage über Urwald-Indianer   S. 240

Am Beispiel dieser Reportage lässt sich das Zurücktreten der Reporterin als reisender und erlebender Person und des Textes als wichtigstem Informationsträger hinter der Serie der Bilder beobachten. Das Layout montiert die Reportage als Begleittext in die Bilder hinein. Das Motiv Expedition, Reise, Erforschung des Unbekannten sowie der dafür notwendige Handlungsträger (der oder die Reisenden) sind ausgespart. Beides sind Indizien für den Funktionswandel der Reportage im Kontext des Bilderreports.

1 Hier zeigt sich, dass es weniger die Texte als die sprechenden Bilder sind, die die Ideen für die Überschriften geliefert haben. Die Überschriften setzen zudem die Akzente, unter denen die Informationen aus Texten und Bildern spontan zusammengefügt werden.
Zuordnung der Überschriften:
Für die Interpretation der Welt haben sie nicht nur die Sprache: Z. 32–49
Früh übt sich, wer ein Meister der Wildnis werden muss: Z. 50–87
Die Zweisamkeit ist die Urzelle sozialer Kultur: Z. 88–134

2 Bei der Bearbeitung dieser Aufgabe kann sich zeigen, dass auch andere Themen in Bildern und Texten verborgen sein könnten. So geht z. B. aus dem Bild, das Krieger mit Lanzen und Pfeilen zeigt, nicht hervor, ob es sich um eine kriegerische oder friedliche Demonstration der Stärke handelt. – Der Begleittext im Original bleibt in dieser Hinsicht bewusst unentschieden. Die dort vorhandene Überschrift „Der Tanz in Waffen dient dem Frieden mit dem Partner für den nächsten Krieg" formuliert ein Paradox, das auch in der europäischen Politik eine Rolle gespielt hat (im Frieden den Krieg vorbereiten). Insofern behandelt die Aussage über die Yanomami-Indianer im venezolanischen Amazonas-Urwald implizit das

Thema, dass Menschen von Natur her, d. h. wann immer, wo immer und in welcher Kultur auch immer lebend, in die eigene Gruppe hinein auf Kommunikation und Freundlichkeit, nach außen hingegen abweisend und auf Feindschaft hin angelegt sind. Ob dies die Weltanschauung der Indianer oder die der bei ihnen recherchierenden Reporterin ist, bleibt offen.

Lernerfolgskontrolle/Themen für Klassenarbeiten

Vorschlag 1

Jules Verne: Reise zum Mittelpunkt der Erde

Jules Verne gilt als der Vater der Science Fiction. Science-Fiction-Romane benutzen oft die sachliche Sprache des Reise- und Forschungsberichts, auch wenn sie fantastische Dinge erzählen.

Zum Inhalt des Romans: Zwei Monate sind der Lehrer Otto Lindenbrock und sein Neffe Axel zusammen mit einem Führer schon im Erdinneren unterwegs. Sie sind in Island in einen toten Vulkan eingestiegen und durch Spalten und Höhlen zu einem unterirdischen Ozean gelangt. Sie entkommen nur knapp unterirdischen Meermonstern, entdecken einen weiter hinabführenden Gang, durch den sie zum Erdmittelpunkt gelangen wollen.

Später werden sie, als sie einen Felsbrocken sprengen, der ihren Weg versperrt, von einem hereinbrechenden Wasserschwall und schließlich von Lava überrascht. Aber auf ihrem Floß gelangen sie glücklich in einen Kanal, in dem sie wieder nach oben gedrückt werden. Sie kommen am Stromboli (in Italien) wieder an die Oberfläche der Erde.

Verloren?

Am 7. August waren wir allmählich bis zu einer Tiefe von hundertfünfunddreißigtausend Metern gelangt, das heißt, über unserem Kopf waren hundertfünfunddreißig-

tausend Meter an Felsen, Ozean, Festland und Städten. Wir mussten damals neunhundert Kilometer von Island entfernt sein. Ich ging voran. Mein Onkel trug einen der Ruhmkorff'schen Apparate, ich den anderen. Ich betrachtete die Granitschichten. Auf einmal fand ich mich allein.

„Gut", dachte ich, „ich bin zu rasch gegangen oder Hans und mein Onkel sind stehen geblieben. So muss ich sie aufsuchen. Zum Glück geht der Weg nicht merklich aufwärts."

Ich ging also zurück, eine Viertelstunde lang, konnte aber keinen Menschen erblicken. Ich rief, bekam aber keine Antwort. Meine Stimme verhallte unter einer Menge Echos. Jetzt wurde ich unruhig; es überlief mich ein Schauder am ganzen Körper.

„Nur ruhig Blut!", ermahnte ich mich selber. „Sicherlich werde ich meine Gefährten wieder finden. Es gibt ja nur einen Weg! Da ich voranging, muss ich wieder rückwärts." Eine halbe Stunde lang ging ich so. Ich horchte, ob man mir nicht zuriefe, und in dieser dichten Luft hätte ich es schon von weitem her vernehmen können; aber in dem unermesslichen Gang herrschte Totenstille.

Ich blieb stehen. Ich konnte nicht glauben, dass ich ganz allein war. Verirrt, das mochte noch hingehen. Verirrt, da findet man sich schließlich wieder; aber verloren?

„Übrigens", dachte ich, „habe ich ja ein sicheres Mittel, mich nicht zu verirren, meinen treuen Bach, der mich in dem Labyrinth leiten kann. Ich brauche nur an ihm aufwärts zurückzugehen, so muss ich notwendig auf meine Gefährten stoßen." Bevor ich mich aber aufmachte, wollte ich mich etwas abwaschen. Ich bückte mich, um im Hansbach mein Gesicht zu netzen. Man denke sich meine Bestürzung, als ich nur auf dürren, rauhen Granit griff! Der Bach floss nicht mehr zu meinen Füßen.

Meine Verzweiflung war unbeschreiblich. Kein Wort der menschlichen Sprache konnte meine Gefühle ausdrücken. Ich war lebendig begraben; unter den Qualen des Hungers und Durstes hinzusterben war mein Los.

Nun begriff ich den Grund der auffälligen Stille, als ich zum letzten Mal horchte, ob nicht ein Ruf meiner Gefährten an mein Ohr dringe. Also hatte ich, als ich den ersten unvorsichtigen Schritt auf diesem Weg ging, die Abwesenheit des Baches nicht bemerkt. Offenbar hatte sich der Weg vor mir gabelförmig geteilt, und ich schlug die eine Richtung ein, während der Hansbach, einer andern Richtung folgend, mit meinen Genossen unbekannten Tiefen zueilte!

Wie konnte ich zurückfinden? Spuren gab es nicht. Auf diesem Granit drückte sich der Fuß nicht ein. Ich zerbrach mir den Kopf, um irgendeine Lösung zu entdecken. Meine Lage war durch das einzige Wort gekennzeichnet: Verloren! Ja, verloren in einer Tiefe, die unermesslich schien. Diese hundertfünfunddreißigtausend Meter lasteten wie ein fürchterliches Gewicht auf meinen Schultern. Ich fühlte mich wie zermalmt.

Ich versuchte, meine Gedanken auf die Dinge der Oberwelt zu richten. Das war mir kaum möglich. Hamburg, das Haus in der Königsstraße, mein armes Gretchen, diese ganze Welt über mir ging rasch in meiner verstörten Erinnerung vorüber. In lebhaften Träumen überblickte ich unsere Reise, die Überfahrt, Island, Herrn Fridrickson, den Snäfalls!

Ich hatte Lebensmittel für drei Tage und eine gefüllte Flasche bei mir. Länger konnte ich allein nicht bestehen. Aber musste ich auf- oder abwärts? Aufwärts ohne Zweifel, immer aufwärts!

So musste ich an den Ort gelangen, wo ich von der Quelle abgekommen war, zu der unseligen Gabelung des Weges. Hatte ich erst einmal den Bach zu meinen Füßen, konnte ich immer weiter hinauf bis zur Höhe des Snäfalls gelangen. Dass ich daran nicht schon früher gedacht hatte! Darin lag doch offenbar eine Aussicht auf Rettung. Am dringendsten war es also, den Hansbach wieder zu finden. Ich richtete mich auf und ging, auf meinen Stock gestützt, den Gang aufwärts. Der Abhang war ziemlich steil. Ich schritt mit Hoffnung und ohne Zögern, wie ein Mensch, der keine andere Wahl mehr hat.

Eine halbe Stunde lang stieß ich auf kein Hindernis. Ich versuchte, meinen Weg an der Form des Tunnels, an dem Vorsprung gewisser Felsen, an der Eigentümlichkeit gewisser Krümmungen wieder zu erkennen. Aber es fiel mir kein besonderes Zeichen auf und ich erkannte bald, dass mich diese Galerie nicht zu jener Wegkreuzung führen konnte. Sie war ohne Ausgang. Ich stieß gegen eine undurchdringliche Wand und fiel auf den Felsboden.

Welch fürchterlicher Schrecken, welche Verzweiflung mich da ergriff, kann ich nicht ausdrücken. Ich war vernichtet. Meine letzte Hoffnung zerschellte an dieser Granitwand. Ich wollte laut reden, aber es kamen nur rauhe Töne von meinen trockenen Lippen. Ich keuchte.

Mitten in dieser großen Angst befiel mich ein neuer Schrecken. Meine Lampe hatte beim Fallen Schaden gelitten und ich war nicht imstande, sie auszubessern. Ihr Licht wurde fahler und drohte auszugehen!

Ich sah, wie der Lichtstrom in der Schlangenröhre des Apparates immer schwächer wurde. Auf den dunklen Wänden entwickelte sich eine Prozession beweglicher Schatten. Ich wagte nicht mehr die Augen zu schließen, aus Angst, das geringste Atom

135 dieser entfliehenden Helle zu verlieren! Jeden Augenblick kam es mir vor, als wollte es erlöschen und mich dunkle Nacht umfangen.

Schließlich zitterte ein letzter Schimmer in
140 der Lampe. Ich folgte ihm, fing ihn mit den Blicken auf, sammelte alle Kraft meiner Augen auf ihm, als sei das die letzte Lichtempfindung, die ihnen vergönnt sei, und ich war versenkt in unendliche Finsternis!
145 Nun verlor ich den Kopf. Ich stand auf, streckte die Hände aus und versuchte mich weiterzutasten. Ich fing an zu rennen, stürzte in dem wirren Labyrinth aufs Geratewohl stets abwärts wie ein unterirdischer Höhlenbewohner, rief, schrie, heulte, quetschte mich an den Felsenvorsprüngen, fiel und stand blutend wieder auf, stets gewärtig, auf eine nicht bemerkte Wand zu stoßen und mir den Kopf daran zu zerschellen. So lief ich unsinnig, ohne zu wissen, wohin. Nach einigen Stunden, ganz erschöpft an Kräften, fiel ich bewusstlos neben der Wand nieder.

(aus: Jules Verne: Die Reise zum Mittelpunkt der Erde. Arena, Würzburg [11] *1994, S. 103–106)*

1 Erzähle das Abenteuer des „verlorenen" Jungen auf zweifache Weise neu. Benutze einmal die nüchterne Sprache des wissenschaftlichen Reiseberichts. Für die zweite Erzählung lege Wert auf eine genauere Schilderung der Gedanken und Gefühle des Helden. Welche deiner Fassungen ist dem Original näher? Was kannst du daraus für die Charakteristik des Romans entnehmen?

2 Die dünne Kruste der Erde ist mit der Dicke einer Briefmarke auf einem Fußball zu vergleichen, von der wir nur die Oberfläche sehen, also etwa den Farbdruck auf der Marke. Das Vorhaben von Otto Lindenbrock ist also durch und durch fantastisch. Das wusste auch Jules Verne. Was mag ihn trotzdem veranlasst haben, seine Reisegeschichte in das Innere der Erde zu verlegen?

Vorschlag 2

Kolumbus: Bericht über Indianer

Kolumbus führte ein Bordtagebuch, aus dem er später Berichte für seine spanischen Auftraggeber anfertigte. In ihnen schrieb er auch über seine ersten Begegnungen mit den Ureinwohnern der mittelamerikanischen Inseln, die er für Inder (Indianer) hielt.

Acht Seemeilen weiter westlich gelangte ich zu einer Landspitze, die ich Punta del Aguja nannte. Hier fand ich die schönsten Ländereien der Welt, sehr dicht bevölkert.
5 Ich kam morgens um neun Uhr an, und um die Schönheit und den grünen Pflanzenwuchs der Gegend und die Einwohner zu beobachten, beschloss ich, vor Anker zu gehen. Alsbald kamen Eingeborene auf
10 ihren Kanus, um mich im Namen ihres Königs zu bitten, an Land zu gehen. Aber als sie sahen, dass ich ihnen nicht Folge leistete, kamen sie mit zahllosen Kanus zum Schiff, viele trugen Goldplatten um den Hals, einzelne hatten Perlen an den Armen. Ich freute mich sehr, als ich dieses sah, und gab mir große Mühe zu erfahren, woher sie diese Gegenstände hätten. Sie sagten mir, sie fänden sie an Ort und Stelle und im nördlichen Teil des Landes.

Gern wäre ich länger geblieben, aber die Lebensmittel, die ich für die Männer auf Española an Bord hatte – Getreide, Wein und Fleisch, die ich mit so viel Mühe in Kastilien erhalten hatte –, verdarben von Tag zu Tag mehr und ich musste mich deshalb beeilen, sie in Sicherheit zu bringen, und durfte mich durch nichts mehr aufhalten lassen. Immerhin sandte ich Leute an Land, um mir jene Dinge zu verschaffen. Die Bevölkerung dieser Gegend ist sehr zahlreich, schön gewachsen und von der gleichen Farbe wie jene, die wir zuerst gesehen haben. Sie ist sehr umgänglich. Die Männer, die an Land gingen, fanden sie freundlich; sie wurden mit großen Ehrenbezeugungen empfangen. Kaum stießen die Boote an Land, kamen ihnen, wie sie erzählten, zwei Häuptlinge entgegen, die sie für Vater und Sohn hielten, gefolgt von der ganzen Bevölkerung. Sie wurden dann in ein sehr großes Haus geführt, das nicht rund war nach Art der Feldzelte, wie die sonstigen Wohnhäuser hier sind. Es gab dort viele Stühle. Sie wurden zum Sitzen eingeladen und auch die Häuptlinge setzten sich. Sie ließen dann Brot, verschiedene Früchte, roten und weißen Wein bringen – der Wein war aber nicht aus Trauben gemacht, sondern aus Früchten, der rote von einer Sorte, der weiße von einer anderen – und ebenso einen anderen Wein, der aus mahiz[1] hergestellt war; das ist ein Same, der in einer Ähre wächst, ähnlich unserem Buchweizen; ich brachte ihn auch nach Kastilien, wo schon viel davon wächst. Die beste Sorte wird sehr geschätzt und soll großen Wert haben. Die Männer waren alle im einen Teil des Raumes versammelt, die Frauen im andern. Da sie sich miteinander nicht verständigen konnten, hatten beide Teile große Mühe […]. Nachdem die Unsrigen im Hause des Älteren mit Speise und Trank erquickt worden waren, führte sie der Jüngere in sein Haus, um sie ebenfalls zu bewirten. Nachher stiegen sie wieder in ihre Boote, kehrten zum Schiff zurück und ich ließ unverzüglich die Anker lichten, da ich Eile hatte, die Lebensmittel […] abzuladen […]. Auch wollte ich meine Gesundheit wiederherstellen, meine Augen waren infolge der langen Nachtwachen erkrankt und auf der Reise war ich dreißig Tage ohne Schlaf geblieben und für lange Zeit des Augenlichtes beraubt worden.

Wie ich schon sagte, sind diese Eingeborenen schön gewachsen, groß, haben anmutige Bewegungen, ihre Haare sind sehr lang und glatt, sie tragen schön gearbeitete Tücher auf dem Kopf, die von weitem wie Seide aussehen. Ein anderes Tuch, ein breiteres, tragen sie um die Hüften gebunden an Stelle von Hosen, und zwar die Männer ebenso wie die Frauen. Die Hautfarbe dieser Leute ist heller, als ich sie bisher in Indien gesehen hatte.

Ich nannte diesen Ort Jardines, denn es schien mir, dass dieser Name passte. Ich gab mir alle Mühe, die Stelle kennen zu lernen, wo sie ihr Gold holten, und alle bezeichneten mir ein gegenüberliegendes Land im Westen, das sehr gebirgig, aber nicht weit entfernt gelegen war. Alle aber rieten mir ab, dorthin zu gehen, weil dort Menschenfresser waren. Ich glaubte zu verstehen, dass sie mir sagten, jene seien Kannibalen ähnlich den andern, von denen ich schon gesprochen habe, aber dann dachte ich, sie wollten sagen, sie äßen Tiere, die es dort gab. Ich fragte sie auch, wo sie die Perlen holten, und sie deuteten wieder nach Westen und Norden über jene Länder hinweg, die sie bewohnten. Ich hielt mich wegen der Lebensmittel und des Zustandes meiner Augen nicht damit auf, die Richtigkeit ihrer Aussagen zu prüfen, auch ist das große Schiff, das ich führe, für eine solche Forschungsreise ungeeignet. Da die Zeit bemessen war, musste ich mich mit Fragenstellen begnügen. Meine Männer kehrten um die Vesperstunde, wie gesagt, zu den Schiffen zurück; alsbald lichtete ich die Anker und nahm Kurs nach Westen.

1 Die chica, ein schweres, weißes Getränk, das auch heute noch in Venezuela durch Vergärung des Maises hergestellt wird.

(aus: Heinrich Pleticha (Hg.): Entdeckungsgeschichte aus erster Hand. Arena, Würzburg 1990, S. 309–311)

1 Charakterisiere die Indianer und benutze dazu die Aufzeichnungen des Kolumbus.

2 Schreibe dann auf, wie wohl ein Indianer die erste Begegnung mit den Weißen erlebt hat.

14 Kindheit und Jugend im 18. Jahrhundert

Konzeption des Gesamtkapitels

Die Literatur des 18. Jahrhunderts ist geprägt durch **Aufklärung** und **Empfindsamkeit**. Das Bürgertum entdeckt im Menschen das Wesen, das fähig ist, sich seines Verstandes zu bedienen, und das auf seine Erfahrungen in der Welt mit Gefühlen reagiert. Nicht Stand und Herkunft, sondern **Menschlichkeit** – ein Begriff, in dem Sekundärtugenden wie Leistungsbereitschaft, Ordnungsliebe, Fleiß mit Sittlichkeit (Tugend, Toleranz) zusammengefasst waren – sollte den Wert eines Menschen ausmachen.

Menschlichkeit ist einerseits eine Grundausstattung, die Menschen von Tieren unterscheidet, sie ist andererseits etwas, das durch Erziehung von jedem Individuum neu erworben werden muss. Der Gedanke der **Erziehung** steht im Zentrum dieser Unterrichtseinheit. Am Beispiel von Jungen- und Mädchenbildung können wesentliche Merkmale der Literatur dieser Epoche so erschlossen werden, dass Schülerinnen und Schüler den Abstand der 300 Jahre, die uns von der Aufklärung trennen, und die Verbindungspunkte, die es zu entdecken gilt, altersspezifisch und erfahrungsnah erkennen können.

Zwei Auffassungen vom Menschen und von der Erziehung stehen sich grundsätzlich gegenüber. Die eine geht davon aus, dass Menschen nur durch **Erziehung zu „Menschen"** werden. Ihre Seele gleicht einem unbebauten Land, das gerodet, gepflügt und vorbereitet werden muss, damit auf ihm das Korn einer humanen Gesinnung wachsen kann. Die andere glaubt daran, dass die **Menschen von ihrer Natur aus gut sind**, dass Erziehung die guten Anlagen lediglich entwickeln muss. Das Erziehen durch Verbote und Strafen beispielsweise gehört zur ersten, das Erziehen durch Einsicht und Appell an das moralische Empfinden zur zweiten Theorie. Gedichte und Erzählungen, Traktate und Fabeln, auch zahlreiche autobiografische Schriften und Briefe der Aufklärung zeigen, dass ein einzelnes Kind im Laufe seiner Jugend stets mit beiden Konzepten in Berührung kam. Auch die **Ziele der Erziehung** waren nicht einheitlich. Die erstere wollte die Kinder so früh wie möglich zur Vernunft der Erwachsenen erheben. Für sie waren Kinder kleine Erwachsene. Die Anhänger des Rousseau'schen Natürlichkeitsprinzips hingegen gestatteten Kindern, möglichst lange im „Naturzustand" zu bleiben, damit sie sich ihren Anlagen entsprechend entwickeln könnten.

Literaturhinweise

Ingeborg Weber-Kellermann: Die Kindheit. Eine Kulturgeschichte. Insel, Frankfurt/M. 1979

Dies.: Die Kinderstube. Insel, Frankfurt/M. 1991

Helmut Hirsch (Hg.): Über Tisch und Bänke. Erzählte Kindheit. Luchterhand, Darmstadt 1982

Heinz-Heino Ewers (Hg.): Kinder- und Jugendliteratur der Aufklärung. Reclam, Stuttgart 1990

Andrea van Dülmen (Hg.): Frauenleben im 18. Jahrhundert. C. H. Beck/Gustav Kiepenheuer, München/Leipzig und Weimar 1992

Gisela Wilkending (Hg.): Kinder- und Jugendliteratur: Mädchenliteratur. Vom 18. Jahrhundert bis zum Zweiten Weltkrieg. Reclam, Stuttgart 1994

14.1 Die Familie erzieht ihre Kinder

S. 243 **Familienbilder damals und heute**

☐1 a) Das Bild eines norddeutschen Malers zeigt, wie es normalerweise in einer Familienstube um 1700 zuging. Auf dem Gemälde **„Familienstube um 1700"** sind Frauen und Kinder bei charakteristischen Handlungen zu sehen:

Rechts und links im Vordergrund schlummern zwei Kleinkinder, das eine im Körbchen, das andere in einem verschlossenen Kinderstuhl, in dem die
5 Erwachsenen es sicher aufbewahrt wussten, ohne sich intensiv mit ihm beschäftigen zu müssen. Die daneben sitzende Frau macht kunstvolle Handarbeiten und das auf dem offenen
10 Schrank stehende Spinnrad lässt vermuten, dass der Raum in der Hauptsache den verschiedenen weiblichen Arbeiten zugeordnet war. Die Kinder, obgleich sechs an der Zahl, waren hier
15 nicht die Hauptpersonen und es ist kein einziges Spielzeug zu erblicken. In der Mitte gängelt eine jüngere Frau ein kleines Ding beim Laufenlernen, das zum Schutz den damals üblichen dicken
20 Fallhut auf dem Kopfe hat. Und eine ältere Kindsmagd im linken Vordergrund ist damit befasst, einem kleinen, vor ihr knienden Knaben das Lesen beizubringen, hat sich aber offenbar dabei
25 unterbrochen und die Brille abgesetzt. Denn ein größeres Mädchen, das zur Buße für eine Missetat an der Wand knien muss, scheint weiteren Anlass zur

Strafe zu geben und soll gerade mit der Rute gestrichen werden. Diese Aktion erregt die Aufmerksamkeit aller im Zimmer Anwesenden, bis auf die Kleinen. Auch ein etwa fünfjähriger Junge, noch in Mädchenröcken, mit einer Peitsche in der Rechten, zeigt sich an dieser Exekution äußerst interessiert. Im Hintergrund ist ein Mann an einem Pult mit Schreiben beschäftigt und durch die geöffnete Tür sieht man eine der Damen des Hauses in pikanten Verhandlungen mit einem Kavalier. Nichts von besonderer Zuwendung und immanenter Kinderwelt in unserem Sinne ist hier zu bemerken. Die Kinder wachsen mit Schlägen in die Welt der Erwachsenen hinein und kindliche Möbel dienen höchstens ihrem physischen Schutz, aber nicht der Entfaltung spezifisch kindlicher Fähigkeiten.
Die gern gepriesene Freiheit dieser Kinder bestand wohl doch hauptsächlich darin, sich den Normvorstellungen der Erwachsenen anzupassen oder sie zu unterlaufen. Dirigiert wurden die Regeln des Zusammenlebens jedenfalls von oben.

*(aus: Ingeborg Weber-Kellermann: Die Kindheit.
Eine Kulturgeschichte. Insel, Frankfurt/M. 1979, S. 52)*

Auch der eine vergleichbare Momentaufnahme zeigende Stich von Daniel Chodowiecki (1726–1801) **„Die kleinen Erwachsenen"** betont die Präsenz der Kinder. Im Mittelpunkt der Stube steht der große Tisch, an dem ein Junge schreibt, ein Mädchen unter der Aufsicht der Mutter vorliest. Ein kleineres Kind langt nach einem Schreibwerkzeug und wird von dem Knaben zurückgewiesen, während die Mutter ein weiteres Kind, das zu ihr möchte, mit einer Geste wegschickt. Im Vordergrund steht ein Junge, der offenbar Soldat spielt, denn er hat einen Säbel in der Hand. Hinter ihm fängt eine weitere Frau einen Jungen mit den Armen auf. Im Hintergrund ist der Vater zu sehen, der einem schon größeren Kind etwas erklärt. An der Wand hängen Spiegel, Bilder und das Gewehr des Vaters. Alle Kinder sind sorgfältig und unpraktisch nach der Mode der Zeit als kleine

Erwachsene gekleidet. Diese Szene ist symbolisch zu nehmen. Sie zeigt den Kinderreichtum der Familien, die Kindererziehung als dauernde Beschäftigung vor allem der Frauen, die Reglementierung der Kinder durch Kleidung und zugewiesene Rollen.

b) Bei der Bekleidung der Personen auf den alten Bildern fällt auf, dass sie alle so gekleidet sind, als wollten sie ausgehen. Die Kinder sind sorgfältig frisiert, die Mädchen haben die Haare geflochten oder tragen ein Häubchen, die Knaben Perücken. Trotz der Tatsache, dass alle Personen in Bewegung sind, scheint doch alles steif und künstlich zu sein.

Mögliches Tafelbild:

	Kleidung	Tätigkeit	Besonderheit
Frauen	fußlanger Reifrock, unpraktisch weite Ärmel, Haube oder Schal	lesen, sticken, Kinder beaufsichtigen, strafen, belehren, Konversation machen	beherrschen das Bild, „Familie" scheint „Frauensache"
Männer	langer, dunkler Rock	sprechen, sonst keine Tätigkeit	kommen praktisch nicht vor
Knaben	als Mädchen gekleidet, lange Haare oder Perücke, als Erwachsene gekleidet	spielen mit Peitsche, Degen schreiben, lesen	stolzieren herum, spielen „Erwachsene"
Mädchen	wie Puppen oder erwachsene Frauen: fußlanger Reifrock	lernen lesen, werden verwahrt, werden geschlagen	müssen auf sich aufmerksam machen, strecken die Hände (hilflos?) aus

2 a) Das in dem Bild einer heutigen Familie sichtbare Ideal des Zusammenlebens ist die Zwanglosigkeit. Das moderne Kinderzimmer wird von Spielzeugen, insbesondere aber von Medien beherrscht. Es gehört einem oder zwei Kindern allein. Die Familienstube ist das Wohnzimmer, in dem sich zumeist lediglich die Erwachsenen aufhalten. Für Aktivitäten von und mit Kindern ist es in der Regel nicht vorgesehen.

Kindheitserinnerungen   S. 244

Autobiografien sind in der Epoche der Empfindsamkeit zeittypische Zeugnisse der Verarbeitung individueller Erfahrungen.

Anna Louisa Karsch: Kinderwärtin   S. 244

Die Aufzeichnungen der Dichterin Anna Louisa Karsch zeigen vor allem das Problem, dass Familien häufig die Erziehung der Mädchen vernachlässigten, insbesondere dem Willen von Mädchen, etwas zu lernen und Bücher zu lesen, skeptisch und ablehnend gegenüberstanden. Wie in der Autobiografie Karl Philipp Moritz' wird deutlich, dass Kinder eher am Rande der Familien leben. Man kümmert sich nicht sonderlich um sie.

2 a) *Liebster, gütigster Onkel!*
Ich bin nun schon ein halbes Jahr wieder bei meiner Mutter und dem Herrn Stiefvater. Mein kleiner Bruder ist gesund geboren. Die Mutter stillt ihn dreimal am Tag. Dafür muss sie die Arbeit im Garten und auf dem Feld unterbrechen und nach Haus kommen. Die übrige Zeit versorge ich den Knaben. Er ist auch freundlich und lacht viel. Aber oft fühlt er sich auch nicht wohl und schreit dann. Ich versuche ihn zu beruhigen und singe ihm die Lieder vor, die ich bei Euch gelernt habe. Ach, ich vermisse sehr die Bücher und das tägliche Lesen. Hier kann ich nicht lesen, denn ich muss „nützliche Dinge tun", wie mein gestrenger Herr Vater sagt. Lieber Onkel, ist es wirklich nötig, dass ein Mädchen nichts lernt, als Kindsmagd zu sein? Auch das Vieh muss ich hüten, damit meine Mutter im Haushalt arbeiten kann. Aber beim Kühehüten darf ich nicht lesen, sondern muss aufpassen, dass die Tiere nicht ins Korn laufen und fressen, was uns nicht gehört.
Liebster Onkel, könnten Sie nicht noch einmal den Versuch unternehmen, bei meinen Eltern zu erwirken, dass ich wieder zu Ihnen kommen kann? Ich würde gern weiter lernen und lesen. Ich habe auch schon kleine Gedichte gemacht. Vielleicht kann ich eine Dichterin werden, berühmt werden und nicht nur Dienstmagd.

S. 245   *Karl Philipp Moritz:* **Anton Reisers frühe Kindheit**

In „Anton Reiser" geht der Autor Karl Philipp Moritz erzählend der Frage nach, wie ihn die Erfahrungen seiner Kindheit und Jugend geprägt haben. Moritz' Schilderung seiner Familie ist zu entnehmen, wie familiale Zwistigkeiten die Entfaltungsmöglichkeiten des Kindes behindern. Insofern ist die Problemkonstellation keineswegs epochentypisch. Neu an Moritz' Roman war die Offenheit, mit der der Autor die auch für ihn schmerzlichen Dinge benennt. Ohne spezifische Schuldzuweisungen wird doch deutlich, dass die unglücklichen Umstände eine „Abstumpfung des Gefühls" bewirken.

1 Eine Nacherzählung ist mit zwei eher analytischen Aufgaben verbunden: Die Bewertungen durch den Autor sollen festgestellt und mögliche eigene Bewertungen eingefügt werden. Mögliches Tafelbild:

Wie wirkt sich falsches Verhalten der Eltern auf ein Kind aus?		
Verhalten der Eltern	*Bewertung durch den Autor*	*eigene Bewertung*
beschimpfen einander bei Streitereien	„wechselseitige Flüche" (Z. 5 f.) „Unzufriedenheit, Zorn, Tränen" (Z. 18 f.)	sie belasten ihr Kind
der Vater ist Soldat	„ziemliche Freiheit": Entschädigung für die Leiden der Kindheit (Z. 28 f.)	Unglücklichsein des Kindes; es scheint gut, dass der Vater weg ist
die Eltern ziehen zusammen	„zu ihrem Manne" (nicht zu Antons Vater, Z. 33)	der Sohn empfindet den Vater als fremd
erneut streiten die Eltern	„ein schrecklicher Sturm" (Z. 37)	das Kind steht zwischen den Eltern
ein neues Kind wird geboren	„vernachlässigt" (Z. 50) „Verachtung" (Z. 52)	sein Gefühl stumpft ab

Wie kann ein Kind sich eine Vorstellung von etwas bilden, was es nicht kennt?		
Erfahrung des Kindes	Bewertung durch den Autor	eigene Bewertung
keine Zuwendung durch die Eltern	„... nie die Liebkosungen zärtlicher Eltern geschmeckt" (Z. 14 f.)	keine Beachtung, nie belohnt
beide Eltern wollen, dass das Kind ihnen Recht gibt	„So schwankte seine junge Seele beständig ... zwischen Furcht und Zutrauen ..." (Z. 43 ff.)	es kann sich kein Vertrauen zwischen Eltern und Kindern bilden
die Eltern beachten das Kind kaum	Anton hört die anderen geringschätzig von sich reden (Z. 50 ff.)	Entwertung
	↓	↓
	Verlangen nach „liebreicher" Behandlung (Z. 54 f.)	Sehnsucht nach Liebe

In der Epoche der Empfindsamkeit nahm die **„Seelenkunde"**, die Vorform der Psychologie, einen großen Aufschwung. Man interessierte sich für Gefühle, subjektive Befindlichkeit. Dem Interesse am Seelenleben des einzelnen Menschen verdankt die deutsche Sprache ein reiches Vokabular zur Beschreibung seelischer Zustände. Viele dieser Begriffe haben ihre semantische Extension geändert. In ihren ursprünglichen Kontexten erscheinen sie uns heute daher schief, bisweilen kitschig. Die Schüler/innen können an ihnen das **Phänomen des Sprachwandels** beobachten.

Ein Beispiel: Das Wort „lispeln" bedeutet in Gedichten Klopstocks „lieb, zärtlich sprechen". Heute bezeichnet es nur noch eine Sprachstörung (Bedeutungsverengung). Das Wort „fürchten" umfasste auch den Bereich „Ehrfurcht empfinden"/„Respekt haben". Heute ist es fast gleichbedeutend mit „Angst haben" (Bedeutungsverschlechterung). Der Ausdruck „empfindlich sein" umfasste alle Formen der Gefühlsfähigkeit, heute sagt er nur etwas aus über einen Menschen, der schnell beleidigt ist (Bedeutungsverengung mit Bedeutungsverschlechterung).

2 a) *Seltsame Wendungen*   *Übersetzung in heutige Rede*

Seltsame Wendungen	Übersetzung in heutige Rede
wechselseitige Flüche (Z. 5 f.)	die wechselseitige Abneigung
Verwünschungen des ... Ehebandes (Z. 6 f.)	Klagen über ... die Ehe
da sich beide hassten (Z. 12)	da sich beide nicht mehr mochten
Liebkosungen schmecken (Z. 14 f.)	lieb gehabt werden von
zärtliche Eltern (Z. 15)	freundliche/ liebevolle Eltern
Haus der Tränen (Z. 18 f.)	Haus voller Unfrieden
aus der Seele verwischen (Z. 21)	aus den Gedanken nehmen
Sammelplatz schwarzer Gedanken (Z. 22 f.)	niedergeschlagen, traurig sein
die Leiden der Kindheit (Z. 29)	die schwere Kindheit
betrügliche Windstille (Z. 36)	trügerische Ruhe
in Wehmut zerfließen (Z. 38)	war traurig
durch die Seele gehen (Z. 53)	beschäftigte ihn
sehnliches Verlangen (Z. 54)	wünschte sehr
liebreiche Behandlung (Z. 55)	freundliches Verhalten

3 Den in den beiden Vergleichstexten entworfenen Elendsbildern für Kindheit könnte man Goethes Beschreibung seiner Kinderjahre aus „Dichtung und Wahrheit" gegenüberstellen. Hier schildert Goethe Kindheit als gleichbedeutend mit „Umsorgtsein" und „Gefördertwerden". Beide Eltern kümmern sich intensiv um ihre Kinder und deren Erziehung. Es werden verschiedene Lehrer angestellt, der Vater erteilt selbst regelmäßig Unterricht. Auch die in „Robinson der Jüngere" (S. 249 f.) beschriebene Situation des belehrenden Gesprächs nach gemeinsamer Lektüre zeigt, dass in der Epoche der Aufklärung der Kindererziehung zentrale Bedeutung beigemessen wurde. Die Konzentration auf den Bildungsgang der Kinder in den Familien Campe, Goethe oder auch Mozart ist aber sicher noch weniger zeittypisch als der in den Familien Karsch oder Reiser. Ebenso klar ist aber, dass aus der Perspektive der Aufklärung bei den letzteren ein Fehlverhalten kritisiert, während in den ersteren ein vorbildliches Verhalten vorgestellt werden sollte.

S. 247 Strafen

Körperliche Strafen gehören in die Pädagogik der Zeit: Wer nicht hören will, muss fühlen. Elisa von der Recke erzählt von einem besonders grausamen Fall der Demütigung durch eine Strafe. Im Kontrast dazu beschreibt Peter Härtling die subtilere Technik des Strafens durch Liebes- und Zuwendungsentzug. Die Schüler/innen sollen über die beiden auch heute noch vorkommenden Formen der Disziplinierung diskutieren.

S. 247 *Elisa von der Recke:* Harte Bestrafung

Für heutige Leserinnen und Leser muss das Verhalten der Großmutter unverständlich erscheinen. Für die Pädagogik der damaligen Zeit war sie konsequent. Denn das fünfjährige Kind hat als „Unart" einen eigenen Willen gezeigt, indem es sich der Züchtigung entziehen wollte. Dieser muss „gebrochen" werden und als Mittel bietet sich die öffentliche Demütigung des Mädchens an. „An den Pranger stellen" war ein weit verbreitetes Mittel öffentlicher Bestrafung.

Zur Autorin: Elisa von der Recke (1756–1833) war an der Entlarvung des italienischen Abenteurers und Alchimisten Graf von Cagliostro am Hof von Mitau beteiligt und wurde dadurch bekannt. Sie unternahm viele Reisen, u. a. nach Russland und Italien, und war mit J. K. Lavater und J. H. Jung-Stilling befreundet. Sie schrieb neben autobiografischen Büchern Reisebücher und empfindsame geistliche Lyrik.

S. 247 *Peter Härtling:* Er straft mich

In der autobiografischen Erzählung „Nachgetragene Liebe" beschreibt Peter Härtling lebendig aus der Perspektive des Betroffenen eine „Bestrafung durch Entwertung". Das Kind soll durch Entzug der elterlichen Zuwendung das Unrechte seines Tuns einsehen und sein Verhalten bereuen. Diese subtile Form der Bestrafung kommt ohne körperliche Züchtigung aus, sie zielt auf seelische Verletzung. Besonders die Dauer („Er hielt die Strafzeit länger als eine Woche durch") der Strafe belastet. Härtling macht anschaulich klar, dass es vor allem das Gefühl des Ausgeschlossenseins ist, das das Kind belastet. Dabei enthält sich Härtling jeder direkten Bewertung. Die überlässt er den Lesern.

3 a) Die Aufgabe verlangt von den Schülerinnen und Schülern, probeweise die Perspektive der Erwachsenen einzunehmen und selbst zu entscheiden, was eine gerechte Strafe ist und wie sie wirken soll. Das Angebot, bestimmte Formen der Bestrafung auch begründet ablehnen zu können, entspricht nicht nur der Entwicklung in unserer Gesellschaft von der hierarchisch geordneten Befehls- zur demokratisch strukturierten Verhandlungsfamilie, sondern übt auch in den Gebrauch der Sprache bei Konfliktregelungen ein.

b) Mögliche Argumente einer Pro-Kontra-Diskussion:

— *These: Eltern sollten ihre Kinder niemals schlagen. Die Kinder schlagen die Eltern ja auch nicht.*
— *Gegenmeinung: Mir ist es lieber, ich kriege eine Ohrfeige oder einen Schlag auf den Hintern, als dass meine Mutter/ mein Vater tagelang mit mir sauer ist.*

— *Meine Meinung: Wenn etwas vorgefallen ist, sollte man zuerst darüber sprechen, erst dann zu Strafen greifen.*
— *Gegenmeinung: Eltern müssen den Kindern zeigen, was sie falsch und was sie richtig machen. Auch durch Strafen. Aber die Strafen sollten sinnvoll etwas mit dem „Vergehen" zu tun haben. Nicht immer nur Hausarrest oder Taschengeldentzug.*

— *An meine Eltern: Es sollte gleiches Recht für alle gelten. Wenn Eltern etwas falsch machen, sollten sie auch dafür bestraft werden können.*
Kinder sollten immer das Recht haben, ihr Verhalten zu rechtfertigen. Oft strafen die Eltern nämlich, ohne genau zu wissen, was war.
Ich meine, dass Eltern heute insgesamt vernünftiger sind als früher. Sie strafen nicht mehr, ohne die Kinder vorher angehört zu haben.
— *Gegenmeinung: Auch heute gibt es viele Eltern, die glauben, sie sind immer im Recht und sie dürfen ihre Kinder wie ihr Eigentum behandeln.*

Durch Robinson lernen — S. 248

Joachim Heinrich Campe: Robinson der Jüngere — S. 249

Campes „Robinson der Jüngere" ist ein Erziehungsbuch. Der Vater spricht mit den Kindern über das Gelesene. Die Schüler/innen sollen über das Thema „Erziehung" hinaus die implizite „koloniale Perspektive" des Textes kritisch betrachten, indem sie die Wertung des Indianerjungen aus einem heutigen Jugendbuch dagegenhalten.

Der erzählende Vater macht aus Robinson einen vorbildlich handelnden Menschen. Denn dieser vergisst die Gefahr, in die er selbst dadurch gerät, dass er dem Flüchtling hilft. „Sein Herz drängte ihn, dem Unglücklichen beizuspringen." Die Fähigkeit, Mitleid zu empfinden und sich entsprechend zu verhalten, gehört zum Ideal der „Menschlichkeit". Auch die Entschlusskraft, mit der Robinson spontan handelt, nimmt die jugendlichen Zuhörer für ihn ein. Angesichts dieses positiven Bildes ist es für Schülerinnen und Schüler schwer zu erkennen, dass in der Haltung des Retters zugleich die des überlegenen Weißen, der von den Eingeborenen leicht für ein „überirdisches Wesen" gehalten werden kann, mit transportiert wird. Fliehen oder sich niederwerfen scheinen aus der Sicht des Erzählers die beiden einzigen Verhaltensalternativen zu sein, die sich dem so beschützten Flüchtling bieten. Auffällig ist zudem, dass das Kampfgeschehen nur sehr andeutungsweise erzählt wird und nicht ohne Wunderbarkeit abgeht. Ein Lanzenstoß in den „nakten Leib" dürfte nicht unblutig verlaufen sein und auch der Ausdruck „streckte ihn in den Sand" ist eine möglichst vage und andeutende Rede. Im Original Defoes wird sehr viel detaillierter beschrieben, wie die beiden Verfolger zu Tode kommen. Auch der Verfolgte ist dabei nicht untätig. Er spaltet dem nur verwundeten Verfolger mit Robinsons Beil den Schädel. Viel mehr Sorgfalt verwendet der Erzähler Campe darauf, die Herrschaftsbeziehung zwischen Retter und Gerettetem (Europäer und Eingeborenem) zu beschreiben. Der Sieger „winkt" und der Gerettete „gehorcht" aus Angst. Er nimmt die Stellung eines Betenden ein, kniet nieder, ist „demütig" und „huldigt" seinem neuen Herrn. Gestisch macht er deutlich, so vermutet der erzählende Vater, „dass er sein Sklave sein wollte". Zwar verhält Robinson sich auch in dieser Situation vorbildlich. Er gibt zu erkennen, dass es ihm mehr um einen Freund als um einen Sklaven zu tun ist, aber dennoch ist für die am anschließenden Gespräch Beteiligten klar, dass der Retter in diesem Fall auch der Herr nicht nur der Situation, sondern auch des Geretteten sein soll.

Das Erziehungsgespräch hat zwei thematische Schwerpunkte: Ist Robinson ein Mörder, weil er Menschen getötet hat? Und gibt es einen Unterschied zwischen „Wilden" und Menschen der eigenen Rasse? Die zweite Frage wird ganz klar im Sinne der Aufklärung beantwortet: „Wild oder gesittet tut hier nichts zur Sache." Die andere Frage wird in einer klassischen Argumentation gelöst. Nicht um der Rettung des Wilden willen – über dessen Schuld oder Unschuld ja nichts bekannt ist –, sondern aus Notwehr ist Robinson berechtigt, seine Gegner zu töten. Dabei darf er sehr wohl vorausschauend kalkulieren: Wenn ich nicht eingreife, werden die Wilden die Burg entdecken, alle anrücken und mich selbst umbringen. Die öffentliche Gesetzgebung und das moralische Gesetz, nach dem der Einzelne handelt, sind in Übereinstimmung. Auch das ist ein Prinzip des aufklärerischen Denkens.

S. 250   *Elisabeth G. Speare:* **Nicht niederknien**

Der Auszug aus dem Jugendbuch „Im Zeichen des Bibers" soll dazu dienen, die glatte Oberfläche des erzählten Geschehens zu problematisieren. Der Eingeborene Attean bewertet die Szene völlig anders, als es die „weißen" Kinder in der Familie Campe und auch Matt tun. Für ihn ist die Geste der Unterwerfung nicht akzeptabel. Die Nachdenklichkeit, mit der der zwölfjährige Matt auf seine neue Erfahrung reagiert, ist Voraussetzung der von der Jugendbuchautorin heute geforderten „richtigen" Haltung.

1 / 2   Die Aufgaben machen auf diesen in den beiden Textauszügen verborgenen Problemhorizont aufmerksam. Nachdem die Schüler/innen in das Gespräch mit Vater Campe die eigenen Fragen eingebracht haben, z. B.
- ob das Erzählte „wahrscheinlich" ist (ob die am Strand zurückgebliebenen Wilden nicht nach den drei Männern suchen),
- ob es anzunehmen ist, dass ein Lederwams wirklich wie eine Kugelweste funktioniert,
- ob der Flüchtling oder seine Verfolger den maskierten Robinson wirklich für ein überirdisches Wesen gehalten haben,

erkennen sie, dass in dem Romangespräch nur solche Fragen der Kinder vorkommen, auf die es dem Erzähler ankommt, dass es sich also nicht um eine natürliche Unterhaltung, sondern um eine Belehrung mit verteilten Rollen handelt.

3   a/b) Der Vergleich verdeutlicht die historische Differenz zwischen dem Robinson der Aufklärungsepoche und der Weiterführung eines aufklärerischen Gedankens, nämlich dass es zwischen Menschen nicht von Natur aus Herren und Knechte gibt. Mit dem

Hinweis auf die inhaltlichen Varianten der beiden Robinson-Texte ist nicht die Bewaffnung Robinsons (Lanze, Feuerwaffe) gemeint, sondern der Satz „… Er zitterte, als wäre er gefangen genommen und sollte getötet werden wie seine beiden Feinde …". Er unterstellt, dass das Töten des Feindes zum Erwartungshorizont des Wilden gehört. Campe hat aus aufgeklärter Sicht dieses Vorurteil bereits seinerseits weggelassen.

14.2 Mädchenrollen

Kinderspiele für kleine Erwachsene   S. 252

Die einleitend präsentierten Bilder können am Beispiel Kinderspiele und Kleidung zeigen, wie sehr sich die Menschen des 18. Jahrhunderts Kinder als kleine Erwachsene vorstellten. Bei einem Vergleich mit Bildern von heutigen Kinderspielen sollen vor allem die in den Spielen zum Ausdruck kommenden Rollenstereotypen zur Sprache kommen: Vier der dargestellten Mädchen spielen mit Puppen, zwei Ringelreihen, eins gießt Blumen. Die Jungen spielen Soldat, schaukeln, treiben Bosselreifen oder Kreisel, lassen Drachen steigen.

2 a) Mögliches Tafelbild:

Adjektive zur Charakteristik der Jungen und Mädchen (des 18. Jahrhunderts)	
Jungen	*Mädchen*
*schaukelt **wild** im Baum*	*schaut **liebevoll** auf ihre Puppe*
*steht **steif** und **gerade** als Soldat*	*bettet **vorsichtig** die Puppe in die Wiege*
*rennt **schnell** hinter seinem Reifen her*	*schaut der Freundin dabei **interessiert** zu*
*beobachtet **aufmerksam** den Kreisel*	*tanzen mit einer Freundin **gemeinsam** einen Reigen*
*peitscht **geschickt** den Kreisel*	*kniet und spricht **ernsthaft** mit ihrer Puppe*
*versucht **erfolgreich**, den Drachen in den Wind zu bekommen*	*lehrt **vorsichtig** ihre Puppe das Laufen*
	*übt **hingebungsvoll** die Rolle einer Puppenmutter*

Guter Rat für Mädchen   S. 253

Für Mädchen gilt nicht das Ideal des Wettstreits und der individuellen Auszeichnung vor anderen, sondern das der Normerfüllung. An den Lerngedichten und Vorbildgeschichten der Zeit ist deutlich die Form der direkten Belehrung und Bevormundung zu erkennen. Immer geht es um Sittsamkeit und Häuslichkeit. Offensichtlich mussten diese Ideale sehr stark in der Erziehung betont werden – ein Indiz dafür, dass sie keineswegs so der Natur der Mädchen entsprachen, wie Eltern und Lehrer vorgaben.
Das Gedicht arbeitet mit dem Gegensatz des richtigen und des falschen Lebens.
– richtig: reine Sitte, reines Herz; Bescheidenheit; Leben im Haus; Mäßigkeit, Arbeit
– falsch: Prunk, Flimmer; Schminke; Stadtgewühl

Es macht dazu Versprechungen: Ein Mädchen, das sich so verhält, wie es ihm der „Mädchenfreund" rät, wird glücklich, denn es ist „liebens-würdig", seine Bescheidenheit „nimmt [einen möglichen Ehemann]" für sie ein. Denn nur ein „Geck", ein wenig respektabler Mann, gibt etwas auf Schminke. Der tüchtige Mann findet ein Mädchen schön und reizend, wenn sie heiter und natürlich ist. Ihre Fröhlichkeit entstammt nicht städtischer Zerstreuung, sondern der Häuslichkeit. Außerdem erhalten Arbeit und Mäßigkeit gesund.

S. 253 *Gottlob Wilhelm Burmann:* Die Küche

Burmann gibt, bezogen auf das Ideal der Häuslichkeit, Ratschläge in die gleiche Richtung. Wichtig ist hier, dass in dem benannten „Fehlverhalten" indirekt die Wünsche der Mädchen sichtbar werden, gegen die die Erziehung angeht: Mädchen haben keinen natürlichen Hang zur Küche, also muss diese ihnen als ehrenvoller Aufenthalt gepriesen werden. Das Lob der Familie für schmackhaftes Essen ist das Glück der Hausfrau. Mädchen haben einen „Eigensinn", der sie auf Schönheit achten lässt (Putz und Spiegel), aber sie sollen einen „weisen Eigensinn'" entwickeln, diesen Wunsch unterdrücken und ihren Ehrgeiz darauf verwenden, „wirtschaftlich und häuslich" zu sein.

S. 253 *Bartholomäus Bacher:* Aufmunterung zur Schule

Bachers Geschichte gibt einen Einblick in die wirklichen Verhältnisse. Offensichtlich hat das Mädchen Angst, in die Schule zu gehen, weil es weiß, dass man dort auch Schläge bekommt. Der Vater hingegen beschwichtigt. Er preist die Schule als Ort, an dem man Nützliches lernt. Aber immer wieder betont er, dass ein Kind „folgsam, fleißig und aufmerksam" sein muss. Das sind die Schulnormen, die in besonderem Maße für Mädchen galten. Die Vorbildhaftigkeit der Geschichte wird besonders daraus ersichtlich, dass das Kind, kaum hat der Vater es ausgesprochen, ohne Furcht und mit Freude in die Schule geht. Es wird eine Musterschülerin. Heutige Schüler/innen sollen die darin versteckte „Pädagogik" herausarbeiten.

1 a/b) Die zu dieser Textgruppe gestellten Aufgaben beschäftigen sich mit den Rollenerwartungen der Zeit im Gegensatz zu den Selbsteinschätzungen heutiger Schüler/innen. Sowohl die Gegenüberstellung von Erwartung und Versprechen als auch die des richtigen und falschen Verhaltens ergibt die Ideale Häuslichkeit, Fleiß, Zurückhaltung, Sittsamkeit, die das Glück von Mann, Kindern und Familie ausmachen. Alle Ideale zielen darauf, dass die Mädchen ihr Glück als das Glück der anderen zu verstehen lernen.

2 Ein Beispiel:

Ein Mädchen spricht

Papa, ich will glücklich sein,
aber deine weisen Lehren:
„Halte Herz und Sitten rein,
kannst den Überfluss entbehren!"
mag ich nicht mehr hören.

Warum ist der Spiegel denn
so ein schrecklich, garstig Ding?

Warum schimpfst du ständig, wenn
ich beim Augentuschen sing?

Will nicht in der Küche stehn
und für alle schaffen.
Auch die Männer können selbst
mal die Teller waschen.

Christian Fürchtegott Gellert: Die beiden Mädchen   S. 255

[1] Das Gedicht Gellerts basiert auch auf der Gegenüberstellung von „Häuslichkeit/Natürlichkeit" einerseits und, „Schön-Sein-Wollen" andererseits. Dabei ist auffällig, dass das vorbildliche Verhalten der Schwester Caroline weitgehend durch das beschrieben wird, was sie nicht tut. Offensichtlich ist gerade das, was in dem Gedicht gepriesen wird, auch dem Schreiber weniger interessant als das, wovor er warnt. Auffällig ist weiterhin, dass das Gegensatzpaar „Kunst" und „Natur", auf das der Schreiber das falsche und das richtige Verhalten der Schwestern bezieht, durch das Gefallen, das „Freier" an ihnen finden sollen, entschieden wird. Es ist also angeblich der Wunsch der Männer, dass die Mädchen so werden wie Caroline.

Christian Fürchtegott Gellert: Vater und Tochter   S. 256

Gellert fügte in seiner Komödie eine neue Dimension hinzu: Die Frau wird für die Annahme ihrer sozialen Abhängigkeit gelobt. Es gehört zur charakterlichen Ausstattung einer empfindsamen Frau, besonders entscheidungsschwach und anlehnungsbedürftig zu sein. Die Schüler/innen sollen herausfinden, wie sich hinter den Positivbewertungen der weiblichen Ideale reale Formen der patriarchalen Bevormundung verbergen.

[1] Im Gespräch mit Herrn Damis wird Julchen nur reagieren, nicht die Initiative ergreifen. Sie wird ihn, wenn er sagt, sie gefalle ihm, auch lieben, auch wenn sie spürt, dass sie (zunächst einmal) nichts für ihn empfindet. Die „Komödie" besteht darin, dass die beiden Schwestern sich gegenseitig in der Großmut des Verzichtens auf den Mann, den sie lieben und von dem sie annehmen, er sei für die Schwester bestimmt, übertreffen. Am Ende des großmütigen Verzicht-Spiels bekommt jede den „ihren".

[2] a) Das Gespräch über das Thema „Gehorchen" dient dazu, die zwei grundsätzlichen Möglichkeiten, Geltungswünsche auszuhandeln, durchzuspielen. Entweder weiß die Tochter, was sie will, und sucht es gegenüber dem Vater durchzusetzen (die „moderne Version") oder sie sucht von vornherein die eigenen Wünsche so auszurichten, dass sie mit denen des Vaters übereinstimmen (die „empfindsame" Version). „Gehorchen" wird sie im ersten Fall nur, wenn die Argumente des Vaters sie überzeugen, im zweiten Fall richtet sie ihre Wünsche gehorsam so ein, dass sie auf keinen Fall in Konflikt mit denen des Vaters geraten.

Puppen   S. 257

Gottlob Wilhelm Burmann: An die Puppen   S. 257

Die letzte Zeile des Gedichts fungiert als Schlüssel. Was über die Puppen als niedliche Spielzeuge gesagt wird (und allgemein bekannt ist), kann metaphorisch auch auf Mädchen übertragen werden, insofern diese keinen bzw. zu wenig eigenen Willen entwickeln und sich damit begnügen, reizende und geputzte Objekte in der Welt der Männer zu sein. In einem erfundenen Gespräch über Mädchen fragt Johann Ludwig Gleim scherzhaft: „So sind die Mädchen, wie ihr meint, / Denn keine Menschen?" – „Nein, mein Freund." – „Was sind sie denn?" – „Lebendge Puppen für die Männer."

S. 257 *Jean-Jacques Rousseau:* Mädchenerziehung

Rousseau vertritt die Auffassung, Weiblichkeit könne aus der Natur des Menschen abgeleitet werden. Puppen sind Abbilder von (kleinen, abhängigen) Menschen – mit ihnen zu spielen ist also eine spielerische Einübung in den Umgang mit Menschen. Und „Weiblichkeit" wird über das soziale Verhalten („das eigene Glück in dem Glück der anderen finden") definiert: Die Puppe ist der andere. Hinzu kommen als weitere Merkmale des Weiblichen die Selbstbezüglichkeit und die Hinwendung zum Innenbereich der Familie und der Gefühle. Die Puppe zu pflegen, anzuziehen und zu kämmen ist Einübung in den Umgang der weiblichen Person mit sich selbst: Die Puppe ist das Spiegelbild des Ich.

Die Diskussion um Puppen als geschlechtsspezifisches Spielzeug ist im Gefolge Rousseaus ein besonders intensiv diskutiertes Problem der Zeit. Denn weibliche „Gefallsucht" wird als ein naturgegebenes Übel angesehen, das durch Erziehung zurückgedrängt werden muss. Deshalb zielt der Rat der „Mädchenfreunde" immer wieder auf die soziale Komponente (Fleiß, Häuslichkeit, „Natürlichkeit"), und zwar deutlich auf Kosten der narzisstischen (sich im Spiegel beschauen, sich fein machen).

Bereits damals regte sich Widerstand gegen eine Analogie von Mädchen und Puppe. Dass diese Formen der Zurückweisung bis heute in Gedichtform geschehen, zeigt, dass die angesprochenen Denkmuster noch keineswegs überall überwunden sind.

1 a) Die Ähnlichkeit der Mädchen mit ihrem Spielzeug wird von Rousseau damit begründet, dass Puppen Abbilder der eigenen Person sind. „Mädchenfreunde" (der Begriff wird ganz unironisch gebraucht) wie Gottlob Wilhelm Burmann sehen hingegen das Verhältnis Kind – Puppe von außen. Sie betonen die Objekt-Beziehungen, in denen sich keine Selbstständigkeit entwickeln kann. Deshalb warnen sie davor, dass Mädchen sich zu stark mit der Puppen-Rolle identifizieren.

2 a/b) Um diese unterschiedliche Sicht zu thematisieren, müssen Schüler/innen ihre eigenen Erfahrungen mit Puppen und puppenähnlichen Figuren in Erinnerung rufen. Dazu gehören auch „männliche Puppen" wie Batman-Figuren oder das Arsenal der Playmobil-Puppen, die mit unterschiedlichen Kleidungen, Bewaffnungen oder Fahrzeugen ausgerüstet werden können. Diese Ausweitung des Begriffs „Puppe" dient dazu, den Aspekt der Selbst-Spiegelung in Spielfiguren, den Rousseau auf Mädchen beschränkt wissen wollte, als für Jungen und für Mädchen gleichermaßen bedeutsam auszuweisen. Die Zielsetzung ist also nicht negativ („Spiel nicht mit Puppen, um dich nicht selbst zu einer Puppe zu machen"), sondern positiv („Wenn wir mit Puppen spielen, suchen wir nach Rollen für uns selbst").

3 *Lebensregeln für Mädchen damals*
   – *Fleiß, Sauberkeit, Ordentlichkeit zeigen deinen guten Charakter.*
   – *Sittsam und bescheiden sein, kostet nichts und bringt viel ein.*
   – *Sei wie das Veilchen im Moose / bescheiden, sittsam und rein / nicht wie die stolze Rose / die immer bewundert will sein.*
   – *Mädchen sind gehorsamer als Jungen. Sie gehen ordentlich gekleidet und gebrauchen keine rohen Wörter.*

   Lebensregeln für Mädchen heute
   – *Alle Regeln gelten für alle Kinder gleichermaßen.*
   – *Fleiß und Bescheidenheit sind gut, aber man muss selbst entscheiden, für was man fleißig ist und wann man auch seine eigenen Wünsche berücksichtigt.*

– Gehorsam sein ja, aber man muss auch einsehen können, warum.
– Zu „sittsam" habe ich keine Meinung. Jedenfalls will ich nicht immer langsam gehen,
* immer lange Kleider anziehen und vornehm sprechen.*

Lebensregeln für Jungen damals
– freundlich, höflich, hilfsbereit sein
– in der Schule fleißig und aufmerksam sein
– den Eltern und Lehrern respektvoll begegnen
– gerecht denken, auf andere Rücksicht nehmen
– für etwas, was man getan hat, einstehen

Lebensregeln für Jungen heute
– keine neuen Regeln (für Jungen hat sich wenig geändert)

14.3 Schule fürs Leben

Da die Schüler/innen wohl wenig über die Geschichte des öffentlichen Schulwesens wissen und auch kaum Vorstellungen entwickeln können, wie kläglich und ärmlich dessen Anfänge waren, sollen sie an anekdotischen Kurztexten erarbeiten, wie sich „Schule" in der Zeit der Aufklärung von der heutigen unterscheidet.

| **Vom Nutzen des Lesens und Schreibens** | **S. 258** |

| ***Friedrich E. von Rochow:* Vom Nutzen des Lesens und Schreibens** | **S. 258** |

Rochows Beispielgeschichten aus dem „Kinderfreund" sind Lesebuchtexte, die zugleich für den Schulbesuch und das allgemeine Lesen- und Schreibenlernen werben sollen. Denn es gab noch keine allgemeine Schulpflicht. Der Unterricht erfolgte in einklassigen Schulen mit „Schulmeistern", die für die pädagogische Tätigkeit schlecht ausgebildet waren. Für viele Familien bedeutete die Zeit in der Schule, dass die Kinder nicht für die Arbeit zu Haus zur Verfügung standen. Man erkennt an der Rhetorik der kleinen Erzählung, dass es offenbar nötig war, Eltern wie Kinder zum Schulbesuch zu überreden.
Der praktische Nutzen des Lesens und Schreibens steht für uns heute außer Zweifel, sodass es schwer ist, nicht von der Notwendigkeit des Lernens überzeugt zu sein. In einer Bevölkerung aber, die – vor allem in ländlichen Gebieten – zu einem hohen Prozentsatz noch aus Analphabeten bestand, musste mit einfachen Mitteln Werbung für den Schulbesuch der Kinder gemacht werden. Dazu gehörten auch Anekdoten, die die schlimmen Folgen der mangelnden Bildung ausmalten. Sie wurden in gleicher Weise auch für das Rechnen erzählt: Hans, der nicht schreiben kann, wird überredet, hinter die Summe seiner Schuldverschreibung noch „einige so schöner Eier" zu malen. Da er die Bedeutung der Nullen nicht kennt, wird er um Haus und Hof gebracht.
Einen weiteren Einblick in die Schulwirklichkeit des 18. Jahrhunderts gewähren die beiden Bilder, die den wandernden Dorflehrer und Pestalozzi mit ihren Schülern zeigen.

2 a/b) Beim Beschreiben dieser Bilder geht es vor allem um die Kontraste zu heutigen Klassenzimmern und Lernumgebungen. Es gab keine altershomogenen „Klassen", sondern alle Schülerinnen und Schüler sind im gleichen Raum versammelt. Es nehmen viel mehr Kinder als heute am Unterricht eines Lehrers teil. Auch auf Arbeitsformen kann rückgeschlossen werden: Bei Pestalozzi hören offenbar alle Kinder gespannt auf den Lehrer, der etwas darstellt. Es ist unwahrscheinlich, dass das immer so gewesen ist. Auch Formen des Lehrens, die heute neu „entdeckt" werden, wie „Freiarbeit" und „Schüler als Helfer" sind nicht dargestellt. Insofern können die Bildbeschreibungen nur Anregungen sein, weitere Fragen zu stellen.

S. 260   *Johann Henrich Jung-Stilling:* „Lieber Gott, gib mir doch Verstand!"

Jung-Stillings autobiografische Anekdote zeigt den lernbegierigen Jungen, der später ein Arzt und Gelehrter wird. An dieser Erzählung ist zugleich zu erkennen, dass der Erzähler das System der Förderung von Einzelnen billigt, die aus der Schar der Schulbesucher heraus ausgelesen wurden.

Es fällt in dem Textauszug auf, dass Henrich eine ganze Reihe von Eigenschaften hat, die nicht zum selbstverständlichen Tugendkatalog eines braven und gehorsamen Schülers gehören: Er verlangt vom Pfarrer, dass der sich ebenso an Regeln der Höflichkeit hält wie er selbst, dass er mit einem Kind genauso vernünftig redet wie mit einem Erwachsenen. Die ungenierte Art, mit der sich Henrich äußert, darf nicht mit Respektlosigkeit verwechselt werden, sondern belegt die Meinung des Autors, dass auch Kinder Anteil haben an der „natürlichen [= angeborenen] Vernunft" des Menschen, die bei Henrich nur noch nicht in konventionelle Formen gebracht ist. Auch theologisch ist Henrichs Verhalten gerechtfertigt: Vom zwölfjährigen Jesus im Tempel wird berichtet, dass er die Schriftgelehrten durch seine Antworten verblüffte. Die beiden Geschichten haben eine gewisse Ähnlichkeit. Denn in beiden sind auch die Eltern über die besondere Begabung ihres Kindes erstaunt. Sie nehmen dies als die Verpflichtung, besonders streng mit ihm zu sein. Das entspricht der Pädagogik der Zeit, dass nicht alle Kinder gleich, sondern nach ihrer Begabung gefordert werden müssen. Es entsteht auf diese Weise ein Paradox im Denken der Aufklärung: Zwar sind alle Menschen „gleich", insofern sie „vernunftbegabte Wesen" sind. Aber Gott hat sie verschieden mit dieser Gabe ausgestattet – und dementsprechend kann und soll Unterschiedliches von ihnen verlangt werden können.

S. 261   Der Schulmeister und seine Methoden

Die „Empfehlung zur Einführung des Buchstabens W" macht auf die Methodik des Erstlesens aufmerksam, den Lautwert eines Buchstabens mit einem „Naturlaut" zu verbinden. Dieser ist – ohne dass dies im Geringsten Anstoß erregte – mit dem Schmerzenslaut eines gezüchtigten Kindes verbunden. Die Rute als Erziehungsmittel wird für nötig und nützlich gehalten. In Familie und Schule wird die körperliche Strafe („ein Kind unter der Rute halten") als probates Mittel zur Herstellung von Disziplin, Aufmerksamkeit, Fleiß und Gehorsam geschätzt. Ein Unrechtsbewusstsein seitens der Erwachsenen – wie heute verbreitet und im Schulrecht eigens in entsprechende Verordnungen umgesetzt – existiert nirgends.

Ludwig Emil Grimm: **Mein Schulmeister** — S. 261

Grimm distanziert sich indirekt von dem, was er als seine Schulerfahrung berichtet. Offensichtlich war das, was er erzählt, schon zum Zeitpunkt der Niederschrift veraltet (was alle kennen, schreibt man in der Regel nicht eigens auf). Auch heutigen Kindern muss die Geschichte abenteuerlich vorkommen: Der Lehrer wohnt in der Schule, seine Methodik besteht nur im Abfragen, die der Kinder im Auswendiglernen von Definitionen, die ebenso allgemein wie nutzlos sind. Auch die Einbeziehung des Schulgebets in das gesamte Unterrichtsgeschehen mutet heute seltsam an. Wenn der Text dazu anregt (was nicht explizit als Aufgabe gestellt ist, sich aber sehr wohl nach der Lektüre ergeben kann), nach Restbeständen dieser alten Pädagogik des Auswendiglernens von formalen Definitionen zu fragen, so kann das als ein Beitrag zum Thema Sprachreflexion betrachtet werden.
Das spezifisch Aufklärerische an diesem Text besteht darin, dass man bereits damals einsah, wie sehr Lernen mit Selbsttätigkeit und wie wenig es mit der Übernahme fremder Gedanken, Definitionen und Wissensbestände zu tun hat.

Christian Friedrich Daniel Schubart: **Ein Schuldiktat** — S. 262

1 / 2 Die mündlich erörterten Meinungen der Eltern (ihre vernünftigen und besorgten Einwände gegen ein Schuldiktat, das sich gegen die Schule als Institution richtet) dienen als Vorübung für die Schreibaufgabe. In dem Brief wird sich der Pfarrer warnend oder drohend mit den gleichen Argumenten dafür aussprechen, dass der Schulmeister derartige Schuldiktate zu unterlassen hat. Schubart hat in der Tat mit seinen Schuldiktaten in dieser Weise die Geislinger Elternschaft und den Pfarrer gegen sich aufgebracht.

Karl Wilhelm Ramler: **Das Nasehorn und seine Jungen** — S. 263

Ramler kritisiert in seiner Nashorn-Fabel die Pädagogik durch körperliche Strafen. Wenn Kinder immerzu und wegen kleinster Vergehen körperlich gezüchtigt werden, stumpfen sie ab. Schläge bekommen sie sowieso, also können sie auch tun, was ihnen beliebt. Es handelt sich bei der Moral dieser Fabel um eine ausgesprochen vernünftige Überlegung, nicht um einen Appell an Moral oder Normen. Im Hintergrund steht die Philosophie des Maßes und die aufklärerische Forderung, dass Erziehungsmaßnahmen der Eltern und Lehrer den Kindern einsichtig sein müssen.

Gotthold Ephraim Lessing: **Der Adler** — S. 263

Magnus Gottfried Lichtwer: **Das Kamel** — S. 264

Das dickfellige Nashorn ist ein ungeschickter Erzieher, das Kamel ein geduldiger Zögling. Aber auch das geduldigste Vieh rebelliert, wenn es über Gebühr strapaziert wird. Auch hier ist Maß gefordert, die vernünftige Einschätzung dessen, was zu tun (und zu lassen) ist. Bezogen auf die Kindererziehung warnt die Fabel Lichtwers vor der Überfrachtung der Kinder mit Wissensballast.
Beide Fabeln nehmen kritisch Stellung zu den beiden wichtigsten Erziehungspraktiken der Zeit, dem Auswendiglernen und der Pädagogik durch Strafen. Sie enthalten nur indirekt (durch die Forderung nach dem vernünftigen Maß) Hinweise auf richtiges Verhalten.

S. 264   *Gotthold Ephraim Lessing:* **Von einem besondern Nutzen der Fabel in den Schulen**

Lessing hat in seiner vierten Abhandlung über den Gebrauch der Fabel in der Schule selbstständiges Denken, Eingriff in gelesene Texte, Umformungen und Gegenentwürfe angemahnt. Er hat sich dazu über die Idee des vom Leser nicht anzutastenden Kunstwerks hinweggesetzt und die Poetik des Selbermachens vertreten. Um Schülerinnen und Schülern Lessings Gedanken einleuchtend nahezubringen, ist der Text nicht im Wortlaut, sondern vereinfacht wiedergegeben.

2 c) Lessings Vorschläge sollen gleich an den Fabeln, die eben behandelt wurden, umgesetzt werden. Ein Beispiel:

Das Kamel, das es bleiben ließ
Ein Kamel, das unter der schweren Last, die man ihm aufgebürdet hatte, unter der heißen Sonne schwitzte und sein Leid einem Pferd klagte, das nur seinen Reiter zu tragen hatte, bekam von diesem den folgenden Rat: „Als mich einstmals", sagte das Pferd, „mein Reiter allzu arg dadurch geschunden hatte, dass er einen weiteren Reiter aufsteigen ließ, warf ich beide ab, sodass sie in hohem Bogen in den Graben flogen. Mein Herr fluchte laut und wollte mich einfangen. Ich entsprang und sie mussten zu Fuß nach Hause gehen. Dort war auch ich in meinen Stall zurückgekehrt und stand friedlich an meiner Krippe. Er hat niemals wieder einen zweiten mitreiten lassen."
Das Kamel überlegte, wie es selbst auch seinen Herrn belehren könnte. Es fiel ihm aber nichts ein. Und so ließ es das Denken sein und schleppte lieber seine Last weiter.

Lernerfolgskontrolle/Themen für Klassenarbeiten

Vorschlag 1

Johann Gottfried Schnabel: **Affen sind wie Kinder**

Johann Gottfried Schnabel (1692–1750) schrieb seinen mehrteiligen Roman „Die Insel Felsenburg" unter einem Pseudonym. Der vollständige Titel verrät bereits den Inhalt:
„Wunderliche Fata einiger See-Fahrer absonderlich Alberti Julii, eines gebohrnen Sachsens, welcher in seinem 18den Jahre zu Schiffe gegangen, durch Schiff-Bruch selb 4te an eine grausame Klippe geworffen worden, nach deren Ueberseigung das schönste Land entdeckt, sich daselbst mit seiner Gefährtin verheyrathet, aus

solcher Ehe eine Familie von mehr als 300 Seelen erzeuget, das Land vortrefflich ausgebauet, durch besondere Zufälle erstaunens-würdige Schätze gesammlet, seine in Teuschland ausgekundschafften Freunde glücklich gemacht, am Ende des 1728sten Jahres, als in seinem Hunderten Jahre, annoch frisch und gesund gelebt, und vermutlich noch zu dato lebt."

Ich weiß nicht, wie es gekommen war, dass Concordia eines Tages einen ziemlich großen Affen, unter einem Baume liegend, an-

getroffen, welcher das rechte Hinterbein zerbrochen und sich jämmerlich gebärdet hatte. Ungeachtet diese Tiere sonst eben nicht in ihrer Gunst standen, so bewog sie dennoch ihr weichherziges Gemüt, das gebrochene Bein desselben mit einem Tuche zu umwinden, ja sogar den armen Patienten in ihren Schoß zu nehmen und so lange sitzen zu bleiben, bis ich dazukam und den ganzen Vorfall vernahm. Wir trugen also das Tier in unser Wohnhaus, verbanden ihm das Bein mit Pflastern und Binden, legten es auf ein bequemes Lager, deckten eins von unseren Kopfkissen auf seinen Körper und gingen dann wieder an unsere Arbeit. Gegen Mittag indes, als wir zurückkamen, erschrak ich anfangs, als ich zwei alte Affen, die ohne Zweifel die Eltern des Patienten sein mochten, bei demselben erblickte. Ich wusste anfangs nicht, ob ich trauen dürfte oder nicht. Doch da sie sich sehr traurig und demütig anstellten, näherte ich mich, streichelte dem Kranken sanft das Haupt, sah nach seinem Bein und fand, dass er unverrückt liegen geblieben war, wofür ich ihn nochmals streichelte und mit etlichen guten Früchten speiste. Die beiden alten sowohl als der kranke Affe bewiesen mir ihre Dankbarkeit dadurch, dass sie mir meine Hände leckten und mit ihren Vorderpfoten meine Kleider und Füße sanft streichelten; auch bezeigten sie sich im Übrigen so unterwürfig und klug, dass ihnen fast nichts als die Sprache zu fehlen schien. Concordia kam auch dazu und fand ein besonderes Vergnügen an der Treuherzigkeit dieser unvernünftigen Tiere. Der Kranke streckte seine Pfote gegen sie aus, als wollte er sie willkommen heißen, und als sie sich ihm näherte, schmeichelte er ihr durch Händelecken und andere Liebkosungen auf eine solche Weise, dass es mit Lust anzusehen war. Die beiden Alten liefen hierauf fort, kamen aber gegen Abend wieder und brachten uns zum Geschenk zwei große Nüsse mit, deren jede fünf bis sechs Pfund wog. Sie zerschlugen dieselben recht behutsam mit Steinen, so, dass die Kerne nicht zerstückt wurden, welche sie uns sodann auf eine liebreiche Art überreichten [...]. Indes, um wieder auf unsere Affen zu kommen, so will ich bloß noch hinzufügen, dass ungeachtet der Kranke binnen fünf oder sechs Wochen glücklich geheilt war, dennoch weder er noch die zwei Alten von uns zu weichen begehrten, sondern vielmehr noch zwei Junge mitbrachten, welche fünf sofort sich von ihren Genossen gänzlich absonderten und sich so anstellten, als ob sie bei uns zu Hause wären.

Die drei erwachsenen Affen machten uns weder Verdruss noch Schaden. Alles, was wir taten, äfften sie nach, auch trugen sie uns eine Menge der vortrefflichsten Früchte ein, schleppten das von mir klein gespaltene Holz nach der Küche, wiegten abwechselnd unser Kind, holten in den ihnen angehängten Gefäßen Wasser; kurz, sie machten unverdrossen alle unsere Arbeit mit, sodass uns dieses unser Hausgesinde, welches sich überdies selbst beköstigte, nicht allein viele Erleichterung, sondern auch durch ihre possierlichen Streiche manche vergnügte Stunde gewährte. Nur die zwei Jüngsten richteten zuweilen aus Frevel mancherlei Schaden und Unheil an. Da wir indes zu unserer Verwunderung bemerkten, dass sie deshalb von den zwei Alten mit Gebärden und Geschrei recht ordentlich bestraft, ja oft sogar geschlagen wurden, vergriffen wir uns nur selten tätlich an ihnen [...].

Gleichwohl hegte ich immer noch ein gewisses Misstrauen gegen dies, so treu sich stellende, halb vernünftige Hausgesinde. Daher baute ich für sie einen geräumigen festen Stall mit einer starken Türe, bereitete für jeden Affen eine bequeme Lagerstätte, nebst einem Tische, Bänken, ingleichen allerlei Spielwerk, und verschloss unsere Bedienten darein, nicht allein des Nachts, sondern auch bei Tage, sooft es uns beliebte.

(aus: Johann Gottfried Schnabel: Die Insel Felsenburg. Reclam, Stuttgart 1959, S. 182–184)

1 Affen gelten als besonders gelehrige Tiere. Beschreibe genau, was die Affen schon können, was und wie sie Neues lernen.

2 Glaubst du, was hier über die Lernfähigkeit der Affen auf der „Insel Felsenburg" erzählt wird? Wie gelehrig sind diese Tiere wohl wirklich? Warum stellt Albert wohl die Affen als Hausgenossen der Menschen dar?

3 In der Zeitung (1. April 1996 [!]) konnte man unter der Überschrift „Ausbildung von Schimpansen macht Fortschritte" lesen:

„Die Wilhelma in Stuttgart ist der erste und einzige Zoo in Deutschland, der durch die rapiden Sparmaßnahmen gezwungen war, auf den Rat von Verhaltensforschern einzugehen. Sie wagt den Versuch, einen Schimpansen als Installateur auszubilden. Schimpansen sollen sehr kräftige und überaus intelligente Handwerker sein. Unser Foto zeigt ‚Vandu', einen Borneo-Schimpansen – geboren in Antwerpen und zur Ausbildung seit sechs Monaten in Stuttgart – bei seiner Arbeit."

Schreibe selbst ein Abenteuer, das ein gelehrter Affe in einer Menschenfamilie hat. Versuche, dieses Abenteuer möglichst „realistisch" zu begründen.

Vorschlag 2

Dorothea von Schlözer: **Aussichten eines versuchsweise geschulten Mädchens (1777)**

Beste Luise! Deine Frage habe ich nun wohl recht verstanden. Meinst du denn, dass Kochen und Spinnen angenehmer sind, als wenn ich ein historisches Kollegi-
5 um bei meinem Vater höre? Freilich, wenn ich Latein oder einen schweren Satz im Euklides auszuarbeiten habe, so vergeht mir wohl zuweilen die Geduld, aber da denke ich denn, wenn ich diesen Satz und
10 Latein fix verstehe, so lerne ich dadurch, wie eine Brille beschaffen sein muss, und das ist doch wohl angenehmer, als bei Hitze und Frost in der Küche zu stehen. Und wird es mir manchmal ein wenig sauer, so
15 werde ich jetzt schon genug dafür belohnt, weil mir mein Vater so manches Extra-Vergnügen dafür erlaubt.
Du musst dir aber ja nicht einbilden, dass ich nichts von weiblichen Arbeiten verste-
20 he: Im Kochen nehme ich es doch wohl mit dir auf und meine Mutter macht mir oft Schmeicheleien über mein flinkes Stricken. – Ich kann spinnen, nähen, mit Wein umgehen, denn ich besorge größtenteils
25 den Keller allein; nur im Putzmachen fehlt's mir noch ein wenig, da möchtest du wohl

schon mein Meister sein, und meiner Mutter vollends komme ich in diesem Kapitel all meine Tage nicht bei. Nicht einmal, sondern wohl zehnmal hat es mir mein Vater freigestellt, ich sollte keine Lernstunde mehr haben, sondern nur weibliche Sachen treiben – aber ich hielt es noch nicht für ratsam, wahrhaftig nicht bloß, weil ich fürchtete, meinen Vater bös zu machen.
… Weiber sind nicht in der Welt, bloß um Männer zu amüsieren, Weiber sind Menschen wie Männer: Eines soll das andere glücklich machen … Nun, macht ein Weib einen Mann bloß dadurch glücklich, dass sie seine Köchin, Näherin und Spinnerin ist? Ei, so wollt' ich mich doch lieber als Köchin, Näherin und Spinnerin vermieten, so könnt' ich ja von dem Teufel, wenn's ein Teufel ist, wieder loskommen. – Aber meinst du denn nicht, dass ein Mädchen durch das, was ich lerne, einen Mann wirklich amüsieren könne? Meinst du, dass ich durch mein Lernen dem Stande, dem ich gewidmet bin, ganz entgehe? Wie, wenn ich nun einen Kaufmann oder Fabrikanten

kriegte, der nach Spanien, Frankreich, Holland, Italien, England, Schweden usw. handelt, und ich verstehe die Sprache dieser Länder und könnte ihm gar seine Korrespondenz führen? Wie viel Kaufmannsweiber gibt es denn, die so ein halb Dutzend Sprachen verstehen; und müsste mein – will's Gott! – Künftiger denn nicht ein Flegel sein, wenn er mir nicht eine Köchin bezahlte, weil ich ihm einen Buchhalter ersparte? Freilich, wählen können wir Mädchen nicht, weder ich noch du; wenn ich also einen Gelehrten kriegte, so wäre mein bisschen Lernen verloren, aber schaden tät's mir doch auch nicht. Gesetzt, ich müsste der Haushaltung wegen Klavier, Singen, Mathematik und Latein niederlegen, meine Sprachen spräche ich doch noch immerfort und mein Mann hätte doch sein Vergnügen dabei und ich läse doch immer so was nebenher von Rom. Denn immer vor dem Herd zu stehn, wäre meine Sache auch nicht ...

(aus: Katharina Rutschky: Deutsche Schulchronik. Lernen und Erziehen in vier Jahrhunderten. Kiepenheuer & Witsch, Köln 1987, S. 216 f.)

1 In dem Text von Dorothea von Schlözer (1770–1825) sind zwei „Mädchenkarrieren" gegeneinander gestellt. Überlegt selbst, was sich für die eine, was für die andere Position anführen ließe.

2 Verfasst ein Streitgespräch zwischen zwei Freundinnen, von denen die eine die Ansichten der Verfasserin, die andere die Meinungen Rousseaus vertritt.

15 Jugendtheater: In alte Zeiten segeln

Konzeption des Gesamtkapitels

Das Kapitel gibt Anregungen zur Durchführung eines Projekts. Arbeitsgrundlage ist das Theaterstück **„Das besondere Leben der Hilletje Jans"** (in: Theaterbibliothek – Spielplatz 2, Verlag der Autoren, Frankfurt/M. 1989).

Im ersten Teilkapitel (**„Ad de Bont/Allan Zipson: ‚Das besondere Leben der Hilletje Jans' – Einlesen und erste Proben"**) werden die Schüler/innen dazu angeregt, eine kurze dramatische und eine episch gestaltete Szene zu inszenieren und vorzuführen. Dazu enthält der Text altersgerechte Anregungen, sodass die Schüler/innen ihren Mitschülern als Zuschauern zugleich die Exposition in die Krisensituation der Protagonistin Hilletje Jans und in die 250 Jahre zurückliegende Zeit bieten und sich selber neugierig machen können.

Das zweite Teilkapitel (**„Szenen ausgestalten und spielen"**) führt tief hinein in die Einzelheiten des Stückes bis zur schwierigsten Lebenssituation der Hauptfigur, unschuldig im Spinnhaus für einen nicht begangenen Mord büßen zu müssen. Die Schüler/innen werden zur Lösung zentraler szenischer Erfordernisse aufgefordert: Requisiten spielerisch und symbolisch nutzen; Figuren stehend und in Bewegung im Raum anordnen; Handlungsverläufe im Schattenspiel darstellen; Monologe und Dialoge nutzen; Gesang ins Spiel integrieren, Bühne gestalten. Der Lernbereich „Sprechen und Schreiben" wird in diesem Teilkapitel integriert, indem die Schüler/innen schriftliche und mündliche Rollentexte aus den Positionen der handelnden Figuren verfassen, Szenen fortsetzen oder sogar umfassend konzipieren.

Das dritte Teilkapitel (**„Die weiteren Projektschritte planen"**) regt eine Entscheidungsdiskussion darüber an, ob ein Theaterprojekt durchgeführt werden sollte oder nicht. Je nach unterrichtlicher Situation können die Impulse dieses Kapitels vorgezogen werden.

Das vierte Teilkapitel (**„Die abschließenden Szenen bearbeiten"**) thematisiert historische sowie aktuelle und für die Schüler/innen gültige Vorstellungen über die Geschlechterrollen. Außerdem thematisiert es die szenische Darstellung von Massenszenen und die Vorstellung der Schüler/innen von einem stimmigen Ende des Theaterstückes. Ob historische Erkundung und Präsentation oder Theaterprojekt, das Stück bietet Rollen für Jungen und Mädchen und große Klassen, aber auch Nischen für das Zuarbeiten aus dem schützenden Hintergrund und sehr viel Freiraum zu eigenwilligen Akzentsetzungen.

Literaturhinweise

Stephan Weiland: Das inszenierte Kind. Darstellung der Kindheit auf dem Theater am Beispiel der Inszenierung „Das besondere Leben der Hilletje Jans". In: Jörg Richard (Hg.): Kindheitsbilder im Theater. Haag + Herchen, Frankfurt/M. 1994, S. 113–129

Ingo Scheller: Szenische Interpretation. Praxis Deutsch, Nr. 136/1996

Kulturelle Praxis. Handreichungen zum darstellenden Spiel, Bd. 1. Hg. v. Hessischen Institut für Bildungsplanung und Schulentwicklung. Wiesbaden 1994

Ausprobieren, Proben, Spielen. Szenisches Spielen und Schülertheater in der Sekundarstufe I. Materialien. Hg. v. Kultusministerium Nordrhein-Westfalen. Düsseldorf 1992

Literaturkurse in der gymnasialen Oberstufe. Arbeitsbereich „Theater". Hg. v. Landesinstitut für Schule und Weiterbildung. Soest 1994

15.1 Ad de Bont/Allan Zipson: „Das besondere Leben der Hilletje Jans" – Einlesen und erste Proben

S. 265 | **Ein Spiel beginnen – Hilletje muss in die Welt hinaus**

Die ersten beiden Szenen des Stückes sprechen die Altersstufe an. Die Situationen und die Inhalte sind vielfältig und anregend, sodass auch ungeübte Schüler/innen auf interessante Inszenierungsideen kommen. Unabdingbar ist allerdings, dass Bewegung im Raum, Geräuscherzeugung und kreativer Einsatz andeutender Requisiten ermöglicht wird. Üben in verschiedenen Ecken der Aula, des pädagogischen Zentrums, des Schulhofes. Ein großer Pappkarton als Sarg. Es muss nicht viel vorbereitet werden, aber Freiräume für aktionales Interpretieren müssen geschaffen werden.

1. Schon das rollenverteilte Lesen kann zur Problematisierung anregen:
   - wie man den Leichenzug als Gruppenszene vortragen sollte,
   - wie in der 2. Szene die Erzähler und die handelnden Figuren „zusammenpassen",
   - wie bei einer weiteren Behandlung Fremdwörter, unbekannte historische Sachverhalte, Wörter aus fremden Sprachen geklärt werden sollten.
   Vorschlag: An Klassenwand Rubrik eröffnen: **„Sich mit fremden Wörtern, Sätzen und Sachverhalten vertraut machen"** Jeder, der bei der weiteren Lektüre auf unbekannte Wörter, Sachverhalte usw. stößt, notiert diese auf eine Karteikarte, die ausgehängt wird. Jede Schülerin/jeder Schüler ist aufgefordert, mit Hilfe von Lexika usw. die Begriffe zu klären, mit Quellenangabe und Finder/innen-Name versehen auf eine weitere Kartei-karte zu schreiben und sie unter die erste zu hängen.
   Wenn weitere Stellen aus dem Stück hinzugezogen werden, dann sollte vorher angesichts der recht derben, aber zu der Zeit passenden Sprache die Akzeptanz des Stückes bei Schüler/innen, Eltern und Kollegium geprüft werden.

2. Die Ergänzung der Inhaltsangabe sollte wegen der Aufgabe 2 auf Seite 280 der Lerngruppe noch vorenthalten werden: Als das Schiff nach langen Jahren nach Amsterdam zurückkehrt, wird Jan Hille als Frau entlarvt, weil er sich leichtfertig zu einem Eheversprechen hinreißen lässt. Jan Hille bzw. Hilletje Jans wird zum Tode verurteilt, aber auf märchenhafte Weise durch den Prinzen von Oranje begnadigt.
   Bei einem Raum von der Größe 10 mal 10 m können mehrere Gruppen in den verschiedenen Ecken durchaus gleichzeitig nachdenken und Bewegungsproben einschieben.
   Ehe die Schüler/innen mit der Arbeit beginnen, wird ein einfaches Aufwärmtraining in einem Klassenraum oder einem etwa 6 mal 10 Meter großen Raum durchgeführt.
   Weitere Anleitungen dazu in Ausprobieren, Proben, Spielen: Koller, S. 40; Dohle, S. 24 ff.

   Einige Vorschläge:

   1. Übung
   In einem Raum den eigenen Weg gehen. Niemand spricht. Die Spielleiterin/der Spielleiter legt in die Mitte des Raumes einen Gürtel oder ein Seil. Die Spielleiterin/der Spielleiter geht alle Bewegungen mit und sagt ruhig ein:
   - *Wir gehen auf den Mittelpunkt zu. Wir gehen zügig, ohne zu sprechen. Vom Mittelpunkt gehen wir weg zu den Rändern. Bis auf den Rand zu. Dort denken wir uns Publikum. Wir lächeln das Publikum an, ohne stehen zu bleiben, und kehren zügig zum Mittelpunkt zurück. Wir reden nicht. Wir atmen laut durch die Nase ein, den Mund aus.*

(Alle gehen)
– *Niemand geht hintereinander. Jede/r sucht ihren/seinen eigenen Weg.*
– *Wir gehen zügig zum Mittelpunkt. Wir sprechen nicht. Wir sehen uns die Decke des Raumes beim Gehen an.*
– *Niemand geht nebeneinander, niemand geht hintereinander. Jeder hat in diesem Raum seinen eigenen Weg. Wir vermeiden jede Berührung, jedes Zusammenstoßen.*
Wichtig ist das Einlaufen und, dass nach einer gewissen Zeit niemand mehr redet und je-de/r ihren/seinen eigenen Weg gefunden hat. Dann kann die Spielleiterin/der Spielleiter mit kleinen Anweisungen experimentieren. Etwa:
– *Wir machen alle den Gang von Petra X nach. Alle gehen wie Petra X. Wir bleiben aber dabei: Wir gehen zügig zum Mittelpunkt und wieder auf den äußeren Rand zu.*
– *Wir können auch plötzlich die Richtung ändern.*
– *Wir gehen wieder alle normal zügig.*
– *Wir gehen traurig, übermütig, ängstlich, fliehend usw.*
Wenn das Laufen individuell und doch automatisiert erscheint, kann z. B. ein Laufschritt erprobt werden, ein Schleichen usw.

2. Übung
Im Gehen Kontakt aufnehmen
– *Wir behalten unseren Gang bei. Wenn wir jemanden treffen, schneiden wir eine Gri-masse oder knipsen ihm/ihr das rechte Auge zu oder geben uns im Gehen die linke Hand oder klopfen uns auf die rechte Schulter.*

3. Übung
Beim Klatschen der Spielleiterin/des Spielleiters mit den Händen erstarren die Spieler/in-nen, frieren in der Bewegung ein, die sie gerade eingenommen hatten.
– *Klatschen – Wir nehmen die Bewegung wieder auf. Klatschen – Wir erstarren, halten die Luft an, nehmen die Bewegung wieder auf. Klatschen – Erstarren usw.*

[3] Die Erkenntnisse, die aus der Erfahrung und dem Vergleich von den Schülerinnen und Schülern versprachlicht werden, sollten von einem Protokollanten auf einer Tapetenbahn in großer Schrift festgehalten und für die zukünftige Arbeit ausgehängt werden: **„Theatermit-tel und ihre Wirkung"**.

[4] Der Leichenzug kann das Publikum umkreisen. Der Sarg kann vor dem Publikum nieder-gelassen werden, sodass das Publikum in die Position der Trauergäste gerät. Das Publi-kum kann vom Priester aufgefordert werden, eine bestimmte Haltung einzunehmen, z. B.: „Bitte erheben Sie sich, um mit uns in einer Schweigeminute der Verstorbenen zu geden-ken."
Erzähler und Erzählerin können um die Aufmerksamkeit des Publikums buhlen. Der Kauf-mann kann Schutz beim Publikum suchen. Der Räuber kann das Publikum bedrohen. Der Pockenkranke (evtl. mehrere Pockenkranke) kann sich mit seinem Pockengesicht Leuten aus dem Publikum nähern, sich an sie klammern.

15.2 Szenen ausgestalten und spielen

S. 268 Requisiten sprechen lassen

1 a) Mögliches Tafelbild:

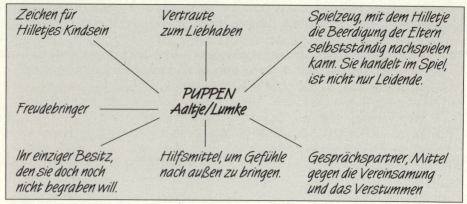

Spätere Ergänzung des Tafelbildes:

Auf See führt die Puppe zur Entlarvung von Jan Hille.

Gründe für Jan Hille, die Puppe über Bord zu werfen:	**Gründe für Jan Hille, auf jeden Fall an der Puppe festzuhalten:**
– *Zeichen, dass sie erwachsen ist*	– *sich selber treu bleiben*
– *zeigen, dass die Puppe nicht ihm gehört*	– *Erinnerung an das, was die Puppe mit ihr (ihm) schon alles mitgemacht hat*
– *Selbstschutz*	– *sich nicht total anpassen*

b) Der Lehrgehalt des Standbildes kann verstärkt werden, wenn Schüler/innen gezielte Aufträge bekommen, aus dem Off den inneren Monolog von Figuren des Denkmals zu sprechen oder von vertrauten Personen oder Passanten, die ein Interesse am Kommentar haben könnten. Hilfreich für eine auswertende Besprechung kann auch sein, Polaroid-Aufnahmen zu machen.

2 a) In den Denkblasen-Texten können die Schüler/innen zeigen, welche Haltung der Onkel zu Hilletje einnimmt und ob er sie schweren Herzens aus seiner Verantwortung entlässt oder einfach sachlich das Problem zu lösen versucht, Hilletje auf den Weg nach Amsterdam zu bringen.

— *„Schrecklich, jetzt spielt das Kind nur noch Beerdigung."*
— *„Beide Eltern tot, das hält kein Mensch aus."*
— *„Ach, wie kindlich die Kleine noch mit Puppen spielt. Dann bekommt sie noch gar nicht mit, in welch schlimmer Lage sie ist."*
— *„Wie mach' ich ihr nur klar, dass ich ihr nicht helfen kann?"*
— *„So war mein Bruder immer schon, jetzt hab ich auch noch seine Tochter am Hals. Dabei weiß ich selbst nicht weiter."*
— *„Waisenkinder haben eigentlich keine Chance. Ich will aber nicht mit ansehen, wie Hilletje zu Grunde geht."*

b) Der Brief dient als Trennschere, Abnabelungsmesser, Tröster, Lockmittel, Mutmacher, Wegweiser, Ausrede, Freibrief …

4 Ein Hilfsimpuls zur Ermittlung der Bedeutung kann sein: „Macht euch vor dem Spiegel klar, wie ihr kostbare Gegenstände haltet und wie ihr mit wertlosem, überflüssigem Zeug umgeht. Beschreibt dann, wie der Onkel, wie Hilletje, wie die Tante den Brief halten, an sich nehmen, tragen oder beiseite wischen."
Der Brief ist die einzige „Erbschaft", die Hilletjes Eltern und ihr Onkel ihr mitgeben konnten. Die Tante kann – zeittypisch – nicht lesen und nimmt das Dokument nicht zur Kenntnis. Damit fällt der letzte fremde Halt, der Schutzbrief, aus der Kindheit weg. Hilletje ist nun schutzlos der Welt ausgesetzt und auf die eigenen Fähigkeiten verwiesen, sich durchzuschlagen. Bei der Inszenierung kann gestisch kontrastiv ausgedrückt werden, wie der Onkel den Brief als „Wertpapier" behandelt, die Tante denselben Brief als wertlosen Papierwisch achtlos fallen lässt.

Eine unheimliche Reise im Schattenspiel darstellen
S. 269

1 a/b) Für die ersten Übungen zum Schattenspiel benötigt man lediglich ein weißes Betttuch zwischen zwei Kartenständern und als Lichtquelle einen Overheadprojektor oder aber besser einen 500-Watt-Strahler. Alles andere lernen die Schüler/innen selbstständig durch „learning by doing". Sie müssen nur erst erfahren, dass Handlung und Wirkung nicht deckungsgleich sind.

2 Z. B. Rüdiger Morawietz: Schattentheater. In: Ausprobieren, Proben, Spielen.
In jeder Stadtbibliothek gibt es weitere Veröffentlichungen zum Thema.
Zur Inszenierung des Liedes in der 4. Szene und zur Arbeit mit Musik siehe Mechthild Schoenebeck: Lied und Szene. In: Ausprobieren, Proben, Spielen.

Hilletje wird ausgenutzt: Eine Szene weiterschreiben
S. 270

1 Anfang der 5. Szene im Stück: Die Szene beginnt am frühen Morgen damit, dass Thérèse den Dreck der lustig-lauten Nacht aus ihrem Herbergslokal putzt. Ein Gast bezichtigt einen zweiten, ihn in der Nacht bestohlen zu haben. Roosje, die Tochter von Tante Thérèse tritt mit einem Messer dem fliehenden zweiten Gast in den Weg. Er läuft ins Messer und fällt tot um. Wie Hilletje in diese heikle Situation tritt, ist im Schülerbuch abgedruckt, auch der Plan von Thérèse und Roosje, Hilletje als Täterin erscheinen zu lassen.
Ende der 5. Szene im Stück: Hilletje hält sich nicht an die Verabredung und sagt wahrheitsgemäß, dass sie die Tat nicht begangen habe. Da sie aber das Messer in der Hand hält und Gerbrand, ein enger Vertrauter der Wirtin, bezeugt, dass Hilletje die Tat begangen habe, führt der Schultheiß Hilletje als Täterin ab. Dieses Ende könnte von vorauslesenden Schülerinnen und Schülern aus Hilletjes Brief aus dem Spinnhaus an den Onkel (S. 272) erschlossen werden.
Bei der Schreibaufgabe, die Szene stimmig fortzusetzen, geht es aber nicht darum, dass die Schüler/innen das Ende im Sinne des Originaltextes finden, sondern dass sie deutlich machen, welche Handlungsmotive und Handlungsweisen sie den Figuren zusprechen. Im Auswertungsgespräch sollten Impulse gegeben werden, das Handeln von Tante Thérèse nicht nur moralisch abzuurteilen, sondern auch Vermutungen darüber anzustellen, welche Lebenszwänge Tante Thérèse so hart gemacht haben könnten.

3 Mögliches Tafelbild:

Monolog von Thérèse	Dialog von Roosje und Freundin	Aktenvermerk durch den Schultheiß
Ziele:	*Roosjes Ziele:*	*Ziele:*
– unterhalten	– ein Problem besprechen	– eine lästige Amtsauf-
– Sensationelles erzählen	– Gewissen beruhigen	gabe abschließen
– sich reinwaschen	– evtl. angeben	– für das Gericht die Tat-
– Unwahrheit verbreiten	– Lösungen suchen	sachen feststellen
		– Gewissheit verbreiten oder
		Zweifel deutlich machen
	Ziele der Freundin:	
	– zeigen, dass sie eine	
	gute Freundin ist	
	– helfen wollen	
	– Schadenfreude	
	ausleben	
	– fremde Geschichten	
	miterleben	
Sprache und Tonfall		
angeberisch,	*Aussage- und Fragesätze,*	*Schriftsprache, amtlich,*
keine Pausen machen,	*Denkpausen, Aussagen*	*natürlich, Zweifel aus-*
den Zuhörer überschütten,	*über sich selbst und ihre*	*schließend oder Infrage-*
wirre Reihenfolge,	*Freundschaft, Einstellung*	*stellung, genaue Angaben*
mündliche Sprache	*auf die Aussage der ande-*	*zu den 6 Ws: wer, was,*
	ren	*wann, wo, wie, warum*
	mündliche Sprache	*Vorgangsbeschreibung zur*
		Verhaltung
Übereinstimmung mit den tatsächlichen Geschehnissen		
unwahr und ablenkend	wahr und unwahr denkbar	unrichtig
Wirkung auf die Theaterzuschauer		
unterhaltend, empörend	empörend oder Mitleid	erhöht Mitleid mit und
	mit Roosje erweckend	Angst um Hilletje
		Schicksal oder Hoffnung
		auf weitere Untersuchung

S. 273 Sieben Jahre im Spinnhaus: Szenen erfinden

Je nach Verlauf und Zielsetzung der Unterrichtsreihe kann dieses Kapitel genutzt werden, das bis dahin Gelernte und Diskutierte in umfassenden eigenständigen und arbeitsteiligen Szenengestaltungen, deren einheitlicher Ort das Spinnhaus ist, anzuwenden.
Ggf. ist es aber sinnvoll, vorher die Entscheidung über ein Projekt herbeizuführen und die Behandlung des dritten Teilkapitels („Die weiteren Projektschritte planen", S. 274) vorzuziehen.

3 Zur Inszenierung des Liedes und zur Arbeit mit Musik siehe Mechthild Schoenebeck: Lied und Szene. In: Ausprobieren, Proben, Spielen.

15.3 Die weiteren Projektschritte planen

Dieses Teilkapitel soll eine Entscheidungsdiskussion darüber fördern, ob ein projektorientierter Unterricht angestrebt wird. An dieser Stelle ist den Schülerinnen und Schülern aufgrund der vorher geleisteten Arbeit und der gemachten Erfahrungen auf jeden Fall eine realistischere Einschätzung der Schwierigkeiten möglich.

Die meiste Zeit und größte Arbeit ist erforderlich, wenn das ganze Stück z. B. für Eltern, Geschwister, Freunde aufgeführt werden soll. Leichter zu erarbeiten ist eine Folge moritatenartig aufbereiteter Szenen. Denkbar ist aber auch, dass Streifzüge durch die Geschichte durchgeführt werden, z. B. unter dem Titel „Wie es in den Niederlanden um 1750 aussah – als Mädchen und Waisenkind im 18. Jahrhundert überleben".

Mögliche Aufgaben für eine **historische Werkstatt**:
Die Schüler/innen sollen alleine oder in kleinen Gruppen eine Aufgabe bearbeiten und auf interessant gestalteten Text-Bild-Plakaten die Klasse und später an einer Literatursäule die Schulöffentlichkeit informieren.
- Welche Hosen gab es um 1750? Informiere dich über die Geschichte der Hose bis zu den Jeans.
- Alles über Piraten: Bis wann gab es sie? Gibt es sie heute noch? Gab es Piratinnen? Haben Regierungen mit Piraten zusammengearbeitet?
- Seemann sein – damals und heute? Toller Beruf?
- Was war das Spinnhaus? Wie ging es da zu?
- Bestrafungen: Berichte über Arten von Strafen in der Gesellschaft, in Gefängnissen um 1750, früher und heute.
- Wie waren Menschen um 1750 sozial abgesichert?
- Frauenschicksal um 1750: Was durften Frauen? Welche Ausbildung hatten sie? Welche Berufe übten sie aus? Wie wählten sie einen Mann? Welche Bewegungsfreiheit stand ihnen zu? Wie verdienten sie Geld?
- Kostüme um 1750. Finde Abbildungen dazu.
- Leben in der Zeit um 1750: Informiere über das Leben draußen, in der Wohnung, über Möbel, Geräte, die Art der Fortbewegung.
- Erkunde die Geschichte der Niederlande bis 1800.
- Wie viele Menschen gab es in den Niederlanden um 1750? Wo lebten sie?
- Welche Berufe übten die Menschen in den Niederlanden um 1750 aus? Wie verdienten die Niederländer ihr Geld?
- Besorge Fotos von Kupferstichen und Gemälden, die das Leben in den Niederlanden um 1700 bis 1800 zeigen. Fotokopiere sie und hänge sie in der Klasse aus.

15.4 Die abschließenden Szenen bearbeiten

S. 275   **Rollentausch: Eine Frau verkleidet sich als Mann**

Das Lernpotential dieses Kapitels über Vorstellungen von Geschlechterrollen in Geschichte und Gegenwart ist hoch. Es ist aber davon auszugehen, dass es je nach Lerngruppensituation altersbedingte Einbußen gibt. Die Aufgaben 2 bis 4 geben die Impulse, nicht kognitiv-analytisch, sondern handlungsorientiert zur Entfaltung der Fähigkeit, einen auswendig gelernten Text in einer überzeugenden gestischen Interaktion darzubieten. In Klasse 7 steigt die Bedeutung der peer group erheblich an, zugleich verschärft sich für einige Schüler/innen noch weiter die Selbstdefinition durch die Zugehörigkeit zur Jungen- oder Mädchengruppe. Es kann nur in der jeweiligen Lerngruppe ermittelt werden, inwieweit es möglich ist, zeitweise gemischte Arbeitsgruppen einzurichten, sodass Jungen und Mädchen unmittelbar von ihren unterschiedlichen Einstellungen lernen können. Häufig werden nur bestimmte Jungen und bestimmte Mädchen miteinander Aufgaben in Gruppen lösen wollen. Bei diesem Thema und einem Projekt dieser Art wäre es wenig sinnvoll, die Schüler/innen durch Zwangszuweisung in Gruppen zu bringen. Die Lehrerin und der Lehrer wird in Feinabstimmung mit der Lerngruppe die tatsächlich vorhandenen emotionalen und gruppenspezifischen Sperren und Blockaden realistisch berücksichtigen müssen. Dies gilt sowohl für die Kooperation in den Gruppen, aber auch für die Möglichkeit differenzierter sachlicher Erörterungen der Geschlechterproblematik zur Zeit der Hilletje Jans und in der heutigen Bundesrepublik Deutschland.

S. 279   **Ein Happyend: Hilletjes Karriere auf den Weltmeeren**

1. Arbeitsteilige Erarbeitung
   - einer Geräuschbeschallung durch Kassettenaufnahme (Meeresgeräusche, Piraten-, Kampfrufe usw),
   - einer Teichoskopie im Sinne z. B. einer modernen Sportreportage (Radioübertragung),
   - einer Massenchoreografie, bei der sich z. B. die Seeräuber mit Stühlen nähern. Jeder Seeräuber hat einen Stuhl, mal kriecht er mit Stuhl in der Annäherungsphase in breiter Front mit den anderen Seeräubern, dann steigt jeder auf den Stuhl und weht mit geräuscherzeugenden Folien, dann wieder Annäherung und so immer bedrohlicher bis dicht ans Schiff von Jan Hille.

   Vorführung und Vergleich der Wirkungen

Lernerfolgskontrolle/Themen für Klassenarbeiten

Textgrundlage: 17. Szene, S. 279 f.

1 Wandle den szenischen Text um
- in eine Radioreportage, die vom Schiff aus live gesendet wird,
- in eine Tagebuchnotiz (Jan Hille bzw. Hilletje Jans schreibt am späten Abend in sein/ihr geheimes Tagebuch unter der Überschrift: „Was für ein Tag …")

2 Zeige in einem Vergleich die wichtigsten Unterschiede zwischen dem szenischen Text, der Reportage und der Tagebucheintragung auf.

S. 56: aus: Japanische Kultmasken. Der Tanz der Kraniche. Erich Röth, Kassel 1965, S. 142; **S. 57:** aus: Meisterwerke der Kunst, hg. v. Landesinstitut für Erziehung und Unterricht, Folge 34, Stuttgart 1986; **S. 91:** aus: Garry Larson: Ruf des Urwalds. Wilhelm Goldmann, München 1989, o. S.; ders.: Höllenhunde in der Hundehölle. Wilhelm Goldmann, München 1990, o. S.; **S. 102:** aus: Simsalabim. Mosaik, München 1980, S. 36; **S. 103:** Dt. Museum München. In: Günther Einecke: Schüler sehen und sprechen, Bd. 2. Düsseldorf 1974, S. 31; **S. 108, 116:** aus: Hans Jürgen Press: Spiel, das Wissen schafft. Otto Maier, Ravensburg 1977, Nr. 76, 134, 75; **S. 115:** nach: R. Köthe: Das neue Experimentierbuch. Tessloff, Nürnberg 1986, S. 15; **S. 117:** nach: SPIEGEL spezial, 10/1995, S. 7

Deutschbuch 7
Handbuch für den Unterricht

Redaktion: Bernhard Lutz, Regensburg

Umschlaggestaltung: Katrin Nehm
(Foto: Thomas Schulz, Illustration: Klaus Müller)
Technische Umsetzung: Gerlinde Bauer und Bernhard Lutz, Regensburg

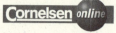

http://www.cornelsen.de

Dieses Werk berücksichtigt die Regeln der reformierten
Rechtschreibung und Zeichensetzung.

1. Auflage ✔ €   Druck 5 4 3 2   Jahr 03 02 01 2000

Druck: Druck-Centrum Fürst, Berlin

ISBN 3-464-60308-3

Bestellnummer 603083

Gedruckt auf Recyclingpapier, hergestellt aus 100% Altpapier.